페미니스트, 엄마가 되다

LIKE A MOTHER:
A FEMINIST JOURNEY THROUGH THE SCIENCE AND CULTURE OF PREGNANCY
by Angela Garbes

This Korean edition was published by Munhakdongne Publishing Group in 2020
by arrangement with Angela Garbes c/o Curtis Brown Ltd.,
New York through KCC(Korea Copyright Center Inc.), Seoul.

이 도서의 국립중앙도서관 출판예정도서목록(CIP)은
서지정보유통지원시스템 홈페이지(http://seoji.nl.go.kr)와
국가자료종합목록 구축시스템(http://kolis-net.nl.go.kr)에서 이용하실 수 있습니다.
(CIP제어번호: CIP2020038356)

페미니스트, 엄마가 되다

Like a Mother

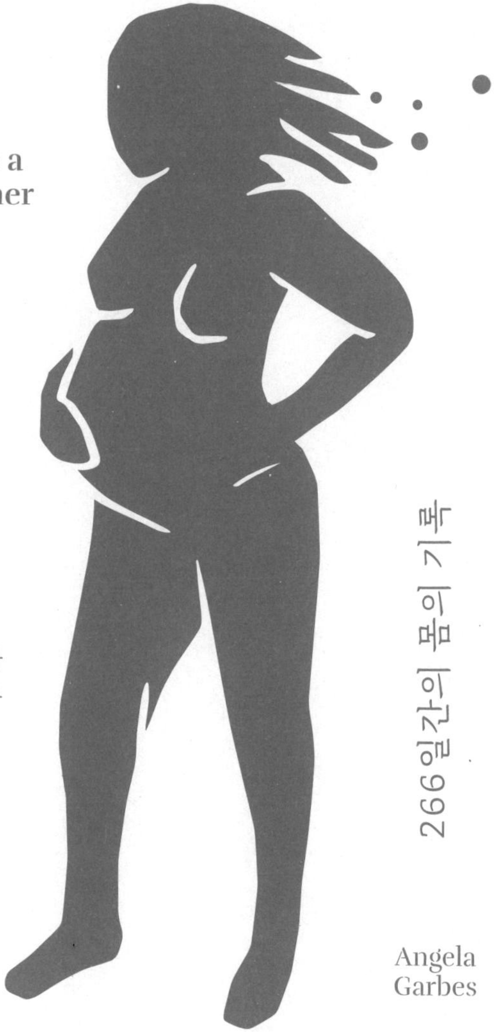

266일간의 몸의 기록

앤절라 가브스 지음

이경아 옮김

Angela Garbes

문학동네

나를 만들어주신 엄마와 놀리 조를 위하여

"우리라는 생명이 만들어진 과정보다 더 끈질긴 것은 없다."

_옥타비아 버틀러

차례

일러두기

1. 미주는 원서의 주이며, 본문 첨자는 옮긴이 주다.
2. 원서에서 이탤릭체로 강조된 부분은 고딕체로 표기했다.
3. 단행본, 잡지는 『 』로, 논문과 기사는 「 」로, 노래 제목은 〈 〉로 표기했다.

서문

어느 날 갑자기 엄마가 되었다

임신 사실을 알게 된 그 순간, 나는 숙취에 시달리고 있었다. 저녁마다 이어지는 어마어마한 음주의 나날은 거의 과거사였지만 (서른 줄로 접어든 후 숙취는 며칠씩 이어지는 괴로운 일이 되어버렸다) 전날 저녁에는 오랜만에 즐겁게 예외를 즐긴 터였다. 잠으로 술기운을 몰아내며 무거운 숨을 몰아쉬던 차에 전화 한 통이 걸려왔다.

전날 저녁 남편과 집에서 마티니를 몇 잔 마신 후, 안초비와 절인 피망을 올린 피자를 먹으러 동네의 단골 레스토랑으로 향했다. 그 몇 달 전 유산을 겪은 우리 부부는 아기와 관련된 것과 거리를 두는 식으로 아픔을 달랬다. 그런 연유로 우리는 즉흥적으로 행동하는 능력을 십분 발휘해, 처음 만나 사랑에 빠졌던 시절처럼 굉장한 밤을 보냈다. 유산 이후 몇 주 만에 전처럼 편안하게 웃고 대화했고, 애정에 찬 분위기도 (물론 칵테일과 와인도) 물 흐르듯 따라왔다. 저녁을 먹은 후 우리는 곧장 집에 가는 대신 1990년대 R&B 나이트를 연 클럽으로 발길을 돌려 데킬라를 마시고 머라이어 캐리의 음악에 맞춰 몸을 흔들었다.

이튿날 아침, 담당의에게 전화로 그 소식을 듣는 순간, 간당간당하게 의식이 붙어 있던 내 뇌가 덜컹거리며 깨어나는 것 같았다. 유산을 하고 몇 달 동안 생리가 없었다(게다가 솔직하게 말하자면, 그동안 섹스도 몇 번 안 했다). 그러니 임신 가능성은 예상에 없었다. 휴대전화에 찍힌 전화번호를 본 순간 의사 선생님이 전화기 너머로 내 모습을 볼 수 있기라도 하듯 서둘러 침대에서 나와 정신을 차리려고 했다. 하지만 도저히 그럴 만한 상태가 아니었다.

"여보세요!" 기운을 쥐어짜서 전화를 받았다. 꾸며낸 내 목소리에 나도 흠칫 놀랐다. "여보세요, 안녕하세요. 앤절라예요." 다시 말했다.

"안녕하세요, 앤절라."

의사 선생님의 흔들림 없이 차분한 목소리를 듣는 순간 돌처럼 굳어버렸다. 얼마 전 인간융모성생식자극호르몬hCG 수치를 측정하기 위해 피검사를 받았다. 이 검사를 통해 내 자궁이 임신 전 상태로 돌아갔는지, 아니면 유산 후에도 태반과 태아 조직이 남아 있는지 그러니까 '수정 잔류 태반'이 있는지를 살필 수 있다. 만약 검사 결과, 잔류 태반이 있다면, 자궁을 '완전히 비우기' 위해 자궁소파술을 받아야 할지도 몰랐다. 나는 hCG 수치가 영점으로 돌아왔고, 자궁이 텅 비었다는 소식을 듣게 되기를 간절히 바랐다. 내 주기와 내 인생이 마침내 정상으로 되돌아갈 수 있다는 소식을 말이다.

의사 선생님이 목청을 가다듬더니 "임신을 하신 것 같아요"라고 말했다.

"설마요. 그럴 리가요." 일고의 가치도 없다는 듯 자신만만하게 대답했다.

그가 잠시 침묵했다.

"미안해요, 다시 시작하죠. 앤절라, 당신의 담당의로서 저는 당신이 임신했다는 소식을 전하려고 전화를 했어요. 지난주에는 hCG 수치가 6이었는데 오늘은 1033이네요. 이건 임신 말고는 설명이 안 돼요."

의사 선생님이 마치 전자신호로 내 귀에 비밀을 속삭여준 것 같았다. 예상도 못한 소식은 통제할 수도, 무시할 수도 없는, 꿈틀거리며 생동하는 전선 같았다. 임신의 전류가 온몸을 질주하며 불확실성과 가능성이라는 불꽃을 터트렸다. 머릿속에서 물음표의 행렬이 끝없이 이어졌다. 그중 경악에 찬 의문도 있었다. '내 배아를 막 데킬라에 절인 거 아냐?'

전화를 끊자마자 곧장 인터넷 검색을 시작했다.

"술을 가끔 마시는 건 괜찮다고 들었을 수도 있지만, 아이가 생겼다면 신중을 기하는 게 최선이다." 나는 '임신하면 생기는 일What to Expect When You're Expecting' 사이트에 올라온 글을 읽었다[1]. "왜냐고? 알코올이 똑같은 농도로 태아의 혈류로 들어가기 때문이다. 게다가 분해되는 시간은 두 배가 걸린다. 그러니 당신이 뭘 마시든 당신의 아기도 같이 마시는 셈이다."

오, 이런.

"그렇다면 임신했다는 걸 알기 이틀 전, 친구들과 밤에 외출을 했고 마르가리타를 꽤 많이 마셨다면 어떨까? 많은 엄마들이 이런 일을 겪지만 (천만다행으로!) 걱정할 필요가 없다."

휴. 잠깐만, 뭐라고?

컴퓨터 모니터 속 규칙들은 단호하면서도 서로 모순돼 보였다. 과학에 근거한 듯하면서도 뜬구름 잡는 소리처럼 들렸다. 나는 대체로 차분하고 이성적인 사람이라고 자평하지만, 임신 사실을 알게 된 지 몇 분 만에 당혹감에 휩싸여 편집증 환자처럼 굴었다. 전날 밤 들이켠 술이 내 몸에 생긴 연약한 (베이비센터BabyCenter 사이트의 설명에 따르면 참깨 크기만한) 생명체에게 즉, 가임 연령의 황금기를 지난 서른여섯의 내 몸이 그리고 먼지가 앉고 거미줄 친 자궁이 감당할 수 있을까 몇 달간 고민했던, 바로 그 녀석에게 이미 해를 입혔을까봐 걱정이 됐다.

이 일화를 통해 나는 그로부터 2년이 지나서까지도 만족할 만한 답변보다 훨씬 더 많은 의문을 품게 되리라는 예감이 처음으로 들었다.

정보에 대한 허기는 도무지 채워지지 않았다. 나는 베이비센터와 범프The Bump, 임신을 하면 생기는 일 같은 온라인 커뮤니티들은 물론이고 『임신을 하면 생기는 일』과 시어스 부부가 쓴 『건강한 임신 책*The Healthy Pregnancy Book*』과 『아기 책*The Baby Book*』 등의 관련서를 참조했다. 길잡이를 찾고 싶었지만 BBT(기초체온법), EBM(모유 유축), IC(자궁경부무력증), LO(아기), TTC(임신 시도)처럼 알지도 못하는 낯선 약어를 쓰는 게시물과 구닥다리 글을 몇 시간에 걸쳐 읽고 나니 가려운 곳을 시원하게 긁어주는 게 없다는 생각만 들었다. 게다가 질문에 대한 대답은 여전히 오리무중이었다. 이런 자료는 자신의 의견을 확신하는 의사들과 엄마들이 썼는데, 그 내용과 내 경험이 맞아떨어지지 않으니 오히려 불안해지고 주눅들었으며, 종종 평가당한다는 생각까지 들었다.

혹시라도 임신 안내서를 읽어본 적이 있다면 내가 무슨 말을 하는지 알 것이다. 가장 악의 없어 보이는 조언을 할 때조차 은근히(때로는 그다지 은근하지도 않게) 손가락을 가로젓는 그 논조를 말이다.

과학적으로도 휴대전화 전자파가 모체나 태아에게 해로운지에 대해서는 아직 결론나지 않았다. 과학이 '결정적'인 결론을 내릴 때까지 기다리지 마라. 태블릿 피시나 휴대전화를 배에 받친 채 앉아 있지 마라. 가방에 휴대전화를 넣어두는 것도 너무 가까울 수 있다.

전자레인지를 사용할 때는 플라스틱 용기 대신 유리나 세라믹 용기가 좋다. 당신에게 무엇이 중요하며 당신의 인생에서 매우 특별한 이 시간을 어떻게 보내야 할지 생각해보라. 강인한 '엄마곰'으로 변모해 자신과 아기의 보호에 집중하라.[2]

이런 태도는 책에만 국한되지 않는다. 대중영화와 TV 드라마에서 임신과 모성이 전형적으로 어떻게 묘사되는지 한번 보라. 미국문화에서 모성은 도덕적 언어와 떼려야 뗄 수 없을 정도로 긴밀히 결합해 있다. 미국문화에서는 '올바른' 방식과 '그릇된' 방식이 있다고 엄마들에게 계속해서 메시지를 주입한다. 이를테면 임신중에 카페인과 알코올을 멀리하고, 체중을 과하게 늘리지 않고, 이른바 자연분만(분명히 말하지만 나는 어떤 식으로 출산하건 모두 자연분만이라고 생각한다)을 준비하고, 적어도 1년은 모유수유를 하고, 임신과 출산 과정 내내 행복감으로 빛난다면 당신은 '좋은 엄마'다. 임신중에 가끔 와인을 마시거나, 임신 때문에 불안해하거나 양가적인 감정을 품거나, 무통분만을 고려하거나, 아기에게 분유를 먹이거나, 육아로 지쳐 아이들이 잠든 사이에 술집을 찾는다면 당신은 '나쁜 엄마'다. 이러한 문화 기준이 너무 확고하게 뿌리내린 터라 이런 기대에서 벗어난 행동을 할 때면 스스로 '나쁜 엄마'라 당당하게 칭하며 농담까지 한다. 우리는 버리는 편이 훨씬 나을 명칭을 되찾기 위해 노력한다.

임신한 후 그리고 딸을 낳고서 몇 달 동안 책이나 웹사이트가 아니라 임신한 다른 여자나 초보 엄마에게 최고의 조언을 받았다. 그들 중 일부는 이 나라의 반대편에 사는 친한 친구(나 그들의 언니)였고, 일부는 잘 알지도 못하는 친구의 친구 같은 사람이었다. 임신과 육아를 하다보면 우리는 모두가 전장의 참호에 있다고 느끼는 식으로 전우애를 공유한다. 횡태위태아가 배를 가로질러 누워 있는 자세나 둔위태아가 엉덩이가 먼저 나오게 놓인 자세인 태아의 머리를 어떻게 돌릴지, 신생아 시기 젖을 여러 번 몰아서 먹이는 게 맞는지, 처진 가슴과 질에서 젖과 분비물이 계속 나오거나 나올 수 있는지, 제왕절개한 부위의 회복은 느린 건지 같은 당황스러운 현상은 꼭 대단한 과학 지식을 몰라도 우리 자신의 경험과 본능으로 충분히 설명할 수 있다. 우리는 분별력과 정보를 얻기 위해 싸우는 군대였다. 우리는 밤낮을 가리지 않고 언제든지 여기저기 문자를 보냈다.

지푸라기라도 잡는 심정으로 문자를 보내다보니 우리 사회가 엄마들에게 기대하는 바와 엄마들에 대한 정책은 물론이고, 여성의 몸에 얽힌 생리학적이고 생물학적인 더 심오한 의문이 이어졌다. 특히 모유수유에 대한 문제가 내 신경을 건드렸다. 무엇보다 아기가 약하다면 모유수유가 최선인데, 모유가 '면역력에 좋기' 때문이라는 말을 귀에 딱지가 앉도록 들었다. 하지만 어떤 의료인이나 책도 아기의 면역체계에 모유가 정확하게 어떻게 혹은 왜 유용한지 명료하게 설명해주지 못했다.

나는 모유수유를 하고 싶었고, 천만다행으로 나와 내 딸은 이 일을 꽤 무난하게 해냈다. 그러나 몸이 잘 따라주지 않아서, 유축을 하기에 근무 환경이 적절치 않아서, 단순히 편해서 분유수유를 더 선호하는 친구도 있었다. 내 딸처럼 그 친구들의 아이도 행복하고 건강하게 잘 자랐다. 출산을 하고 몇 달 동안 하루에 여덟 시간 이상 집과 직장에서 모유수유와 유축을 하느라 몸이 녹초가 되고 온몸이 아프고 축났다는 사실을 감안하면, 더 나은 설명을 들어야 마땅했다.

그렇지만 내 의문들은 진료실에서도 해결되지 않았다. 왜냐하면 여성이 우리 종족의 번식에 가장 핵심적인 역할을 함에도 불구하고 여성의 신체는 많은 부분이 여전히 수수께끼로 남아 있기 때문이다. 심지어는 정확하게 무엇이 분만을, 그러니까 모든 인간이 세상으로 나오는 육체적 과정을 시작하게 만드는지도 여전히 정확하게 규명하지 못했다. 여성에 대한 생물학적 이해와 지식이 부족한 상황은 임신과 출산 문제에 중대하고 해로운 결과를 낳았다.

유산은 매우 흔하게 발생하는 일이지만 우리는 그 주제를 공개적으로 떠들지 않고 여자들이 혼자 조용하게 감내하도록 내버려둔다. 뿐만 아니라 그들의 행동 때문에 유산했을지 모른다고 억측하는 경우도 적지 않다. 처방을 받은 약이건 아니건 약물이 태아에 어떤 영향을 끼치는지에 대한 믿을 만한 데이터가 없다보니 임신한 여성이 약을 복용할 때 많은 제약과 제한이 따르는데, 이런 상황에서 여성은 자신이 아이 취급당하고 통제당한다고 느낄 수도 있다. 출산에 관여하는 장기와 근육, 근막을 포함해 여성의 신체 구조를 완전하게 이해하지 못한 탓에 여성은 오랜 세월 동안 산후 요실금과 통증을 겪으며 불필요하게 고생할 수밖에 없었다.

그 대신 늘 정확하지도 않고 종종 특정한 가치체계에 기반한 의견이나 정보가 그 빈자리를 채운다. 이에 여자들은 종종 혼란스러워하거나 외로워하거나 두려워하고, 더욱 나쁘게는 수치심을 느끼게 된다. 그 결과 우리 문화는 침묵 속에서 희생과 고통을 감내하는 게 엄마가 되기 위해 치러야 할 대가라고 믿게 되었다.

내 딸이 유아기였을 때, 나는 시애틀의 어느 신문사에 음식 관련 기사를 기고하고 있었다. 내 업무는 대부분 의문을 품고 이에 답할 만한 전문가를 찾는 식으로 진행됐다. 갓 엄마가 되어 갈팡질팡하던 나는 '엄마'라는 새로운 풀타임 업무에 내 작업방식을 적용해보기로 했다. 나는 모유를 연구하는 진화생물학자를 수소문해 스카이프로 이야기를 나눌 일정을 잡은 뒤 그에게 모유에 대한 궁금증을 쏟아냈다.

그 결과, 내 몸이 만드는 물질에 관한 생물학적 사실뿐 아니라 모유에 대해 내가 아는 것보다 훨씬 더 많은 정보가 밝혀졌으며 연구가 현재 진행중이라는 사실을 알게 돼 깜짝 놀랐다. 그런 이야기를 듣자 내 몸을 새롭게 존중하게 되었다. 그리고 이러한 사실에 대해 많은 사람들이 알아야 할 것만 같았다. 그래서 나의 모유수유 경험은 물론이고 전문가와의 인터뷰로 알게 된 사실을 종합해 새로 엄마가 된 이에게 더 많은 정보와 지지를 전하는 한편 아름다운 생물학적 과정을 축복하기 위한 기사를 썼다.

놀랍게도 그 기사가 입소문을 탔다. 그 성공 덕분에 '이런 종류의 정보에 목마른 사람이 나만 있는 게 아니구나' 하고 깨달았다. 이 세상에는 나 같은 사람이 많았다. 순식간에 스크롤을 내리고 주의 지속 시간도 짧은 시대에, 모유수유중인 엄마만이 아니라 전 세계의 수많은 사람이 과학과 여성의 몸, 모성에 대해 길게 쓴 글을 읽고 싶어했다는 걸 알게 됐다. 그들은 그 글을 가족과 친구와 공유하고 싶어했고, 이를 토대로 활발하게 대화와 토론에 불을 지피고 싶어했다.

(모유수유 외에 다른 주제에 관해서도 궁금한 점이 더 많이 생긴 나는) 계속해서 답을 추구하면서 임신한 몸에 대한 지식이 파묻힐 정도로 많이 밝혀져 있다는 사실을 알게 되었다. 이를테면 태반이 어떻게 발달하는지를 그리고 그 기관이 우리 몸의 전반적인 건강에 매우 중요하다는 사실을 알게 됐다. 최근 연구로 밝혀진 사실보다 약물과 알코올에 대해 인지된 위험이 공공보건정책에 얼마나 더 영향을 미치는지도 알게 됐다. 다른 사람에게 지속적인 도움을 받는 간단한 조치만으로도 분만의 어려움과 여기에 걸리는 시간이 얼마

나 극적으로 줄어드는지, 열 달을 채우건 못 채우건 아이의 세포가 엄마의 몸에서 어떻게 평생 살게 되는지에 대해서도 알게 되었다.

내가 읽은 임신 안내서에 나와 있지 않은 사실을 알게 될수록, 이런 지식들이 단순히 여성에게 정보를 전달하는 데서 그치지 않고 우리의 두려움과 불안을 줄이는 데도 도움이 된다는 사실을 실감하게 되었다. 여자의 몸이 일상적으로 평가당하고 종종 비난받는 문화에서 이러한 발견은 희망으로 다가왔다. 이러한 정보를 통해 우리가 어떤 몸을 하고 있건 그 몸에 경외감을 품고 마음 깊은 곳에서 우러나는 축복으로 받아들이게 해주니 말이다.

안타깝게도 이렇게 새롭게 밝혀진 과학 지식은 매년 미국에서 출산을 하는 400만 명이 넘는 사람에게는 가닿지 않는다. 어떤 지식이 학술서와 의대 커리큘럼, 새로운 의료진 세대를 통해 업데이트되어 가장 절실하게 이런 정보가 필요한 사람 즉, 우리에게까지 전해지려면 몇십 년이 걸릴 수도 있다. 이런 정보의 부족이 우리의 건강과 신체의 자유에 영향을 미친다.

우리가 우리 몸을 제대로 모르고 이해하지 못하면, 다시 말해 자신의 타고난 주기나 변화와 단절되었다고 느낀다면 우리는 우리의 힘과 권리, 선택권을 훨씬 더 쉽게 빼앗길 것이다. 2016년 선출된 한 남성 공직자가 수치심도 없고, 깊이 생각해보지도 않고, 결과에 책임지지도 않은 채 임신부에 대해 이렇게 말하는 상황도 어느 정도는 이러한 단절 때문에 만들어졌다. "저는 그들이 그 몸을 자기 것처럼 느낀다는 점을 이해합니다. 하지만 저는 별개라고 생각합니다. 제 생각엔 그들을 '집주인host'이라고 해야 맞을 것 같아요."[3]

자신의 몸에 대한 통제는 반드시 누려야 할 자유임에도, 우리 여자들은 이를 한 번도 당연하게 여길 수 없었다. 우리는 우리에게서 끊임없이 몸을 빼앗을 음모를 꾸미는, 우리가 재생산을 하겠다거나 하지 않겠다고 권리를 행사할 때마다 처벌하려드는 사회에서 살고 있지만 이 사회의 존립 자체는 우리 여자들에게 달려 있다. 모두의 건강을 위한 토대인 여성의 진정한 생식 건강을 위해 우리가 자신에게 무엇이 최선인지 다양한 정보를 섭렵해 스스로 선택하는 식의 사회체계가 갖춰져야 한다.

과학은 현재 진행형인 불완전한 영역이며 그 범위도 결코 모든 부분을 아우르지 않는다. 수 세기 동안 인체를 탐구하는 생물학의 영역은 대개 백인 남성의 신체로 한정되었다. 과학은 우리의 지식을 지금 수준까지 발전시켰지만, 인류 모두에게 도움이 되려면 실시간으로 사람들의 경험에 반응하고 계속 진화해야 한다. 그러는 동안 우리에게는 자신의 이야기를 들려주고, 공통의 경험으로 지지해줄 여성과 부모 공동체가 있다. 그런 공동체를 떠올리면 때로는 보이지 않기도 하지만 전 세계에 걸쳐진 거미줄이, 무한한 힘의 네트워크가 그려진다.

이 책은 무엇을 혹은 어떻게 해야 하는지 조언하는 기존의 임신 안내서를 염두에 두고 쓴 책이 아니다. 나는 이 책이 신생과학과 사람들의 경험에 뿌리를 둔 참고자료가 되면 좋겠다. 이 책은 내 경험과 호기심이 뻗어간 길을 따라 탐구해가는 과정을 담았는데, 광범위한 범위를 다루긴 하나 완벽하지는 않다. 나는 전문가가 아니다. 이 책을 쓰기 시작했을 때는 지치고 우왕좌왕하면서 길고 긴 질문 목록을 든 초보 엄마에 지나지 않았다. 내 관심거리는 언제나 넘쳐났고 몹시 개인적인 것들이었다. 그렇기에 무엇보다 강력하게 동기 부여를 할 수 있었다. 자료를 찾고 글을 쓰면서 수많은 사실을 알게 되었고 이에 때로는 마음이 편치 않았다. 수많은 사람을 만나 그들의 여정에 대해 듣고 여러 사실을 알게 되면서 나의 편견이나 억측과 정면으로 부딪쳐야 할 때도 있었다. 이 책을 쓰는 계기가 된 그 기사를 돌이켜보자면, 내 경우에는 모유수유를 수월하게 했지만 그렇지 않은 사람도 어딘가에 있다는 걸 미처 고려하지 못했다. 의도했든 하지 않았든, 갓 엄마가 된 여자에게 모유수유를 해야 한다고 했을 뿐 아니라 임신 기간을 즐기라거나 특정한 방식으로 출산을 하라거나 '출산 전 몸매로 돌아가라'고 하거나 행복해하라는 식으로 압력을 가하는 말이 불필요한 스트레스를 주고 해를 끼친다는 사실도 간과했다.

이 책은 '임신을 과학과 문화로 살펴본 페미니스트의 여정'을 담고 있다. 미국에서 여성들은 너무나 오랜 세월 동안 힘과 영향력을 부정당해왔기에 페미니즘 운동의 성취로부터 혜택을 입은 우리는 얼마나 많은 이가 동등한 기회를 누리지 못하는지 잘 알지 못한다.

40년 전 내가 태어났을 때만 해도 온종일 세 아이를 키우며 살아가는 필리핀계 이주민이었던 내 어머니가 마주치는 고민거리까지는 주류 페미니즘에서 논의되지 않았다. 수많은 주제가 으레 그렇듯이, 임신에 관해 진행되는 가장 지배적인 논의와 과학 연구, 각종 묘사는 믿을 수 없을 정도로 광범위한 경험을 모두 수용하기에는 역부족이다. 이 책의 제목에 생물학적 성별을 반영한 '엄마'라는 단어를 썼는데, 젠더에 대한 우리의 관점뿐 아니라 임신과 출산을 경험하는 사람의 이해가 계속 쌓인다면 언젠가는 그 '엄마'라는 단어 때문에 이 책의 제목이 시대에 뒤처졌다고 여겨지지 않을까 싶다.

우리는 자신의 이야기를 계속해야 한다. 동시에 귀를 기울이는 법도 배워야 한다. 우리의 이야기는 그리고 다양한 우리의 시각은 그 무엇에 비할 수 없을 정도로 소중하다.

임신을 다룬 책이라고 해서 이상적인 임신상을 제시할 수 없으며 그래서도 안 된다. 엄마가 되는 올바른 방식은 누구도 모르기 때문이다. 임신을 하고 엄마가 되는 과정을 통해 나는 다른 사람에 대해서든 그들이 어떤 선택을 했는지에 대해서든 아무런 관심이 없다는 사실을 깨달았다. 그런 점들보다는 우리에게 진짜 선택권이 있다는 사실이, 그리고 그곳에 도달하기 위한 정보도 갖고 있다는 사실이 내게는 더 중요하다.

우리는 배우고, 과학적인 지식과 증거를 요구하고, 현재 존재하는 모든 영역의 정보를 탐구할 의무가 있다. 전문가를 인터뷰하면서도 많은 것을 배웠지만, 기꺼이 자신의 이야기를 들려준 지인과 낯선 이는 물론이고 '동료 엄마들'에게도 그에 못지않게 많이 배웠다. 좋아하든 좋아하지 않든 온몸을 바쳐 매일 육아에 헌신하다보면, 힘겹게 자신만의 지혜를 얻게 된다.

우리는 의료 전문가와 과학자에게 아기를 낳고 키우는 최전선에 선 '우리'의 목소리에 귀를 기울여달라고도 요구해야 한다. 우리 몸은 우리에게 매일 이야기를 들려주고 새로운 실마리와 정보를 제공해준다.

"우리는 화산이다." 미국의 소설가 어슐러 르 귄은 이렇게 썼다. "우리 여성이 자신의 경험을 우리의 진실이자 인간 보편의 진실로 제시할 때 모든 지도가 변한다. 그 지도에는 새로운 산맥이 솟아 있다."

이 책을 쓰면서 나는 르 귄과 같은 희망을 품어본다. "나는 그 소리를 듣고 싶다. 당신이라는 화산이 분출하는 소리를."[4]

1부

여러분 중 하나

이제 어떻게 하지?

완벽하지 않은 선택

Like a Mother

우리 몸의 야누스

아기를 낳기 전, 유산을 했다

1장

이제 어떻게 하지?

임신 초기 몇 주 동안, 전화로 들은 담당의의 음성에 대한 기억과 내 소변이 닿은 플라스틱 막대기가 내 임신 사실을 말해주는 유일한 증거일 때만 해도 뭘 어찌해야 좋을지 난감했다. 갓 임신했지만 동시에 유산의 슬픔으로부터 막 회복된 상태라 몇 번이고 나 자신에게 같은 질문을 던졌다. '이제 어떻게 하지?'

현미경으로만 볼 수 있는 인간의 원형原型이 내 몸에서 자란다는 사실을 알고 나자 아무리 애를 써도 평소처럼 일상생활을 할 수가 없었다. 임신을 '하고' 있는 것 자체가 쉽지 않았고 제대로 '해야 한다'는 압박감마저 들었다. 나와 내 아기가 건강하게 임신 기간을 보내고, 임신에 관련된 위험 요소를 파악하고, 앞으로 내 몸에 일어날 변화에 대비하고, 긍정적이고 희망적인 마음가짐을 유지하기 위해서 뭐든 다 하고 싶었다. 남편과 나, 둘만 가족으로 지내는 남은 기간을 최대한 활용하기 위해 최선을 다해야겠다고도 생각했다.

"때로 출산을 선택한다는 건 완벽이나 공포의 문제가 아니라 우리가 어떻게 살아가느냐 하는 삶의 방식을 결정하는 문제이다." 랜디 허터 엡스타인은 출산의 문화사를 다룬 『겟 미 아웃*Get Me Out*』에서 이렇게 썼다.[1] 임신 기간 동안 우리의 선택에 대해서도 똑같이 말할 수 있다고 생각한다. 지금 이 순간 우리가 어떻게 살아가고 있느냐는 압도적인 정보의 양만 아니라 그 정보를 습득하는 엄청난 수의 방법에 의해 결정된다. 그 과정에서 우리의 정신을 흔드는 발언을 많이 들을 수도 있다.

그렇다, 우리는 각자 의사와 조산사, 간호사에게 각종 정보와 가이드라인을 얻는다. 그렇지만 이런 의료인은 몇 주에 한 번 만날 뿐이고, 대개 한 번에 채 30분도 만나지 않는다. 매일 임신을 경험하고 그 결과 크고 작은 질문을 품게 되는 시간은 그보다 훨씬 더 많다. 그렇다보니 우리는 점점 더 온라인 웹사이트나 관련 서적, 온라인 게시판, 소셜미디어에 의지하게 된다. 검색해보면 임신에 대한 조언이 전혀 부족하지 않은데다 눈 깜짝할 사이에 화면으로 불러낼 수도 있다.

진통과 임신 초기 증상, 출산법 같은 일반적인 주제에 대해 잠깐 검색만 해봐도 웹 MD부터 헬스라인Helthline, 머더 라이징Mother

Rising, 범프, 베이비센터, 베이비센터 UK(외국 엄마는 무슨 이야기를 듣는지 궁금한 경우에), 임신을 하면 생기는 일, 페어렌팅 Parenting, 기빙 버스 위드 컨피던스Giving Birth With Confidence, 맘태스틱Momtastic, 배블Babble, 『뉴욕』에서 운영하는 컷the Cut, 미국의사협회, 메디슨넷MedicineNet, 핏 프레그넌시Fit Pregnancy, 카페 맘Cafe Mom, 마요 클리닉the Mayo Clinic, 위민스 헬스Women's Health, 플랜드 페어런트후드Planned Parenthood, 마마 내추럴Mama Natural, 허핑턴포스트, 국립보건원 등 끝도 없을 것 같은 온갖 사이트에서 답변을 찾아낼 수 있다.

의학 단체, 개인 블로그, 건강과 라이프스타일 관련 잡지, 과학 연구 내용, 페미니즘 출판물, 보건의료인, 언론사, 정부기관이 뒤섞인 다양한 출처의 자료들이다. 각자의 목적을 가진 글이지만 누구를 위한 건지 콕 집어 말하기 어렵다. 이런 기사와 목록, 개요의 저자가(혹시라도 표기가 되어 있다 해도) 늘 원출처로 연결되는 것도 아니다. 그래서 그 사실이 실제로 어디에 나온 이야기인지를 추적하기란 어렵다.

내 페이스북 피드를 10분만 스크롤해봐도 아래와 같은 글이 '참여한 게시물과 유사한 콘텐츠'나 '광고 글', 내 친구 몇 명이 '좋아요'를 누른 사이트의 콘텐츠로 올라와 있다.

• 모유수유중 당신의 몸에 일어날 이상한 여섯 가지 증상

• 출산 전에 알았더라면 좋았을 것들: 요가 강사인 어느 엄마가 힘겹게 알게 된 임신에 관한 네 가지 사실

• 임신에 대해 남자가 알아야 할 중요한 여덟 가지 사실

• 실제 효과에 비해 과소평가된 육아용품 스물세 가지

• 곁잠에 대한 오해를 뒤집는 일곱 가지 사실

페이스북과 트위터 피드를 훑어내리다 기사를 클릭할 때마다, 구글의 검색창에 검색어를 입력할 때마다, 인스타그램을 보다가 '좋아요'를 누를 때마다 알고리즘이 작동된다. 그러니 최종적으로 우리가 보는 정보와 이미지는 항상 우리의 관심사와 우리의 두려움에 맞춤한 결과물이다. 빠르게 속속 들어오는 메시지들은 의사를 믿으라고 하면서도 회의적인 태도를 견지하라고 한다. 출산의 힘을 믿고 언제라도 돌발상황이 일어날 수 있다는 사실을 받아들이라면서 동시에 죽을 수도 있으니 불안감을 떨쳐서는 안 된다고 한다. 아기가 한밤중에 울어도 괜찮다고, 어차피 아침에는 기억을 못한다고 하면서도 그럴 때 아기 몸에 스트레스 호르몬인 코르티솔이 흘러넘치고 아기는 무의식적으로 자신이 필요로 할 때 엄마인 당신에게 버림받으리라 학습할 것이라고 한다.

임신한 친구가 내게 이런저런 조언을 구할 때면 농담 반 진담 반으로 절대 인터넷 검색을 하지 말라고 말한다. 어떤 해답을 찾든 입맛에 맞는 해답이 나오기 때문이다. 가정분만이 힘과 오르가슴을 주

는지 궁금한가? 문제없이 답을 찾을 것이다. 가정분만으로 목숨을 잃을 수도 있는지, 그런 출산법을 장려하는 조산사가 실력 없는 사람인지 궁금한가? 그런 답을 원한다면 그렇게 나올 것이다. 임신했을 때 뜨거운 물로 10분간 반신욕을 하면 긴장이 풀어지고 기분이 더 좋아진다는 사실을 확인하고 싶은가? 그런 자료가 나올 것이다. 그런 행위 때문에 심부체온이 위험한 수준까지 오를 수 있으니 굳이 그런 위험을 감수할 필요가 없다는 내용의 자료를 읽고 싶은가? 이곳을 클릭하라. 이렇게 모순되는 정보를 샅샅이 살피다보면 이미 임신부로서 당신이 짊어진, 자신과 배 속의 연약한 배아를 돌볼 뿐 아니라 온갖 정보를 섭렵해 거기서 '사실'만을 골라내야 한다는 엄청난 책임감만 증폭될 뿐이다.

어떤 친구들은 부부 의료인인 윌리엄과 마사 시어스가 쓴 『건강한 임신 책』을 읽어보라고 권해주었다. (시어스 부부는 『아기 책』『아기 수면 책*The Baby Sleep Book*』『모유수유책*The Breastfeeding Book*』『까다로운 아기 책*The Fussy Baby Book*』『훈육서*The Dicipline Book*』 등의 '시어스 육아 전집'을 썼다.) 윌리엄은 소아과 의사 겸 의대 교수이고 마사는 정규과정을 이수한 간호사로 두 사람은 함께 여덟 아이를 키웠다. 나는 그들의 경험과 지식에서 많은 것을 배울 줄 알았다.

실제로 시어스 부부의 책에서 배운 점이 있긴 하다. 하지만 『건강한 임신 책』을 처음 펼쳐 들고 서문을 읽다가 거기 실린 삽화를 보고 깜짝 놀랐다. 책 두번째 쪽에는 팔다리를 교차한 채 자궁에 편안하게 자리를 잡은 태아를 섬세하게 음영을 살려 그린 회색빛 연필화가 실려 있었다. 단호한 메시지가 담긴 말풍선이 아이에게 달려 있었다. "엄마, 몸조심하세요. 그래야 제가 잘 자랄 수 있잖아요."

그 책에는 아기가 등장하는 삽화가 처음부터 끝까지 계속해서 등장하는데 아기는 조언을 건네고 내가 우선순위를 정하는 걸 도와주겠다고 말하는 것처럼 느껴졌다. "엄마, 이제부터 엄마의 취미는 우리의 건강 돌보기예요"라고 4쪽에서 아기가 내게 상기시켰다. 그때 나는 고작 임신 8주차였는데(태아는 강낭콩만해서 사람보다는 강낭콩과 공통점이 더 많았다), 모르는 게 없는 이 아기는 내가 이미 어떤 실수를 저질렀는지 짚으며 나를 꾸짖었다.

"엄마는 정말로 그걸 먹고 싶어요?" 아기가 놀랍게도 54쪽에서 이렇게 물었다. 아기는 제목에 이렇게 적힌 빨간 상자 옆에 편안히 기대 있었다. "연구에 따르면, 체중이 필요 이상으로 증가하면 진통이 필요 이상으로 길어진대요."

이런 임신 안내서는 임신 때문에 우리 몸이 어떤 생물학적 변화를 겪는지나 태아의 발달과정이나 출산에 대해 기본적인 정보를 제공해주기 때문에 유용하다. 그러나 수많은 임신 안내서를 섭렵한 경험으로 말하자면, 이런 책은 정보를 전달하기보다 지시하듯 권위적으로 조언한다. 이 자리에서 시어스 부부의 책을 비난하려는 게 아니다. 『임신을 하면 생기는 일』과 『주별 임신 가이드*Your Pregnancy Week by Week*』 같은 책에도 마찬가지로 귀중하지만 때로는 미묘하고,

어떤 것은 동의하기 힘든 의견이 담겨 있었다. 도서관에서 가장 손쉽게 찾아볼 수 있는 『새 임신 바이블: 전문가가 제시하는 임신과 초기 육아*The New Pregnancy Bible: The Experts' Guide to Pregnancy and Early Parenthood*』의 제6장 제목은 「외모에 신경 쓰기」인데, 이 부분을 보면 임신 기간이 "당신의 머릿결과 피부, 치아, 가슴, 발에 특별한 관심을 기울일" 좋은 기회라고 이야기한다.

임신을 해서 무슨 일이 일어날지 궁금해하면, 임신과정에 대해서 그리고 임신중에 당신이 '해야만 하는 일'을 놓고 수많은 사람이 이래라저래라 할 것이다. 그런 간섭 때문에 당신이 망가질 수도 있다.

이런 책들을 집어들었다가 내려놓을 때마다 임신의 외부적인 측면에서 무엇이 '좋고' 무엇이 '나쁜지'에 초점을 맞추는 대신, 광활한 내부 세계에서 무슨 일이 벌어지고 있는지 더 잘 이해하도록 시간과 자원을 더 많이 투입하면 어떨까 하는 생각이 들었다. 여자는 정보라는 탈을 쓰고 있지만 실은 이런저런 선택을 하라고 명령하는 지시가 아니라 여러 가능성을 고려해 직접 선택을 내리게 도와줄 정보에 접근할 자격이 있다.

나는 손톱을 어떻게 손질해야 하는지나 임신중에 먹을 샐러드를 어떻게 만드는지보다 내 몸에서 자라고 있는, 오로지 내 혈액으로 딸에게 영양을 공급하고 딸이 생명을 유지하도록 만들어주는 완전히 새로운 장기인 태반에 대해 알고 싶었다. 왜 누군가는 열 달을 꼬박 채워 출산하고 누군가는 그 기간을 다 채우지 못하는지 궁금했다. 매일 수천 명의 사람에게 일어나는 분만과정의 시작과 출산이 왜 그렇게 고통스럽고 예측 불가능한지 궁금했다. 이 정도는 꽤 기본적인 지식으로 느껴졌다.

이 세상에는 유용한 정보가 무수히 많다. 하지만 임신에 대해서만이 아니라 우리 자신에 대한 생각과 감정에 모종의 영향을 행사하기 위해 만들어진 콘텐츠와 마케팅 자료도 그만큼 많다. 수많은 참고자료는 우리에게 무엇을 그리고 어떻게 해야 하는지 지시한다. 우선순위를 어떻게 정해야 할지, 어떻게 움직이고 무엇을 먹을지, 정서적 충만감을 어떻게 여겨야 할지 등을 말이다.

임신 기간 중에 나보다 먼저 아이를 가졌던 여자들을 자주 떠올렸다. 내 어머니는 세 번의 제왕절개를 기꺼이 참아냈다. 당시에는 참고할 만한 임신 안내서 한 권 없었고, 인터넷도, 베이비센터 사이트의 게시판 같은 개미지옥도 없었기에 어머니는 그런 데서 인생을 허비하지 않았다. 어머니는 우리 형제들과 나를 몹시 사랑했지만 '애착 육아'라는 용어가 있는지조차 몰랐다. 나는 필리핀에서 열한 명의 아이를 임신해 그중 둘을 잃었던, 초음파진단을 단 한 번도 받지 않았던 내 외할머니 롤라 릴리도 종종 생각했다. 그분은 화학과 교수였고 열광적인 볼룸 댄서였고 매력적으로 허영심 강한 여자였다. 태아에 미칠 (수도 있는) 부작용이 두려워서 새치 염색을 잠시 중단하겠다고 하면 외할머니가 얼마나 경악에 찬 표정을 지을지 상상하기란 어렵지 않았다.

우리는 대부분 어머니나 친구에게 전화를 걸어 통화를 해보기도 전에 깊이 생각하지도 않고 곧장 인터넷 검색부터 할 것이다. 우리는 설령 그 기원이 미심쩍거나 명확하지 않더라도 좀더 공식적이고 확정적인 출처를 비공식적인 경험보다 중시하라고 배웠다. 우리가 출산과 육아를 경험한 평범한 사람에게서 받는 조언과 정보는 점점 줄어드는 반면 의료인과 온라인 인플루언서, 소위 전문가에게서 받는 조언과 정보는 점점 늘어난다.

• • •

언제나 여자는 대대로 여자에게 전해져 내려오는 지식의 도움을 받아 자랐고, 아기를 낳았고, 그 아기를 키웠다. 지난 몇 세기 동안 어느 문화권을 보더라도 출산을 하는 자리에는 산파가 있었다. 그들은 어머니, 할머니, 이모, 고모, 이웃처럼 몇십 년간 몸소 체득한 경험과 지식 외에는 공식적인 교육을 받은 적 없는 연륜 있는 여자였다. 그들은 분만중인 여자에게 언제 움직여야 하는지, 언제 쉬어야 하는지, 언제 힘을 줘서 아기를 밀어내야 하는지 조언을 했고, 약초를 이용해 심신이 편안하도록 보살폈으며, 아기를 받았고, 출산 후에는 며칠에서 몇 주 동안 산모와 신생아를 보살폈다. 그들은 임신과 출산이 여성의 삶에서 중요하지만, 치료를 받아야 할 질병이나 증상이 아니라 일상적인 사건이기도 하다는 걸 잘 알았다.

그러나 19세기 말에서 20세기 초, 산업화가 급속히 이뤄져 미국이 점점 부유해지면서 새로운 전문가, 즉 의사가 임신과 출산이라는 분야에서 필수불가결한 권위를 획득했다. 루서 에밋 홀트 박사는 1894년에 출간한 『아동 돌보기와 먹이기*The Care and Feeding of Children*』에서 "어머니가 되기 위한 길잡이로 본능과 모성애만 있으면 충분하다고 여기는 경우가 너무 흔하다"[2]라고 경고하며 여성의 지혜와 경험에 의존하지 말라고 조언했다. 그의 말은 어머니가 꼭 따라야 할 규칙을 의료인이 정립한다는 길을 닦았다.

카네기재단의 의뢰로 실시한 전국 의료 교육기관 평가 결과가 1910년에 에이브러햄 플렉스너의 『미국과 캐나다의 의학 교육』에 실리자 주로 백인 상류층 남성을 받아들이는 하버드대 같은 학교에 수백만 달러의 기금이 지원되었다. 이 기금은 카네기와 록펠러 가문처럼 부유한 기업 가문의 자선재단에서 비롯되었다. 흑인과 여성을 학생으로 받았던 의대를 비롯해 대다수의 영세한 교육기관은 훨씬 적은 재정으로 버텨야 했기에 경쟁 상대가 되지 않았고 결국 폐교할 수밖에 없었다.[3] 의술은 다양한 계층의 다양한 사람이 베풀던 치유의 기술에서 8년 동안 비싼 수업료를 내고 배워야 하는 직업으로 변모했다.

그 무렵 미국에서는 태어나는 아기 중 거의 반수를 산파가 받았는데, 그들은 대부분 노동계급 이민자와 흑인 여성이었다.[4] 이러한 수치를 이제 갓 생겨난 산부인과 학계에서는 받아들일 수 없었다.

이에 1912년에 존스홉킨스대 산과에 있던 J. 휘트리지 윌리엄스 교수는 의료 교육을 받은 동업자를 산파보다 더 우위에 놓기 위해 노력을 쏟기 시작했다. 윌리엄스는 「미국의 의료 교육과 산파 문제」라는 보고서를 작성하기 위해 산과 교육을 제공하는 4년제 의대 120곳의 교수진을 조사했다. 결과는 놀라웠다.

윌리엄스의 조사 결과, 많은 교수가 스스로 산과를 가르칠 준비가 되지 않았으며 분만과정에서 생기는 응급상황에 대처할 실력을 갖추지 않았다고 느끼고 있었다. 산과 수업을 강의한 어느 남자 교수는 실제 분만과정에 참여한 적이 한 번도 없다고 고백했다. 이러한 결과에도 윌리엄스는 의사가 산파에게 배울 점이 있다는 사실을 인정하기는커녕 산파 행위를 뿌리 뽑아야 한다고 주장하며 자신의 목표에 더욱 노력을 기울였다. 산파는 위험하다. 의사는 결국 충분한 경험을 쌓을 것이다. 그는 이런 식의 논리를 펼쳤다.[5]

그후 여러 주에서 자격증을 갖춘 의사가 아기를 받도록 규정하고 산파의 도움을 금지하는 법안을 통과시켰다. 이 새로운 규제에 미국 남부 전역에서 대대로 온갖 인종의 출산을 도왔던 아프리카계 미국인 할머니 산파들이 직격탄을 맞았다. 글을 읽고 쓸 리도, 정식 교육을 받았을 리도 만무한 이들은 도시에서 일을 하고 거주하지 않았기 때문에 합법적으로 산파 일을 계속하기 위해 등록소를 찾을 수도 없었다.

의사가 궁극적으로 획득한 임상전문지식은 흔히 여자, 특히 흑인 여자의 희생을 담보로 했다. 19세기 앨라배마에서 활동한 외과의 J. 매리언 심스 박사는 '현대 부인과의 아버지'로 일컬어진다. 질 검사를 받은 적이 있다면 익숙할 오리 부리처럼 생긴 벌리개를 만든 사람이 바로 심스다. 그는 무엇보다도 질과 요로 혹은 질과 항문 사이에 생겨서 소변과 대변이 부지불식간에 질에서 새어나가는 증상을 유발하는 질의 누관이나 찢어짐, 누공 등을 수술하는 기술을 발전시킨 것으로 유명하다. 그 무렵 질루는 출산 후 일반적으로 겪는 증상이었는데 일상생활에 지장을 초래하고 당사자를 당혹스럽게 만드는 일이었다.

심스는 오랫동안 여자 노예에게 마취제도 없이 실험적인 수준의 수술을 진행하는 식으로만 자신의 기술을 발전시켰다. 노예주들이 이 여성들을 심스에게 데리고 갔는데, 그중 아나카와 벳시, 루시 이 세 사람의 이름만 심스의 기록에 남아 있었다. 노예는 재산으로 간주되었기에 실험에 참여한 여자들은 그에 따른 합당한 보상도 받지 못했다. 심스는 자신의 기술을 완전히 완성한 후에야(그는 아나카를 열세 차례나 수술했다) 백인 환자에게 질루 수술을 진행했다. 물론 마취를 하고서 말이다.[6]

20세기에 들어와 여성은 보건 분야에서 밀려났을 뿐만 아니라 의료 교육을 받을 기회에서도 적극적으로 배제되었다. 이런 상황에서 임신한 여성을 돌보는 책임은 남성에게 넘어갔다. 오늘날 의료계 종사자 중 대다수가 여성이지만, 이들은 주로 남성의 보조자 역할이고 의사와 병원 관리자의 자리는 남성이 압도적으로 많이 점유하고 있다. 이런 현실은 결코 우연의 결과가 아니다.

하지만 여성은 여전히 임신과 출산 산업에서 누구보다 중요한 역할을 한다. 우리는 아이를 만들고 낳는데, 이는 곧 주사 몇 대보다 더 많은 것이 여전히 필요하다는 뜻이다.

1900년대 초, 남성이 관리 감독하는 고통스러운 출산에 트라우마가 생긴 여자들이 출산중에 진정제 투약을 요구했다. 그들은 자신에게 평화롭게 출산할 권리가 있으며 경우에 따라 의식이 없는 상태에서 아기를 낳을 권리가 있다고 주장했다. 고통 없는 출산은 페미니즘의 대의가 되었다. 미국 의료계는 재빨리 움직여 산모에게 원하는 것을 제공했다. 독일 의사들이 개발한 '트와이라잇 슬리프'라는 약물을 투약해 마취상태에서 출산을 진행했다. 불행하게도 이 기술을 서둘러 도입하는 바람에 미국의 의료진이 독일처럼 절차를 세심하게 지켜 트와이라잇 슬리프 처치를 하지 않아 고통스러운 출산은 계속해서 이어졌다. 무통분만 운동은 추진력을 잃었다. 그러나 산고에서 벗어나고 싶은 욕망은 멈추지 않아 그후 몇십 년 동안 다양한 약물이 개발되어 사용되었다. 1970년대까지는 진정제와 마취제를 처치받아 출산을 진행한 산모가 많았다. 그후 약으로 의식이 흐릿해진 상태 그리고 남자 의사의 손에서 출산과정을 되찾아오자는 주장이 페미니즘의 의제가 되었다. 의식이 또렷한 상태에서 출산의 전 과정을 받아들이고자 하는 여자가 늘어났다. 오늘날 페미니즘은 어떤 방식이든 당사자가 원하는 방식대로 출산하도록 지지한다.

임신과 출산의 의료화는 20세기를 가득 채운 수많은 변화 중 하나로, 엄청난 변화를 몰고 왔다. 허터 엡스타인은 그런 변화 몇 가지를 이렇게 요약한다. "산과 의사가 청진기를 배에 대고 팔딱팔딱 뛰는 심장 박동을 듣는 수준에서 벗어나 초음파 진단기로 태아 심장의 3D 이미지를 찍는 경지에 이르렀다. 출산과정은 집에서 병원으로, 약물을 사용하지 않는 분만에서 약물을 사용하는 분만으로, 산파에서 의사로, 경우에 따른 제왕절개에서 요구에 따른 제왕절개로 변화했다."[7] 과거에는 여성의 삶에서 일상적인 요소였던 임신은 이제 전문가가 관리 감독해야 하는 의학적 상태가 되었다. 양수천자 검사, 무세포 태아 DNA 검사, 섭취물 제한 같은 산전관리는 모두 현대에야 생긴 새로운 개념이다.

임신과 출산에 대해서 다른 무엇보다 좋은, 유일무이한 접근법 같은 것은 존재하지 않는다. 미국의 산과와 부인과가 어떻게 발전해왔는지를 알면 분노가 치솟겠지만, 우리 중 많은 이가 그로 인해 혜택을 받은 것도 사실이다. 이 분야가 발전하면서 모체와 아기의 건강이 개선됐다. 그리고 좋건 나쁘건 대부분 이 의료체계하에서 산전관리와 출산, 산후관리를 받는다. 그러므로 지금 우리가 서 있는 곳, 그러니까 임신에 대한 모순된 견해와 너무 쉽게 손에 넣을 수 있는 모순된 정보 사이에서 균형을 잡고 있는 이곳이 지금 현재 우리가 살아가는 모습을 반영한다.

이제 여기서 어디로 갈까? 지금 우리가 살아가는 방식은 계속해서 진화하고 변화할 운명이다. 이미 그 변화는 시작되었다.

정보에 대한 요구는 사라지지 않을 것이다. 기술의 진보로 우리는 태아를 좀더 또렷하게 보게 될 것이며 점점 더 초기 단계의 배아를 보게 될 것이다. 심지어 풀리지 않은 수수께끼도 점점 줄어들 것이다. 임신에 대한 지식의 습득은 어느 때보다 유용하게 느껴질 것이다. 2018년인 지금도 이런 글을 써야 한다는 게 믿을 수 없는 노릇이지만 아직도 여성에게 자신의 몸을 법적으로 완전히 통제할 권리가 없기 때문이다.

오늘날 미국 여성은 임신시 건강을 해치는 일을 하거나 종종 비극적으로 임신이 끝날 경우, 형사고발을 당할 수 있다.[8] 일부 주에서는 자궁 내 태아를 규제물질에 노출시켰다면, 그 물질이 설사 태아가 더 큰 피해를 입지 않도록 처방된 약물이래도, 심지어 그 아이가 후에 건강하게 태어나더라도 '화학적 위험'을 빌미로 엄마가 기소당할 수 있다.[9] 아기의 건강을 놓고 타인이 보기에 '그릇된' 선택을 했다면 당신은 아기를 빼앗길 수도 있다.[10] 이런 맥락에서 보면, 임신 기간과 자녀의 영유아기에 엄마가 먹을 수도 있는 모든 물질 그리고 맞닥뜨릴 수 있는 모든 환경에 대해 낱낱이 알려주지 않는 현실이 무책임하게 느껴진다.

'자율적 출산empowered birth'에 대해 온갖 논의가 벌어짐에도 불구하고, 미국 사회에서 자녀를 출산했거나 출산할 어머니의 영향력은 응당 가져야 할 수준에 훨씬 못 미친다. 우리가 하는 모든 일은 우리가 해야만 하는 일에 대해 세워둔 불가능한 기준으로, 즉 '최선'을 기준으로 평가받는다. 그 편차는 있는 그대로의 생물학적이고 문화적인 다양성이 아니라 정상이라 여기는 기준에서 얼마나 벗어나 있느냐를 나타내는 듯하다.

나는 우리 모두가 임신과 모성에 대해 되도록 폭넓게 서로를 북돋우는 분위기 속에서 대화하고 싶어하리라 믿는다. 하지만 여자들은 응당 받아야 할 지원을 제대로 못 받기 때문에 종종 어떤 선택에 대해 독단적으로 판단해 의견이 갈리는 경우가 흔하다. 임신중에 무엇을 마실지(아니면 마시지 않을지), 출산을 어떤 방식으로 할지, 아이에게 뭘 먹일지, 아이를 어디에 재워야 할지 같은 주제에 대해서 말이다. 이런 것들은 매일의 일상에서 중요한 문제이지만, 수 세기 동안 미국 여성을 억압한 문제나 이슈는 아니다.

임신과 모성을 다룬 방대한 자료에 빠져 있다보면, 더 큰 틀에서 볼 땐 그리 중요하지 않은 문제에 주의가 쏠리기 마련이다. 우리는 그보다 훨씬 더 큰 문제에 당면해 있다. 남자가 거의 모든 경제력과 법적 권한을 틀어쥔 문화, 백인이 기준이 되어 다른 인종과 문화보다 더 우월하다고 간주되는 사회, 여성이 압도적으로 더 많이 담당하는 가사노동을 토대로 삼으면서 그러한 노동의 가치를 정당하게 인정하지 않는 경제체제(혹시 가부장제나 백인우월주의, 미국자본

주의라는 표현이 더 마음에 든다면 그렇게 써도 된다) 같은 문제 말이다. 많은 사람이 이런 이야기를 꺼리지만, 이것이 우리의 현실이다. 임신에 관한 질문은 모두 정치적인 문제이기에 그 가운데 무엇도 쉽게 대답할 수 없다. 이를 거부한다는 건 우리가 감당할 수 없는 사치일 뿐이다.

임신과 모성에 관한 책을 수십 권이나 읽었는데, 이제 와서 생각해보니 그 책들을 읽으면서 몸과 마음을 온전히 몰입하지 못했다. 몸은 이쪽 상자에, 뇌는 저쪽 상자에 넣어둔 격이었다. 나는 내 인생과 내 마음을 분리했다. 이분법적 젠더의 경계에 들지 않는 사람만이 아니라 레즈비언이고 성소수자이며 유색인종인 여자라면, 우리의 온전한 인격이나 여성성이 여전히 조건부로 고려된다는 사실을 잘 알 것이다. 임신과 모성에 관한 많은 책에서 언급하는 '정상적인' 혹은 '평범한 임신한' 사람은 우리를 지칭하는 게 아니다. 이 책을 쓰기 위해 자료를 조사하는 과정에서 접한 연구 결과는 인종과 민족성에 따른 데이터를 삭제했다. 필리핀계 여성인 나는 수도 없이 '기타' 범주에 뭉뚱그려졌다.

A.K.서머스의 그래픽 노블 『임신한 부치: 여장을 하고 버틴 기나긴 9개월*Pregnant Butch: Nine Long Months Spent in Drag*』은 몸과 마음을 모두 몰입해 읽은 첫번째 임신 관련서였다. 우리의 사연은 매우 달랐지만, 겉으로 드러나지 않은 감정의 흐름은 똑같았다. 서머스는 가족을 만들기 위해 노력을 아끼지 않았지만, 그녀에게 임신이란

오랫동안 남성적인 성향의 레즈비언 부치로 살아오면서 힘들게 얻은 편안함을 포기해야 한다는 의미였다.

서머스는 출산을 앞두고 신체 변화를 겪으며 자기 몸에서 소외된다고 느낀다. "나는 내가 아니야." 새까만 배경에서 부풀어오른 우주복을 입고 까마득히 멀리 위치한 우주선에 끈으로 연결되어 위아래가 뒤집어진 채 둥둥 뜬 그녀는 이렇게 선언한다. "나는 눈물이고 나는 콧물이다. 나는 빈혈이고 나는 보라색 혈관이다. 나는 유방이다."[11]

성인이 된 후 임신을 하지 않은 기간에는 커다란 갈색 가슴과 물렁물렁하고 둥그스름한 배, 수많은 굴곡을 품은 몸으로 살았다. 깡마른 백인을 일방적으로 숭배하는 문화권에서, 어떻게든 내 몸을 아름답게 보려고 애쓰고 때로는 그런대로 괜찮다고 받아들이려고 노력하면서 말이다. 하지만 서머스의 그림을 보며 구멍이 숭숭 뚫리고 피곤에 지친 내 자아가 보였다. 몸 여기저기가 퉁퉁 부어오른 채 낯선 우주를 터덜터덜 돌아다니는 그 자아는 방향을 잃고서 혼자였다.

임신한 사람이 잘하고 있다거나 못하고 있다는 평가를 그만둘 때 비로소 진실을 말할 수 있다. 우리 모두가 그저 주어진 환경에서 최선을 다하고 있다는 진실 말이다. 근본적으로 우리 모두에게는 똑같은 것이 주어졌다. 바로 우리의 몸이다. 몸은 모두 같으면서 동시에 무한히 다양하기에 경이롭다.

임신 기간 동안에는 변화가 빠르게 일어난다. 우리 몸안에서 너무나 많은 일이 끊임없이 일어나며, 우리의 체형이나 감정도 매일 변하는 것처럼 느껴진다. 우리의 내면은 끊임없이 새로운 생각으로 출렁이고 새로운 감정을 처리하느라 바쁘다. 그러나 우리 여자는 다른 누군가와 몸을 공유하기 전까지 수십 년 동안 그 몸으로 살아왔기에, 임신을 우리가 하루하루 살아내는 일상이 아니라 우리에게 일어나는 사건으로 느낄 것이다. 즉 우리를 제외한 누구나 우리의 상태에 대해 책임을 지울 수 있는, 개인으로서 우리와 전혀 관계가 없는 이야기나 가치체계, 기대 등을 우리에게 의견으로 전하는 무언가로 느낄 것이다.

우리가 수도 없이 반복해온 재생산에 대한 간결한 이야기(엄마와 아빠가 마음이 맞아서 난자와 정자가 결합하면, 짠! 9개월 후에는 아기가 태어난단다)는 오늘날 부모 되기가 어떤 것인지에 대한 현실은 물론이고 임신을 하고 아기를 키우는 복잡한 과정을 모두 지워버린다. 임신테스트기 광고에는 여전히 젊은 여성이 화장실에서 기쁨의 눈물을 흘리며 나와 두 팔을 벌린 사랑하는 남편의 품에 뛰어드는 뻔한 장면이 나오지만, 수많은 이에게 그런 장면은 남의 이야기일 뿐이다. 광고 속 여성은 임신을 하고 엄마가 되기 위해 어느 정도, 때로는 몇 년에 걸쳐 고생하지 않은 운좋은 사람이고, 이런 경우는 드물다.

이렇게 복잡한 과정을 지나치게 단순화해서 일차원적 서사에 욱여

넣는 경우가 임신 말고 또 있을까? 시간이 흐르면서 인간의 재생산에 관련해 수많은 것이 변화하고 확장된다. 기술의 발전 범위, 여성이 어머니가 되는 연령대, 우리가 임신에 이르는 과정, 전통적인 젠더 역할과 젠더 자체, 젠더를 다루는 언어에 관한 인식은 말할 것도 없고 무엇이 가족을 구성하느냐에 대한 개념 등을 예로 들 수 있다.

보조생식기술협회SART에 의하면, 2015년 미국에서 체외수정으로, 그러니까 난자를 채취하고 정액을 받아 배양접시에서 수정을 시켜 태어난 아이가 6만 5175명이다. 지난 10년 동안 미국의 출생률은 감소 추세였음에도 불구하고 체외수정 비율은 점진적으로 증가했다.

"미국에서는 하나의 가족 형태가 더이상 지배적으로 존재하지 않는다." 2015년 퓨 리서치센터는 보고서를 통해 이렇게 주장했다. "오늘날 부모의 모습은 점차 다양해지고 많은 이들이 끊임없이 가족 형태가 진화하는 환경에서 아이를 키우고 있다."[12]

『임신을 하면 생기는 일』 최신판에서는 구성에 상관없이 가족은 가족이라고 선언하면서 이렇게 이른다. "그러나 이 책을 읽다보면…… 전통적인 가족관계를 언급하는 부분이 눈에 들어올 것이다. 그렇다고 해도 이는 전통적인 가족 형태에 해당되지 않는 임신부(와 그 가족)를 배제하려는 의도가 아니다. 당신에게 들어맞지 않는 부분은 알아서 편집해버리고 대신 당신과 사랑하는 가족에게 맞는 상황을 적용하라."[13]

우리가 참조할 자료는 아직도 현실을 따라잡지 못한 채 자신이 섬겨야만 할 독자에게 시대에 뒤처진 정보를 바로잡는 책임을 떠넘긴다.

온갖 정보를 구할 수 있음에도 임신하기 전에는 그 과정이 얼마나 복잡한지 여전히 아무것도 모른다. 진통이 실제로 어떤 느낌인지에 대해서도 전혀 모르고, 진통이 초래하는 통증을 버티며 우리 몸이 얼마나 많은 것을 이뤄내는지 아무도 말해주지 않는다. 여자들은 태반의 분만에 대해서나 제왕절개 후 몸이 회복될 때 어떤 현실을 겪는지, 출산이 몸에 어떤 영향을 미칠 수 있는지에 대해 잘 모른 채 아이를 낳는다. 우리는 산후에 어떤 감정적 풍경을 접하게 되는지에 대해서도 아무 이야기도 듣지 못한다. 다시 말해 자기 몸에서 소외되는 느낌이나 자신의 정체성이 완전히 뒤바뀌는 느낌에 대해 어떤 귀띔도 받지 못한다.

우리 개개인의 역사와 집단의 역사를 구성하고 미래를 보장하는 임신과 출산에 대한 지식과 권위를 자격증이나 학위나 다양한 출판 플랫폼을 가진 사람만 쥐어서는 안 된다. 아무 비용을 들이지 않고 모든 여자가 이에 대해 공개적으로 이야기하고 접근할 수 있어야 한다.

우리는 모두 여성의 몸에서 태어났고 모두 출산을 직접 경험해봤다. 게다가 우리는 모두 한때 여성이었다. 인간이라면 누구나 안드로겐이라는 호르몬의 영향으로 태아의 남성기와 고환이 발달하는 임신 10주가량이 될 때까지 여성으로 자란다. 여성은 우리 인간의 기본 성이다.

아이를 배 속에서 키우고 낳는 일은 개인적이면서도 보편적인 경험이다. 그 과정에 '올바른' 길이 있다는 말을 들으면 들을수록 그 과정은 낯설어지고 외로워질 수밖에 없다. 사실 어머니가 되는 여정은 타인을 자신보다 우선하는 삶을 준비해가면서 자신을 자기 몸안으로 깊이 끌고 들어가는 과정이므로 애초에 근본적으로 고독한 일이다. 임신 때문에 온갖 신체적 변화가 일어나고, 아기는 몸밖으로 나오면서 당신 몸을 늘이고 흉을 남기고 모양을 바꾸고서야 비로소 빠져나온다. 한때는 당신에게서 절대 떨어질 수 없는, 보드라운 피부로 이뤄진 공처럼 몰랑거리던 존재가 단단해져 기어다니고 걷기 시작하면서 당신의 품을 벗어날 것이다. 당신은 친숙하면서도 완전히 달라진 당신 자신과 함께 남겨진다.

웹사이트를 뒤지고 책을 읽으며 보낸 수많은 시간을 되돌아보면 쉴새없이 밀려오는 정보의 홍수 속에서 내가 뭘 보고 들었는지 그 세세한 정보는 거의 기억나지 않는다. 대신 절친한 친구인 엘리자베스에게 들은 충고는 또렷하게 기억한다.

엘리자베스는 임신에 대해 어떤 질문을 하든, 문자를 보내든 전화를 하든 언제든지 답변을 해주었다. 출산 준비를 하면서 8주짜리 강좌도 들었지만, 내가 어떤 일을 앞두고 있는지에 대해 엘리자베스가 들려준 첫 출산 경험만큼 도움이 된 게 없었다. 엘리자베스는 자신의 침실에서 엎드린 자세로 "암사자처럼 울부짖다가" 어느 순간 병원에 가야 할 때구나 하고 직감했단다. 언제나 내성적이고 차분한 친구였기에 그녀가 그런 말을 하리라고는 상상도 못했다.

엘리자베스는 내게 두 번의 임신과정을 겪으며 쓰고 남은 잡다한 물품을 넣은 상자를 하나 보냈다. 그 안에는 티백들, 튼살크림, 온라인으로 일괄주문해 쓰다 남은 듯한 개별 포장된 임신테스트기 스무 개가 들어 있었다. 그 테스트기를 다 쓰지도 못했지만, 그 물건들에 담긴 친절에 무엇보다 감동했다. 상실을 겪은 또다른 누군가가 내게 임신을 하면 두려워해도 된다고, 불안해해도 된다고, 겁을 먹어도 된다고 그 물건들로 위로해주는 것 같았다. 이 나라의 양끝에 사는 우리는 이렇게 말없이 대화를 나눈 셈이다. 지금까지도 내게 남아 있는 이 명료한 메시지를 다른 사람과 나누고 싶다.

임신을 하고, 어머니가 되고, 가족을 이루는 데 올바르거나 그릇된 길은 없다. 오직 한 가지 길이, 당신의 길이 있을 뿐이다. 그 길은 분명히 눈물과 실수, 의심으로 얼룩져 있겠지만 동시에 기쁨과 안도감, 승리감, 사랑으로 가득할 것이다.

오랜 세월 동안 여성은 추정과 실험, 보고의 대상으로 살아왔다. 그저 자신의 이야기를 들려줄, 누구도 부인할 수 없는 권위를 소유할 기회는 거의 쥐지 못했다. 바로 이게 우리가 앞으로 나누어야 할 대화이다. 이제부터 새로운 대화를 시작해보자.

2장

완벽하지 않은 선택

반신반의하면서 흥분이 더해지는 임신 초기에는 임신을 비밀에 부치면서 즐거워할 수 있다. 단 몇 시간, 아니면 며칠만이라도 당신(혹은 당신과 당신의 파트너)을 제외하면 아무도 그 사실을 모른다. 당신의 몸 그리고 그 몸이 품은 모든 잠재력과 힘을 고요하게 느끼는 감각, 앞으로 일어날 모든 일을 희미하게나마 짐작하며 당신만 남겨진 그 상황은 강렬하면서도 몹시 내밀한 경험이다. 하지만 그 순간은 오래가지 않는다.

머잖아 당신의 몸부터 당신을 저버린다. 배가 불러오면서 당신은 공공재로 변화한다. 당신의 몸매가 점점 변해가며 온 세상에 일단 당신이 임신했다는 신호를 보내고 그다음에야 당신이라는 사람의 존재를 알린다. 당신은 타인이 경솔하게 내뱉은 생각의 저장고이자 그들의 희망과 두려움, 신념, 가르침을 투영하는 빈 스크린처럼 여겨진다.

그게 무조건 나쁜 건 아니다. 어느 날 네일숍에 갔더니 어떤 여자분이 젤네일용 램프에서 나오는 적외선을 차단해야 한다며 매장에서 가장 두툼한 『인스타일』 잡지 두 권을 가져와 요란하게 내 배를 덮어줬던 일을 떠올릴 때면 지금도 웃음이 나온다. 그렇지만 커피숍에서 나란히 서서 주문한 라테를 기다리던 어느 임신부가 자기 배를 가리키며 내게 이렇게 말한 적도 있다. "묻지도 않았는데 이걸 보고 자기 의견을 알려주는 낯선 사람들이 너무 많아요."

우리의 문화는 임신에 대해서라면 정도가 지나치든 아니든 우리의 몸과 생활에 제약을 가하는 관점에서 생각하곤 한다. 아기를 가지기 전 당신이 어떤 스타일의 옷을 입었건 간에, 임부복을 사러 가면 옆구리에 주름이 잡힌, 신축성이 좋은 면 소재로 된 상의(주로 줄무늬다)나 허리선이 가슴 아래에 잡힌 펑퍼짐한 원피스 말고는 다른 선택지가 없다. 레스토랑에 가면, 웨이터는 좋은 뜻에서 묻지도 않고 당신 자리에 놓인 와인 잔을 치워버릴 것이다. 마트에서 장을 보고 가방 하나를 배 위에 아슬아슬하게 올린 채 짐을 잔뜩 들고 나오면 지나가던 남자가 도와주겠다고 말하는 대신 이렇게 물을 것이다. "이봐요, 꼭 그렇게 해야 해요?"

과학과 이성이 부재했던 몇 세기 동안 여자의 몸은, 특히 재생산을 위한 그릇으로서 우리의 몸은 대개 남자의 변덕과 욕망에 따라 억측이나 도덕적 잣대에 휘둘렸다. 우리는 오늘날에도 여전히 그런 것에 종속되어 있다.

의사가 선호하는, 등을 대고 누워 양 무릎을 구부리고 발을 발걸이에 올리는 쇄석술 자세 같은 출산 자세는 고대 그리스와 이집트, 페르시아, 아즈텍 문명의 예술작품에서 묘사하는 쪼그리고 앉는 식의 좀더 능동적인 전통적 출산 자세와 거리가 한참 멀다. 등을 대고 눕는 자세는 17세기에 들어서야 선호됐는데, 그 무렵 장막 뒤에서 출산 장면을 지켜보는 걸 즐기던 관음증 환자 프랑스 국왕 루이 14세는 출산 장면을 최적의 각도에서 볼 수 있게끔 특수한 관찰 테이블을 만들라고 지시했다.[1]

미국 산부인과 의사들이 일명 '남편용 봉합술'이라고 부르는, 출산중 회음부가 찢어지거나 회음부 절개를 하는 바람에 추가로 실시하는 봉합술이 있다. 이렇듯 불필요한 봉합을 추가로 진행하는 것은 질의 입구를 출산 전보다 더 작고 팽팽하게 만들어서 남편의 성적 쾌락을 더 높여주기 위해서다.[2]

연구자들은 20세기 들어서야 월경이 음식을 상하게 만드는 흉측한 재앙이 아니라 우리의 종을 유지하는 재생산과정의 일부라는 걸 알게 되었다. 이 사실이 밝혀지기 전만 해도 사람들은 『성경』 같은 데서 나온 정보를 신뢰했는데, 「레위기」 15장 19절에는 이렇게 나와 있다. "어떤 여인이 유출을 하되 그의 몸에 그의 유출이 피이면

이레 동안 불결하니 그를 만지는 자마다 저녁까지 부정할 것이요."
로마의 역사가 대大 플리니우스는 이렇게 썼다. "월경으로 나온 피와 접촉하면 새 와인이 시어지고, 그것에 닿은 작물은 번식을 못 하게 되고, 접목한 나뭇가지가 죽고, 정원에 뿌린 씨앗은 말라 죽고, 나무의 과실이 떨어지고, 그것을 비춘 거울의 환한 면이 흐릿해지고, 강철의 날과 상아의 빛이 무뎌지고, 벌집의 벌이 죽고, 청동과 무쇠조차 당장 녹이 슬고, 끔찍한 냄새가 허공을 채운다."[3]

케케묵고 다분히 미신에 근거한 주장처럼 들리지만, 1977년까지도 세계적인 의학지인 『란셋』에 월경 기간 동안 여성의 땀구멍으로 보이지 않는 불경한 물질인 '메노톡신'이 분비돼 월경중인 여성이 든 꽃이 시들 것이라고 주장하는 글이 실렸다.[4] (확실히 말해두지만, 이는 미신이다. 이 세상에 메노톡신 혹은 '월경 독'이라는 물질은 존재하지도 않고 존재한 적도 없다.)

1970년에 클리블랜드의 어느 고등학교 교사였던 조 캐럴 라플뢰르는 임신 중기에 출산휴가를 떠나게 되었다. 학교 관리자들이 '그녀의 임신한 몸을 학생들이 보면 혐오스러워하거나 걱정하거나 매료되거나 당황할 수 있다'며 걱정했기 때문이다.[5] 그때만 해도 많은 학교들이 아예 출산휴가 정책을 실시하지 않거나 전적으로 관리자의 결정에 따라 교사를 억지로 떠나게 했다. 라플뢰르는 이에 소송을 제기했고 대법원은 '클리블랜드 교육이사회 대 라플뢰르' 소송에서 라플뢰르의 헌법적 권리가 위배되었다는 판결을 내렸다. 이

판결 덕에 여성은 부당한 대우를 받거나 해고될까봐 걱정하지 않고 직장생활을 계속하면서 가족계획도 세울 수 있게끔 법적 보호를 받게 되었다. 그때가 1974년이었다.

임신의 가장 어두운 면을 꼽자면, 어떻게 하면 아기를 위해 가능한 최고의 숙주 혹은 인큐베이터가 될 수 있는지에 대해 사람들이 자기 의견이나 조언을 들려주면서 걸핏하면 여성을 애 취급하는 상황이 아닐까 싶다. 직장 동료부터 상사, 가족, 모르는 사람, 의료진, 심지어 정부도 여기 포함된다.

도움이 될 때도 있지만 한편으로는 진부한 사고방식에 젖어, 여자를 안내와 도움, 보호가 필요한 아이처럼 대하며 임신한 여자를 하대한다. 임신을 하면 지켜야 할 규칙도 많다. 영양가 있는 음식을 챙겨 먹어야 하지만 과식하면 안 된다. 연질 치즈도, 가공육도, 날생선도 금물이다('일본 여자들은 어떻게 할까?' 늘 이런 의문이 있었는데 알고 보니 그들은 임신해도 생선초밥을 먹더라). 커피를 조심하라. 운동을 하되 심박수가 너무 빨라지지 않을 정도로만 하라. 그리고 당연히, 알코올이나 (설령 일상생활을 유지하기 위해 처방받았다 해도) 약물은 피하라.

우리는 각자 습관과 약점, 가족력, 질병, 기호라는 타고나거나 평생을 살면서 축적해온 인생의 짐가방을 갖고서 임신을 한다. 곧 엄마가 될 사람이라고 해서 다른 사람에 비해 도덕성이 더 높지도 더 낮지도 않음에도 불구하고, 임신이라는 요소가 더해지면 재빠르게 그들에게 더 많은 것을 요구한다.

임신부에게 가장 엄격하고 높은 수준의 잣대를 들이대는 항목은 바로 알코올 금지이다. 물론 합당한 이유가 있다. 알코올은 세포독성을 일으킬 수 있고 기형 유발물질로 작용하는 유일한 약물이다. 다시 말해 알코올은 세포를 죽이거나 세포에 손상을 입힐 수 있다. 모체가 만성적으로 다량의 알코올을 섭취하면 태아에게 신체 기형과 지적장애를 일으키는 질환인 태아알코올증후군이 나타날 수도 있다는 사실이 잘 알려져 있다.

이런 위험 때문에 미국에서는 연방정부의 명령으로 임신중 알코올을 일절 금하라고 권고한다. 미국문화가 알코올에 흠뻑 젖어 있고 (당신이 술을 마시건 아니건) 언제 어디서나 술을 접할 수 있지만 정작 임신중 음주에 대해서는 무관용 원칙으로 대응한다. 안타깝게도 이는 정작 왜 이런 일이 생겨난 건지 아주 최근의 맥락을 제대로 고려하지 않은 규정이다.

'태아알코올증후군'이라는 용어는 1973년에 워싱턴대의 두 연구진이 만들었다. 지난 몇천 년 동안 알코올이 태아에게 어떤 영향을 미치는지에 대해서 의문을 품거나 걱정하는 사람은 거의 없었다. 심지어 조기분만을 늦추기 위해 알코올을 정맥에 주입하기까지 했다.[6] 그런데 몇 세기 동안이나 광범위하게 용인되었던 알코올 섭취가 어떤 연유로 50년도 안 되는 기간 동안 임신중에는 절대 입에 대면 안 될 물질이 되었을까?

"태아알코올증후군에 대해 말이 나오는 데는 과학만 아니라 정치도 한몫을 했다." 역사학자인 재닛 린 골든은 『병 속의 메시지: 태아알코올증후군의 탄생*Message in a Bottle: The Marketing of Fetal Alcohol Syndrome*』에서 이렇게 밝혔다.[7] 1960년대가 여성해방 운동의 시대였다면, 1970년대 들면서는 평등이 주된 문화적 흐름이었는데 여기에는 여성이 남성만큼 알코올중독에 민감하다는 새로운 인식도 포함됐다. 그 무렵 닉슨 행정부는 '약물에 대한 전쟁'을 시작했고 새로 흘러들어온 연방기금 덕분에 약물이 건강에 미치는 영향을 연구할 만한 환경이 조성되었다.

1970년대 들어서 태아에 대한 관심이 증가하기도 했다. 기술이 발전함에 따라 초음파 화면에서 코와 손가락, 발가락이 달린 작은 인간인 태아를 직접 볼 수 있게 되었다. 의사는 자궁 내 질병을 진단하기 위해 양수천자로 양수를 뽑아낼 수 있었다. 또한 1960년대에 수많은 임신부에게 처방되어 신생아가 선천적으로 팔다리가 짧거나 손가락이나 발가락이 결손되어 태어나는 부작용을 유발한 입덧방지약 탈리도마이드의 효과도 여전히 사람들의 기억 속에서 생생했다. 이렇게 태아는 연약하기만 한 존재라는 인식이 우리의 집단적인 상상력을 사로잡았고 입법자는 모든 태아를 보호해야 한다는 생각에 법안을 만들기 시작했다. 모체의 건강보다 태아의 건강이 더 주목받게 되었다.

1977년, 공중위생국에서는 임신부에게 하루에 두 잔 이하의 알코올음료만 허용된다고 밝혔다. 태아알코올증후군은 엄마가 심각한 알코올중독자인 경우에만 영향이 있다. 하지만 알코올을 어느 정도 섭취하는 건 '안전한'지에 대해 과학적으로 명확하게 밝혀진 기준이 없었기 때문에 모든 임신부에게 금주를 하라고 경고한 포괄적인 공중위생접근법에 힘이 실렸다. 1981년까지 공중위생국장은 임신부와 임신을 고려중인 여성이라면 '알코올음료를 마시지 말라'고 공식 지침을 발표했다.

가끔 술을 마시든, 입에도 대지 않든, 정기적으로 마시든 상관없이 여자라면 누구나 같은 가이드라인을 받았다. 태아알코올증후군을 가진 아기를 낳을 위험이 높은 소수의 알코올중독 임신부를 돕기 위한 상담과 사회보장 서비스, 산전관리에 투자하는 대신, 연방정부는 고위험군 임신부에게 저위험군 임신부와 동일한 수준에서 자원과 관심을 집중하라고 공중위생당국에 제안했다.

당연하게도 그런 전략은 아무런 효과가 없었다. (시애틀에서 활동하는 가정의학과 의사로 중독 문제 전문의인 짐 월시 박사는 내게 이렇게 말했다. "알코올중독자에게 술을 끊으라고 말로 설득하는 일보다 더 지독한 일은 없을 거예요. 그들은 자기 힘으로는 멈출 수가 없어요.") 광범위한 공공캠페인을 통해 임신중 음주가 위험하다는 메시지가 퍼졌지만 태아알코올증후군의 발병률은 줄어들지 않았다. 골든에 따르면 "이 증후군은 알코올중독인 여성을 돕기 위해 새로운 조치가 필요하다는 사실을 강조하기보다, 궁극적으로 임신부의 부적절한 행동에 대한 증거로 작용했다."[8]

정부는 이 문제에 대한 접근법을 재고하기는커녕 기존의 전략을 더욱 강화해 식료품점과 편의점, 주류판매점의 선반에 진열된 알코올음료에 경고문을 추가했다. 1990년과 1995년에 보건복지부에서 재논의를 진행해 필요성을 재확인한 이 경고문은 지금까지도 그 자리를 지키고 있다.

그후 임신한 여성만이 아니라 여성의 알코올 음용에 대한 경고는 점점 극단으로 치달았다. 2016년 질병통제예방센터CDC는 전문 의료인에게 "과도한 음주는 여성에게 수많은 위험을 초래할 수 있다"라는 제목의 교육용 전단을 배포했다. 디자인은 현대적이었지만 그 내용은 고루한 가부장주의에 찌든 홍보물이었다.

음주로 인해 모체와 태아가 겪을 만한 위험으로는 "유산과 사산, 조산, 태아알코올스펙트럼장애, 영아돌연사증후군"이 제시된다. 그렇다면 술을 마시는 여느 여성에게 닥칠 위험 요소로 뭐가 있을까? "부상/폭력, 심장병, 암, 성병, 불임 문제, 계획에 없는 임신." 임신과 성폭행, 그리고 성병을 피하는 일은 분명히 모든 여자의 몫으로 보인다. 금주로 말이다.[9]

그 홍보물에는 여자란 모름지기 이 세상을 잘 헤쳐나가려면 의료진의 전문적인 지도가 필요한 존재라는 믿음이 확실하게 담겨 있다. "의료인은 여성이 임신중에 알코올을 피하는 일은 물론이고 과음하는 걸 다섯 단계에 거쳐 피하도록 도울 수 있다."

딸을 가졌을 때 나보다 예정일이 몇 달 빠른 친구 애비와 정기적으로 만났다. 우리는 함께 산책을 하고, 저녁을 먹고, 대개는 술도 한잔했다. 애비가 임신 8개월이었을 즈음 약속을 잡으며 몇몇 레스토랑에 가는 건 어떻겠느냐고 제안했다. 그러자 애비가 내 말을 끊었다.

"있잖아, 그냥 우리집으로 오지 않을래? 맥주 한잔 마시고 싶어도 배가 너무 커져서 밖에서는 더는 못 마시겠어. 사람들이 이상하게 쳐다보거나 나한테 잔소리를 하더라. 그런 상황은 사양이야."

임신부가 자기 몸에 대한 결정을 직접 내리는 꼴을 못 보고 비난하는 타인을 피해 얼마나 많은 이들이 집으로 숨어들었을까?

우리는 과도한 음주가 세포 손상을 일으키고 경우에 따라 태아알코올증후군을 유발하기도 한다는 걸 분명히 안다. 문제는 '과도한'이 어느 정도인지에 대한 정의가 합의되지 않았다는 것이다. 신진대사를 기초로 해서 어떤 여자는 석 잔을 마시면 과도한 음주를 한 셈이다. 어떤 여자는 그 기준이 다섯 잔일 수도 있다. 하지만 어쩌다 한 번 마시는 맥주 한잔이 특별히 해로울 리 없다.

이 문제를 과학적으로 분석하기란 까다로운데, 임신부를 대상으로 실험을 하자니 윤리적 제약이 따르기 때문이다. 실제로 해로울지도 모르는데 연구를 위해 임신부에게 마티니나 와인을 마구 마시라고 강요할 수는 없지 않은가. 그런 연유로 많은 연구가 설문조사로 수집한 데이터를 기초로 진행되었으며 임신한 지 몇 년 지난 후의 데이터도 가끔 사용했다. 이런 연구기법은 본질적으로 기억편향과 부정확성으로 이어질 수밖에 없다. 연구 계획에 따라 음주 습관이 확연히 다른 여성을 같은 카테고리에 묶는 오류도 발생했다. '일주일에 넉 잔'을 마시는 여자의 그룹은 있을 수 있지만 '넉 잔을 하룻밤에'나 '매일 한 잔씩 나흘간'처럼 별개의 카테고리로 나뉘지는 않는다. 음주 형태는 분류 기준마다 크게 다를 뿐 아니라 한 번에 섭취하는 알코올의 양에 따라 태아에게 어떤 영향을 끼치느냐도 다를 것이다. 거기에 더해 태아알코올증후군이 반드시 나타난다는 보장도 없다. 엄마가 폭음을 해도 어떤 아기는 아무 문제 없이 건강하게 태어나기도 하기 때문이다.

짐 월시 박사는 이란성쌍둥이가 한 명은 태아알코올증후군에 걸리고 다른 한 명은 건강하게 태어난 사례를 언급했다.[10] "두 아이는 분명히 똑같이 알코올에 노출되었습니다. 하지만 태아알코올증후군은 무작위로 나타납니다. 위험이 존재하지만 한편으로는 불운도 작용하는 거죠."

월시 박사는 충동장애가 있는 엄마를 대상으로 그룹 카운슬링과 함께 산전관리도 제공하는 클리닉을 운영한다. 그의 말로는 미국에서 이런 식의 의료 서비스를 제공하는 곳은 여기가 유일할 것이라는데, 약물의존증이 있는 환자라면 임신 주 수에 상관없이 예약을 하지 않아도 진료받을 수 있다.

아기에게 최선의 조치를 취하고 싶다는 소망, 자신의 자존감을 지키고 싶은 열망, 그리고 다른 무엇보다 남에게 비난받을지도 모른다는 엄청난 두려움 등 월시 박사가 환자들에게 읽어낸 감정들은 너무나 친숙하게 느껴졌다. 중독과 임신이 결합되었을 때 발생하는 복잡한 문제를 축소하려는 게 아니다. 그렇지만 출산을 앞둔 엄마라면 모두 비슷한 감정을 겪는다. 끊임없이 충고가 이어지고 '하지 마라'와 '해라'의 목록이 점점 길어지고, '훌륭하고' '올바르게' 보이고 싶다는 열망은 중독 증세와 싸우는 사람에게 큰 스트레스가 된다. 미국에서 임신을 하고 초보 엄마가 된 사람이라면 누구나 이런 일을 겪어봤을 것이다.

『산부인과 의사에게 속지 않는 25가지 방법*Expecting Better: How to Fighter the Pregnancy Establishment with Facts*』에서 에밀리 오스터는 임신을 했을 때 먹을 것에 대해 기준도 없고 끝없이 이어지는 규정끼리 서로 모순되는 경우도 잦아서 혼란스러웠다고 썼다. 데이터를 다루는 경제학자였던 오스터는 전공을 이용해 이런 규칙의 증거로 인용된 연구들을 분석했다. 여러 사례를 살펴본 결과, 규칙이랍시고 제시되는 가이드라인이 "결함이 있는 연구 결과에 대한 과잉 해석"에 기초한다는 사실을 알게 되었다.[11]

오스터는 임신중에 안심하고 마셔도 되는 알코올과 카페인의 양에 훨씬 관대한 결론을 내렸다. 술의 경우 임신 초기에는 일주일에 두 잔이며 그후로는 하루에 한 잔, 커피의 경우 임신 기간 내내 숏 사이즈로 하루에 서너 잔은 괜찮다고 봤다. 2013년에 출간된 오스터의 책은 수많은 대화를 촉발했다. 요즘 들어 증가하는 추세인, 증거에 기초한 임신 관련 서적의 하나로서 이 책은 광범위하게 인정되던 데이터와 조언을 비판적으로 바라보고, 정보를 바탕으로 개인이 각자 상황에 맞춰 결정을 내리는 과정을 옹호한다.

굳이 당신에게 마음 편치 않은 선택을 하라고 이런 자료를 제시하는 게 아니다. 어쩌면 당신은 커피를 끊어도 상관없고 평생 칵테일 한잔 입에 대지 않을 사람일 수도 있다. 어쩌면 당신에게는 그런 것보다 참치회를 먹거나 연질 치즈를 먹는 게 더 큰 도전일 수도 있다. 사람마다 다른 것을 다르게 평가한다. 즉 엄마가 될 사람에게 이런 질문을 꼭 해봐야 한다. "당신은 위험을 어느 수준까지 받아들일 수 있습니까?"

어떤 사람은 위험 수준이 낮은 일이라면 '규칙'을 개의치 않을 것이다. 어떤 사람은 임신중 제약사항을 지켜야 안심한다. 규칙은 우리 삶이 너무나 혼란스러울 때 교통정리를 해주는 역할을 한다. 규칙은 임신의 결과가 엄마인 우리에게 달려 있다는 믿음을, 그러니까 우리가 올바른 선택을 하면 아기가 완벽할 것이라는 믿음을 지키는 데 도움이 된다. 규칙을 따르다보면 닥칠지도 모르는 위험을 우리가 최대한 제거하고 있다는 믿음을 잃지 않는 데도 도움이 된다. 특히 아기를 가지려고 노력하거나 유산한 사람에게 이러한 믿음은 매우 소중하다.

한편으로 삶의 다른 분야에서는 대부분 융통성을 발휘한다. 우리는 자신과 가족에게 무엇이 최선인지를 고려해 일과 개인 시간의 균형을 맞춰서, 개인의 욕망과 집단의 욕구를 견준다. 가령 병원이나 치과에서 조언을 받으면 최선을 다해 이를 지키려고 한다. 매일은 아니어도 최소 며칠에 한 번씩 치실을 쓰고, 야식으로 피자를 덜 먹어보려고 하고, 가급적 운동도 하려고 한다.

그런데 그게 임신에 대한 조언이면 우리는 그걸 융통성 있게 받아들이지 못하는 것 같다. 이는 우리에게 계속해서 전해지는 메시지가 융통성이나 논의의 여지가 없어서이기도 하다. 책임의 무게가 너무 막중한 일이다. 우리의 선택이 타인의 행복에 물리적으로 영향을 미치는 경우를 대개 난생처음 겪는데 이런 사실을 떠올리면 정신이 번쩍 든다. 그러므로 본질적으로 복잡할 수밖에 없는 상황에서 자연스럽게 단순함을 갈망할 수밖에 없다. 확실성을 갈구하는 사람을 비난하려는 게 아니라 임신에 관해서는 명확하게 말할 수 있는 점이 거의 없다는 말이다. 이러한 굴복과 포기라는 교훈을 우리는 임신을 통해 맨 먼저 배운다. 결과적으로 유산과 임신, 출산, 어머니 되기 같은 경험을 하면서 실제로 우리가 통제할 수 있는 것이 별로 없다는 인식이 강화된다.

임신중에는 배 속의 아기를 건강하게 키우는 일이 무엇보다 중요하다는 말에는 나도 동의한다. 하지만 엄마의 건강도 똑같이 중요하다. 우리가 없으면 아기도 없다. 우리가 자율권을, 그러니까 우리의 본질과 혼란, 결점, 모순 같은 모든 것에 대한 소유권을 인정받지 못하면, 우리는 배경으로 사라져 우리 자신과 태어날 아이의 그림자로 묻힐 것이다.

임신 덕에 나는 내면으로 시선을 돌렸다. 내 몸이 변해가고 내 배 속에서 작은 인간이 자라는 일만 아니라 내 욕망과 단점도 찬찬히 살펴보게 됐다.

다른 사람처럼 나도 이십대를 신나게, 너무 신나게 보냈다. 파티도 질리도록 했고, 규칙을 더 엄격하게도 더 느슨하게도 지켜봤고, 즐거운 경험을 잔뜩 만들었으며, 오늘날까지 내가 있도록 도와준 사람들과 밤늦도록 흉금을 터놓기도 했다. 나는 극한의 상황까지 나를 몰아붙여도 보았다. 그런 삶만이 살아 있다고 느끼게 하는 유일한 길 같았다. 서른여섯에 임신을 했지만 어쩌면 내가 그렇게 뒤처진 게 아니라고 느끼기 시작했다.

나는 애비와 함께 만들어낸 판타지에 집착하게 되었다. 각자 아기를 낳은 뒤 날을 잡고서 밤새 화끈하게 놀자고 약속했다. 새해 전야를 함께 즐겨도 좋을 것이다. 베이비시터나 남편에게 아이를 맡기고 외출할 것이다. 밤새 파티에서 신나게 마시고 춤을 출 것이다. 해변에서 주운 조약돌을 별생각 없이 재킷 주머니에 넣어 다니다가 어쩌다 한 번 생각날 때마다 그 돌을 손끝으로 문지르며 그 매끄러움을 만끽하듯이 나는 그 판타지를 늘 마음에 품고 살았다. 고도로 통제된 상황에서 지내면서 그 모든 통제에 반기를 드는 꿈을 즐겨 꾸었다. 예전의 삶을 살던 과거의 나에 대한 향수가 나를 사로잡곤

했다.

임신중에는 내가 어떤 사람인지 혹은 어떤 사람이 되어가고 있는지 잘 몰랐다. 다만 나 자신을 잃고 싶지 않은 마음, 그 마음만큼은 절대 잊지 않았다.

• • •

임신과 정신건강에 대해서 이야기하자면, 남성보다 우울증 유병율이 두 배나 높은 여성은 오랜 세월 동안 자신의 행복을 태아를 위해 제쳐놓아야 했다. 항우울제와 기분안정제, (선택적 세로토닌 재흡수 억제제로, 졸로프트와 렉사프로, 프로작 같은) SSRI 계열 약물을 처방받은 수백만의 여성은 아이를 갖고 싶다면 임신을 대비해 이런 약물을 끊으라는 말을 들었다. 약을 먹는 중에 임신을 하게 되면 최대한 빨리 복용을 중단하라는 권고를 받았다.

SSRI 계열 약물이 태아에 어떤 영향을 미치는지는 다른 어느 약품보다 더 많이 연구되어 있다. SSRI 계열 약물은 통계적으로 태아에 유의미한 위험을 일으키지는 않지만, 유산과 태아의 저체중, 조산의 위험을 증가시키는 원인으로 지목받고 있다. 하지만 엄마가 약물을 복용했기 때문에 아기에게 부정적인 영향을 미친 걸까, 아니면 임신 전까지 복용하던 약을 끊어야 하는 엄마가 일상에서 스트레스와 여러 사건을 겪어서일까?

알코올의 경우와 마찬가지로, 연구자가 임신부를 대상으로 맹검법을 실시할 수 없기 때문에 이런 약물의 영향에 대한 연구는 제한적으로 이뤄진다. 일반인을 대상으로 실험할 때처럼 피험자 절반에게는 약을 주고 나머지 절반에게는 위약을 주는 식으로 진행할 수 없으므로 연구자는 임신중에 약을 끊기로 한 사람과 그렇지 않은 사람을 대상으로 관찰 연구를 진행한다.

2015년까지 미국 식품의약국은 임신중 처방약에 대해 A, B, C, D, X로 위험도를 분류했다. 이 분류체계는 부정적인 영향의 범위를 표시하는데, A는 '환자 대조군 연구에서 위험이 발견되지 않음'이고 X는 '임신중 투약 금지'를 의미했다.

내 친구 앤은 15년도 전인 이십대 시절 임신을 했을 때 졸로프트(태아 위험도 분류 C군: '위험을 배제할 수 없다')를 복용중이었다.

"의사가 그러더라고. '어떤 위험이 있는지는 잘 모릅니다만 아무래도 끊는 편이 좋겠죠.' 그래서 끊었어. 그런데도 유산을 한 거야. 그후에는 내 대자가 죽었고. 결국 우울증 약을 다시 먹게 됐어."

유산으로 상실감에 빠져 있을 때, 앤은 임신 초기에 와인 한 잔을 마셔서 유산한 걸까 싶어서 괴롭다고 의사에게 털어놓았다. 물론 그럴 리 없다고 머리로는 잘 알면서도 말이다.

"노이로제에 걸려서 어떻게든 내 잘못이 아니었다는 말을 들어야 했던 거야." 앤이 말했다. 그러나 의사는 이렇게 되물었다. "왜 그러셨어요?"

앤은 의사의 그런 반응에 절망했다. 그리고 분노했다. "의사가 그런 말까지 안 해도 이미 내가 먹은 약 때문일지도 모른다고 겁에 질려 있었어. 그 말이 그렇게 비인간적으로 들리더라."

다시 약을 먹은 덕에 앤은 슬픔을 이겨내어 일을 하고, 직업적 성공을 거두었고, 부부관계도 단단하게 만들었다. 재임신했을 때 앤은 만사가 잘 풀리는 중이었다.

의료계의 풍경도 그녀가 첫 임신을 했을 때와는 달라졌다. 2010년, 존스홉킨스대와 노스캐롤라이나대의 연구진은 임신중 항우울제 복용에 대해 환자와 좀더 융통성 있게 대화해 환자가 정보를 바탕으로 결정할 수 있게 해야 한다고 의료진에게 충고했다.

"임신 기간이나 모유수유 기간 동안 항우울제를 복용하는 문제는 모체가 우울증을 치료하지 않았을 때의 위험과 비교해 결정해야 하며 약의 복용으로 인한 위험이나 이점이 어느 정도인지 환자 본인과 긴밀하게 대화해야 한다." 연구진은 이렇게 썼다. "본인의 의사와 상관없이 임신이나 모유수유 때문에 항우울제 복용을 중단하는 경우가 적지 않다."[12]

2015년 미국 식품의약국은 기존의 위험분류체계를 더 광범위한 '임신과 모유수유 표시 규칙'으로 대체했는데, 새로운 분류 규칙은 임신 기간 그리고 영유아가 모유를 먹는 기간 동안 약물이 미치는 영향에 대해 밝혀진 정보를 총망라한다.[13] 여러 항우울제가 태아와 모유수유아에게 미치는 위험이 비교적 낮아 보이기 때문에 요즘에는 환자에게 하고 싶은 대로 하라는 의사도 있다. 그러나 상담이나 조언을 받아보면 의사의 성향에 따라 아직도 내용이 크게 다르다.

두번째 임신을 한 앤은 항우울제 복용을 중단할 마음이 없었다. 그러는 편이 자신과 자기 아들에게도 궁극적으로는 최선이라고 믿었기 때문이다. 앤은 많은 시간을 들여 우울증과 섭식장애, 유산 등 자신의 삶에 일어난 문제를 다뤄본 경험이 있는 의사를 찾았다.

"유산을 했거나 난임이나 여러 문제를 겪었던 우리 같은 사람은 말이야 외부인이 아니라고." 앤이 말했다. "많은 사람이 우리처럼 이미 다양한 감정 문제를 겪고 있는 상태에서 임신을 하는데 일반적인 산부인과 의사는 그런 문제를 다뤄본 적 없을 것 같았어. 나는 내가 가진 여러 문제를 객관적으로 파악 가능한 의사 선생님에게 진료받고 싶었어."

앤은 첫 임신을 한 지 10년도 더 지나서야, 수많은 사건을 겪은 사십대 초반이 되고서야 자기 이야기에 진심으로 귀를 기울여줄, 자신의 건강을 돌봐줄 의사를 찾아내겠다는 생각이 들었단다.

"두번째에는 훨씬 더 까다롭게 굴었어. 담당 의사 선생님도 내 말을 잘 듣고는 이렇게 말씀하시더라고. '맞아요, 복용하고 계신 약을 끊지 않아도 됩니다. 굳이 그러실 필요는 없어요.' 그래서 계속 약을 먹었고 아무 문제도 없었어."

앤의 담당의처럼 건강에 대한 엄마의 욕구를 아이를 낳기 전이나 낳은 후나 모두 충분히 고려해야 한다는 의사가 점점 늘고 있다.

"저는 실제로는 어느 한 부위를 치료하고 있지만 그 일이 전체에 이로운 결과를 내기 위함이라고 생각하는 편입니다." 콜롬비아대 의료센터에서 정신과 의사로 일하는 여성보건 전문의 엘리자베스 피텔슨은 뉴욕타임스와의 인터뷰에서 이렇게 말했다. "그러니 아기를 낳을 뿐 아니라 돌보기까지 하는 엄마의 능력에 관심을 기울여야 합니다."

피텔슨은 자신의 환자 가운데 10퍼센트가 안전하게 약을 중단할 수 있고 20퍼센트가 약을 계속 복용해야 한다고 추산했다. 그렇다면 나머지 70퍼센트는 어떨까?

"그 부분은 미지로 향하는 모험이죠."[14]

앤은 배 속의 아들에게 항우울제가 미칠지도 모를 영향에 대해 이렇게 생각했다. "솔직히 그 약들이 장기적으로 내게 어떤 영향을 미칠지조차도 알 수가 없어. 내가 아는 건, 그 약들 덕분에 내가 살아 있을 수 있다는 사실뿐이야."

우울증과 불안증은 치료 가능한 질병이다. 임신 전부터 앓았거나 임신중에 발병하는 임신중독증이나 임신당뇨병 같은 질환일 뿐이다. 정신건강 문제는 임신 후에도 지속된다. 초보 엄마 중 80퍼센트가 광범위한 감정 변화를 호소하는데 이는 대부분 시간이 흐르면 사라진다고 한다. 하지만 그런 엄마 일곱 명 가운데 한 명꼴로 산후 우울증을 경험하는데, 이 경우의 증세는 저절로 사라지지 않고 반드시 치료를 받아야 하는 훨씬 심각한 상황이다.[15] 우리가 자주 듣

는 이야기는 아니지만, 산후불안증은 실제로 우울증보다 훨씬 더 일반적인 일일지도 모른다.[16]

내가 아는 또다른 엄마인 로런은 고등학생 때부터 불안증에 시달렸다고 했다. 로런은 치료가 어렵긴 하지만 그렇다고 불안증이 불치병은 아니라고 했다. 그녀의 불안증은 대개 인생에 변화가 찾아올 때 극심해졌기에 임신중에 불안했다는 사실이 전혀 놀랍지 않았다.

로런은 이렇게 말했다. "아기를 가졌을 때만큼 불안했던 적이 없었어. 차원이 다른 불안이었지."

산후 6주 진료를 받으러 간 로런에게 의사가 우울하지 않느냐고 물었다.

"나는 '아뇨, 괜찮아요'라고 대답했어. 그 의사는 내게 더이상 불안증에 대해서 묻지 않았어. 어떤 생각을 하면 두려우냐고 묻지도 않았고. 그런데 아기를 낳고 다섯 달 동안 불안증이 점점 심해지더니 반년 만에 내 인생과 내 머릿속을 완전히 장악해버렸어."

로런의 산후불안증은 우울증이 되더니 급기야 희귀한 산후정신병으로 발전했다. 그녀는 강박에 시달리다가 자살 충동을 느껴 결국 정신병원에 몇 주간 입원해야 했다. 물론 지금은 그런 증세에서 회복되었다.

산후우울증은 몹시 개인적인 증상이다. 이 질환은 주로 슬픔과 예민함, 공포로 나타나지만 한편으로는 과식과 식욕부진, 불면증에서 과도한 수면까지 다양한 양상을 보인다. 이런 증상 중 한두 가지를 겪는 일은 제법 흔하지만, 그것만으로도 초보 엄마는 쉽게 외로움을 느낀다. 이런 고립감이 신생아의 생후 첫 몇 달간, 즉 사람이 그 어느 때보다 집에 갇혀 지내야 하고 아기에게 초점을 맞추느라 자신의 건강은 돌보지 않을 가능성이 높은 시기의 가혹한 육아와 결합된다.

임상적으로 기분장애나 더 일반적으로 '산후우울증'을 앓고 있어도 우리는 타인에게 자신의 참모습을 드러내고 싶지 않아 한다. 우리는 감정적으로나 호르몬적으로나 엉망진창이다. 이것이 산후에 이어지는 삶의 진실이다. 왜 이렇게 감정이 널을 뛰는지는 생물학적 근거로 분석할 수 있다손 쳐도 초보 엄마는 행복해야만 한다는 엄청난 압박감도 받는다(어쨌거나 막 아기를 낳았으니까!). 우리는 남들에게 잘 버티는 것처럼 보이고 싶어한다.

"병원에서 퇴원하고 의사를 처음 만난 날 미소를 지으며 훨씬 잘 지내고 있다고 거짓말을 했어. 의사는 그 말을 믿고는 기쁘다고 하더라. 하지만 진료를 마치고 나와서 차에 앉으니까 몰래 도망가서 자살할 방법이 없을까 싶었어." 로런이 이렇게 말했다.

한 사회를 구성하는 구성원으로서 우리는 중독 증상을 인격적 결함으로 낙인찍듯이 정신질환도 똑같이 대하곤 한다. 로런의 경험으로 볼 때 사람들은 정신장애에 대해 공개적으로 말하지 않았고, 이런 상황 때문에 그녀의 치료 시기가 늦춰져 병이 깊어졌다.

"치료받기 전만 해도 사람들이 내가 어떤 일을 겪고 있는지 알까 봐 싫었어. 사람들이 나에게 불안정하다는 둥 미쳤다는 둥 괴상하다는 둥 딱지를 붙이는 게 싫었거든. 요즘은 내 경험을 듣는 사람보다 그 일을 이야기하는 내가 더 편안해한다고 느낄 때가 있어."

• • •

우리가 임신중에 아기의 건강과 우리 자신의 행복 간의 균형을 어떻게 맞출까를 두고 내리는 선택은 완벽하지 않다. 그럼에도 불구하고 우리는 선택을 해야만 한다. 이런 결정 그리고 임신 자체가 불확실성으로 점철되어 있기에 결정을 내린 뒤에 엄청나게 불안해질 수도 있다. 도저히 알 수 없는 대상을 맞닥뜨릴 때 우리는 상상력에 의지한다. 임신중에는 안 그래도 걱정이 많은 상황을 더 복잡하게 꼬아서 생각하는 바람에 최악의 불안과 공포에 휩싸이기 쉽다. 이런 상황은 소신껏 선택할 권리를, 정신적 신체적 건강을 다룰 권리를 가진 개인으로 구성된 우리를 고독하게 만든다. 하지만 우리는 혼자가 아니다.

임신 기간 동안 침대에 누워 내 안에서 일어날 변화를 상상하며 즐거운 시간을 보내곤 했다. 세포가 분열하고, 손톱과 속눈썹이 자라고, 혈관이 퍼져나가고, 뇌와 회색질이 만들어져 주름이 생기는 모습을 말이다. 가끔 이런 이미지가 내 공포심을 살찌우기도 했다.

나는 모든 것이 순조롭게, 정확하게 진행되기를 바랐다. 지금껏 내가 어떻게 살아왔는지가, 내가 어떤 사람인지가 응당 일어나야 할 일을 방해할지도 모른다며 염려했다.

그러나 한편으로는 나 자신의 상상력에서 위안을 얻으려고, 나를 활짝 열어젖히려고 최선을 다했다. 나는 과거의 내 몸과 앞으로의 몸, 다른 몸, 다른 경험을 그려봤다. 임신은 나처럼 방향감각을 잃는 과정을 거친, 그리고 앞으로 이를 거칠 과거, 현재, 미래의 수많은 사람과 당신을 연결해준다. 나는 다른 사람을 대하듯 스스로에게도 관대해지려고 애썼다. 나는 배 속에서 자라는 존재를 돕기 위해 내가 할 수 있는 일은 그 정도라고, 내가 포기하거나 바꾸어야 하는 것은 나뿐이라고 스스로에게 말하곤 했다.

임신은 단순히 뭔가를 그만둬야 하는 이유가 아니다. 임신은 뭔가 다른 것을 시작하고, 성장할 이유가 될 수도 있다. 자기 자신에게 놀랄 이유도 된다. 40주나 넘어가는 임신이 그리고 그 기간이 여자의 발전을 차단하거나 한자리에만 묶어두는 기간이 아니라고 생각한다. 본질적으로 임신은 끊임없이 변신하고 변화하는 상태다. 첫 3개월 동안 겪은 입덧과 피로감은 그다음 3개월 동안 활력과 음란에 자리를 내주고 마지막 3개월이 되면 불안하지만 강한 자부심과 만족감이 찾아온다. 우리는 항상 변화하고 항상 발전한다.

지난여름 어느 저녁, 친구 집에서 열린 파티에 갔다가 현관에서 갓 출산을 한 초보 엄마와 이야기를 나누었다. 우리는 알고 지낸 지 몇 년이나 된 사이였다. 절친하지는 않았어도 다른 친구들과 함께 밤늦도록 즐거운 시간을 보내곤 했다. 함께 그 시절에 대한 추억을 떠올리다가 아기를 낳은 후의 삶에 대해, 딸을 키우며 지내는 삶에 대한 이야기를 했다. 정말 행복해 보인다고 친구에게 진심으로 말을 건넸다.

그 말에 그녀가 그렇다고 대답하더니 느닷없이 임신하기 전에는 몇 년 동안 마약을 했다고, 주로 암페타민을 거의 매일 했다고 털어놓았다. 놀라운 한편으로 그렇지 않기도 했으나 그녀의 솔직함에는 깊은 인상을 받았다. 그 친구는 오랫동안 약을 끊으려고 했지만 어떻게 해야 할지 몰랐단다. 그런데 임신 사실을 알게 되자 약을 끊겠다는 생각이 더이상 힘들지 않았단다.

"임신 때문에 나는 인생을 새로 시작하게 됐어."

임신, 아니 심지어 장기간에 걸친 임신 가능성조차 높은 동기부여 요소가 된다. 미국 질병통제예방센터가 발표한 보고서에 따르면, 임신의 초기와 중기까지 담배를 피웠던 여성 중 20퍼센트 이상이 후기가 되자 담배를 끊었다. 계속 담배를 피운 임신부도 개월 수가 늘어나면서 점점 흡연을 줄였다고 대답했다.[17]

"엄마가 된 건 내 인생을 가장 크게 변모시킨 일이었다." 어머니가 되어가면서 겪는 복잡한 심리 변화를 다룬 뉴욕타임스 기사에 드로라 켐프라는 여성은 이렇게 댓글을 달았다.[18] "파티걸이었고 끽연가였고 술꾼이었던 나는 임신 덕에 내 아들을 최선을 다해 키우겠다는 사명을 가진 사람으로 변했다."

내 경우는 어땠을까. 이십대의 나는 오래전에 사라졌다. 10년이 넘는 시간 동안, 내가 미처 알아차리지 못한 채 점점 커진 변화 속에서 나는 과거의 나와 이미 작별했다. 임신 기간 동안 나는 내 몸에 자리잡은 내 딸 외에 또다른 사람을 초대했다. 나는 그 여자와 싸우는 대신, 나를 두고서는 절대 가지 않겠다는 듯 친구처럼 내 손을 잡아 이끌며, 내 귀에 이야기를 속삭이는 그녀의 인도를 따랐다.

3장

우리 몸의 야누스

임신 초기, 나는 내 몸에서 자라고 아기에게 영양을 공급하는 장기인 태반에 대해 집요하게 생각하곤 했다. 태반을 다시 정의해보겠다. 내 자궁 내부에서 또다른 인간과 함께 내가 키우는 완전히 새로운 장기.

나는 태반이 어떻게 기능하는지를 포함해 태반에 대해 모든 것을 알고 싶었다. 탯줄이 있고 좀더 들어가면 태반이 있는데, 이것들이 어찌어찌해서 태아에게 영양을 공급한다는 기본적인 이해밖에 없었다. 임신 관련 서적을 펼치고 색인에서 '태반'을 찾아 필요한 정보를 훑으며 책을 읽었다. 태반의 존재를 인정하는 내용은 많이 찾을 수 있었지만 정확히 그게 어떤 역할을 하는지에 대한 통찰은 별다른 게 없었다. 웹사이트 베이비센터에 올라온 '임신: 선입견부터 출산까지'라는 글에 담긴 태반에 대한 간략한 설명은 마치 나를 겁주기 위해 써놓은 것 같았다. "당신의 아기는 태반을 통해 당신이 섭취한 음식에 노출된다. 그러니 당신과 아기 모두에게 좋은 것을 먹어라."[1]

오랫동안 흔히 태반을 '후산물'이라고 불렀는데, 그 말에 우리가 태반을 어떻게 생각하는지가 정확히 담겨 있다. 태반은 바로 부수물 정도로 여겨졌다. 물론 아기가 빠져나온 후 나오지만 태반은 당신의 몸에서 자라는 두번째 장기 세트인 태아보다 먼저 생긴다.

태반에 응당 기울여야 할 관심을 잘 주지 않으므로, 미래의 아기가 될 존재 혹은 아기들에게 계속 영양분을 공급하기 위해 우리의 혈액 중 20퍼센트가 태반을 항상 돈다는 사실을 아는 사람도 별로 없다. 태반 덕분에 모체의 몸속 항체가 태반을 통과해 태아에게 전달돼 병균과 싸우고 병균을 제거하는 등 면역작용을 훌륭하게 해낸다는 사실도 들어본 적이 없다. 태반은 물리적 장벽이지만 융통성이 있다. 그렇기에 태아가 머무르는 환경 쪽으로 보호단백질이 들어갈 수 있으며 태아의 세포가 엄마의 몸으로 들어가기도 한다. 이렇게 전달된 세포는 엄마의 몸에서 수십 년씩 머무르기도 한다.

인체를 구성하는 필수적인 다른 기관과 마찬가지로 태반은 임신되자마자 몇 주 동안 만들어진다. 임신 초기 막바지 즈음 태반은 모체의 혈액을 태아에게 공급하기 위한 핵심적이고 직접적인 통로를 완성한다. 임신 초기 석 달 동안 나는 한 번도 경험하지 못한 피로감 때문에 고생을 했다. 잠시 쉬려고 앉으면 그 잠깐 사이 혼수상태에 빠지거나 기절이라도 하듯 깊게 잠들 정도로 뼛속까지 피곤한 절대적인 피로를 느꼈다. 잠깐 그렇게 지내다 눈을 뜨면 내가 어디에 있는지 혹은 오늘이 무슨 요일인지 까맣게 잊어버렸다. 태반에 대해 알고 나니 그제야 이해가 되었다. 나는 아무것도 없는 데서 완전한 인간을 만들어낼 뿐 아니라 내 피를 빨아들이는 상당히 튼튼한 새 장기도 만들고 있었던 것이다.

태아에게 영양 공급을 하는 건 태반의 수많은 기능 중 하나일 뿐이다. 태반은 가스 교환(산소와 이산화탄소의 교환)부터 폐기물 제거, 태아의 체온 조절, 잠재적인 감염원과의 싸움 보조, 면역체계 구축 등의 일도 한다. 모체와 태아의 내분비계 일부로도 작용해 임신 유지와 태아 성장을 보조하는 호르몬을 생산하고, 심지어 분만의 시작을 알리는 호르몬까지 분비한다. 태반은 열심히 일하는 말처럼 태아에게 신장과 심장, 폐가 생길 때까지 이런 장기의 기능을 대신한다.

출산이 임박하면 태반의 무게는 약 1킬로그램까지 나간다. 그 정도면 만만찮은 정도이다. 태반을 쫙 펼친 조직의 면적은 최대 14제곱미터로 일반적인 사무직 종사자가 일하는 칸막이 사무실 공간의 면적과 맞먹는다. 아기를 낳은 후 태반을 볼 기회가 주어지면 여자들은 태반의 엄청난 크기에 깜짝 놀란다.

절친한 친구인 리브카는 두 아이와 두 태반을 자연분만했는데,

의사도 조산사도 산전도우미도 태반을 낳아야 한다는 사실을 제대로 알려주지 않았다며 한탄했다. "힘줘서 아기를 낳은 후에도 진통이 계속되고 태반을 밀어내야 한다는 걸 아무도 말해주지 않았어. 그러니 잘 알아둬." 예정일이 다가오자 리브카가 내게 알려주었다.

이런 대화를 나누기 몇 주 전, 임신 7개월에 접어들었을 무렵, 뉴욕타임스에서 태반에 대해 생물학적으로 새롭게 밝혀진 사실을 다룬 기사를 읽었다. 그 기사를 읽고 며칠 뒤 나는 임신성 당뇨병 검사를 받았다. 이 검사는 달콤한 시럽 같은 '당부하 검사 음료'(나는 프루트펀치맛을 골랐다) 한 병을 단숨에 들이켜고는 설탕이 내 혈관을 돌아다니며 심장을 마구 뛰게 할 때까지 한 시간가량 대기실에서 가만히 앉아 있어야 하는 가학적 과정으로 진행된다.

내가 식은땀을 흘리며 초조하게 대기실에 앉아 있는 동안 아기는 내 배 속에서 공중제비를 넘었고 그에 따라 신축성 있는 회색 면소재로 된 임부복 아래의 내 배는 불쑥 솟아오르다가 평평해졌다. 포도당이 내 혈관과 태반에 너무 빨리 흐르는 것 같아 불안하면서도 호기심이 일기도 했다.

기사에 따르면, 태반이 자궁벽에 비교적 얄팍하게 붙어 있는 다른 대부분의 동물과 달리, 인간의 태반은 자궁벽으로 더 깊이 파고들며 최대 백 개나 되는 자궁동맥에 침윤돼 모세혈관이 총 51킬로미터가량까지 자란다.[2] (소장과 대장의 길이와 비교해보자면 소장과 대장은 길게 펴도 고작 7미터 정도다.) 이렇게 태반이 기능하는 모습을 보면 믿기지도 않고 끔찍하기도 하다.

그런데 이게 다가 아니었다. 데니즈 그래디 기자가 쓴 표현은 몹시 생생했다. 작가로서 나는 그 글을 읽고 특별히 영감을 주는 주제나 사람과 마주쳤을 때 절로 일어나는 열정을 느꼈다.

> 자궁벽 조직에 침입하는 최전선에는 영양막세포라는, 배아의 가장 바깥층에서 나오는 세포가 있다. 임신 초기에 이 세포는 폭발적으로 증가해 대오를 이룬 병사처럼 늘어선다. 이 세포는 앞을 가로막은 다른 세포를 밀치기도 하고 소화효소나 세포의 자살을 유도하는 물질을 분비해 그 세포를 파괴한다.

그래디가 인터뷰한 전문가 중에는 캘리포니아대 샌프란시스코 캠퍼스의 산과학·부인학·생식학 교수인 수전 피셔 박사도 있었다. 피셔 박사는 피셔 랩이라는 연구실을 운영하는데, 여기서 그녀가 이끄는 연구진들이 태반의 높은 침습성과 태반이 자궁에 침투할 때 쓰는 구체적인 세포에 대해 처음으로 알아냈다.

"태반에 대해 처음 읽었을 때 세상에서 아무도 이를 연구하지 않는다는 게 믿기지 않았어요. 우리가 알아야만 하는 지식의 규모에 비하면 아직 아무것도 모르는 셈이죠." 피셔 박사는 이렇게 말했다.

인터뷰 내용에 매료되어 나도 모르게 고개를 끄덕였다. 직접 피셔 박사에게 더 많은 이야기를 듣고 싶었다.

그로부터 2년 후, 피셔 박사와 전화로 이야기를 나누었다. 한 시간가량 통화하면서 피셔 박사는 몇 번이나 이런 식으로 말문을 열었다. "태반과 관련해서 정말 흥미로운 사실이 또 있어요." 태반에 대한 그녀의 열의는 전염성이 있어서, 영어 교재로 쓸 알파벳 포스터에서 완두콩pea이나 연필pencil, 펭귄penguin처럼 시시한 단어가 아니라 '태반Placenta'이 P로 시작하는 단어를 대표해야 한다는 말에 설득될 정도였다.

피셔 박사는 영양세포가 자궁벽에 어떻게 침투하는지, 그리고 어떻게 기존의 세포로 이런 일을 하는지 설명했다. "영양세포는 보통 다른 어느 세포도 하지 않는 놀라운 일을 해내요. 이 세포는 분자를 만드는데, 이 분자는 태반세포가 아니라 혈관세포가 되어서 모체와 자신을 동일시하죠. 이 세포는 완전히 카멜레온 같아요. 정말 놀라운 일이죠."

피셔 박사의 연구진이 처음으로 이 침습과정을 밝혀내고 몇 년이 흐른 후 다른 연구진이 유방암세포를 포함해 일부 암세포가 이런 식으로 혈관세포 흉내를 낸다는 사실을 밝혀냈다. 피셔 박사의 발견은 인체에서 암이 어떻게 자라는지 밝혀내고 연구하는 새로운 길을 열었다.

태반을 이해하면 장기이식을 받은 사람의 예후를 향상할 만한 방안을 찾을 수도 있다. 따지고 보면 태반은 모체에 속하지 않는다. 우리의 인체가 태반을 만들어낼 수는 있지만 태반은 발달중인 태아의 일부이고, 그 말인즉 태반을 구성하는 유전물질 중 절반은 아버지의 것이다. 태반과 태아는 모두 모체에 이질적인 요소이지만 모체는 그 두 가지를 견딜 뿐 아니라 태반이 인체를 장악해 마구 휘젓도록 내버려둔다.

인체에 장기를 이식하면 이식자의 몸은 자연히 그 장기에 거부반응을 보인다. 이식된 장기를 받아들이게 하려면 면역억제제로 면역체계를 공격적으로 억누르는 수밖에 없다. 피셔 박사와 여러 과학자가 태반이 모체의 면역체계에 어떻게 태반과 태아를 받아들이게 만드는지를 연구중이다. 태반이 모체에 어떻게 거부당하지 않는지를 알아낸다면 장기이식자의 거부반응에 대한 예방법을 이해하는 데 좀더 가까워질 것이다.

피셔 박사가 태반 연구를 처음 시작했을 때만 해도 슬라이드 글라스에 고정해 움직이지 않는 상태에서 현미경으로 세포를 관찰해야 했다. 시간의 흐름에 따라 세포가 어떻게 변화하는지를 보려면 서로 다른 단계에서 격리된 세포의 모습을 들여다볼 수밖에 없었다. 하지만 그녀의 연구팀은 연구실에서 실시간으로 세포 배양을 진행해, 모체 깊은 곳에서 일반적으로 어떤 변화과정이 이뤄지는지 들여다보는 데 성공해 엄청난 성과를 거두었다. 이 연구를 통해 과학자들은 이 세포가 어떻게 기능하며 분자가 어떤 작용에 개입하는지 좀더 심도 깊게 질문할 수 있게 되었다.

국립아동보건·인간발달연구소NICHD에 따르면, 태반은 "인간의 장기 가운데 가장 덜 알려져 있으며, 단언컨대 임신 기간뿐 아니라 그후로도 산모와 태아의 건강을 위해 다른 장기보다 더 중요한 장기다". 2015년 NICHD는 '인간태반프로젝트'에 착수해 태반의 발달과정뿐 아니라 임신 기간 중 모든 단계에서 태반이 어떤 역할을 하는지 좀더 구체적으로 파악하기 위한 연구를 지원하고 있다.

건강한 태반은 건강한 임신과 직결된다. 태반이 제대로 발달하지 않거나 자궁에 유착되어 혈액을 공급해주지 않으면 임신을 유지하기가 어렵다. 태반이 자궁 하부에 위치하거나 자궁경부를 덮어버린 전치태반, 태반의 전체 혹은 일부가 자궁벽에 너무 깊이 파고들어가 출산 후에도 떨어져나오지 않는 근층유착, 태반의 혈관이 제대로 형성되지 않아서 혈압이 높아지고 임신 말기에 상태가 위험해질 수 있는 자간전증 등으로 인해 출산이 까다롭고 힘들어질 뿐 아니라 모체가 목숨을 잃을 수도 있다.

"현재 우리는 태반의 기능에 임신의 결과가 달렸다는 사실을 알아냈어요. 그리고 임신 기간을 어떻게 보내는지에 성인 건강이 크게 좌우된다는 것도요." 피셔 박사가 이렇게 밝혔다.

1990년, 영국의 전염병학자 데이비드 바커는 어떤 태내 환경에서 지냈느냐가 성별에 관계없이 사람의 건강에 심대하고 장기적인 영향을 미친다는 가설을 세웠다. 바커의 가설은 임신중 어머니가 영양실조를 겪어 저체중으로 태어난 성인의 심혈관질환 발병률이 더 높다는 사실을 보여주는 데이터로 뒷받침됐다. 이런 현상은 이차대

전 기간 유럽에서 기아와 극단적인 식량 배급을 경험했던 여자들이 낳은 아이에게 특히 두드러졌다. 바커의 표현을 빌리자면 그들은 산전 혹은 자궁에서의 '프로그래밍' 때문에 훗날 심장병과 2형당뇨병에도 더 취약했다.

바커는 "자궁이 집보다 더 중요할지도 모른다"라고도 썼다.[3]

바커의 연구 결과가 발표되고 수십 년 후 또다른 연구자들이 알레르기와 비만, 골다공증, 시력 문제 등도 연관된다며 그의 가설을 확장시켰다. 다른 연구 결과들을 보면 임신성 당뇨병과 고혈압(둘 다 태반과 영향을 주고받을 수 있다) 같은 일반적인 임신합병증을 경험한 여성이 후에 심혈관질환에 걸릴 위험이 더 크다.

심혈관질환과 2형당뇨병은 미국에서 가장 사망률이 높고 가장 일반적인 만성질환이다. 우리는 임신과정에서 태반이 맡은 역할만이 아니라 모체의 건강과 더불어 성인 건강의 밑그림을 그리기 위해서도 태반이 어떤 역할을 하는지에 주의를 기울여야 한다. 이런 관점에서 보면 태반이야말로 인간 건강에서 필수불가결한 존재임에도 불구하고 이는 여성의 재생산 건강을 연구할 때 여전히 주석 정도로 취급받는다. 또한 미국 사회에서 여성의 재생산 건강은 여성의 전반적인 건강과 더불어 줄곧 그 중요성이 폄하되어왔다.

아주 최근까지 정부는 거의 전부 백인 남성에 의한, 백인 남성에 대한, 백인 남성을 위한 연구만 지원했다. 의회는 1993년에 들어서야 연방정부의 국립보건원NIH에서 지원하는 임상실험에 여성과 소수자를 반드시 포함해야 한다는 NIH부흥법을 통과시켰다. 1993년에야 말이다. 그로부터 25년이 지났지만 여성은 여전히 의료 분야에서 간과되고 있다. 예를 들어, 미국에서 여성 사망의 주원인으로 심장병이 꼽히나 심장질환 임상실험 대상자 가운데 여성은 전체의 삼분의 일도 되지 않는다.

태반은 연구하기도 까다롭다. 태반의 수명은 유한하다. 다시 말해 태반은 34주경이면 완전히 발달해 그후 노화가 진행된다. 태반은 태아를 위해 존재하므로 출산이 끝나면 태반의 복무 기간도 끝난다. 생명을 유지시키는 중요한 역할을 하면서도 자리잡은 곳에서 신체가 죽는 날까지 머무르지 못하고 먼저 밖으로 나와야만 한다.

밖으로 나온 태반은 또하나 불리한 점이 있다. 태반은 간 같은 장기보다 훨씬 흉측하게 생겼다. 간의 경우 쇳내는 강하지만 전체적으로 검고 매끄럽다. 간을 보면 일종의 고딕풍의 아름다움이 전해진다. 한편 태반은 야누스처럼 두 가지 얼굴을 하는데 양쪽 다 소름끼치고 노골적이며 정말이지 독특한 모습이다.

태반의 엄마 쪽, 즉 튼튼하고 근육질인 자궁벽에 붙어 있는 면은 과육질처럼 붉은 덩어리로 만들어져 있다. 제 몸에 꼭 맞게 붙어 있었던 자궁에서 떨어져나온 태반은 고기와 비슷해서 육즙이 흐르고 날고기의 찜처럼 보인다. 갓 난 상처처럼 희미하게 빛이 나며 피범벅이다. 태반의 태아 쪽은 진한 주홍빛으로 푸른 정맥과 동맥이 기어가듯 잔뜩 모여 있다. 그곳에는 구불구불하고 겉으로 드러난 혈관이 복잡하게 뒤엉켜 있다. 흡사 인체에 자리한 강 하구 삼각지를 위성에서 찍은 사진처럼 크고 작은 지류가 뻗어 있는데, 모든 지류가 저멀리 구석구석부터 뻗어와 탯줄이라는 강력한 본류를 채운다. 탯줄은 정맥 하나와 동맥 두 개가 바르톤젤리라고 부르는 끈끈한 물질에 둘러싸여 있으며, 그 겉을 양막이라고 하는 두껍고 하얀 막이 다시 감싼다. 탯줄은 태반과 태아의 배를 잇는 태아의 생명줄로, 출생 후에는 우리가 배꼽이라고 부르는 원형의 주름, 즉 육체와 육체가 연결되어 있었다는 깊은 관계를 보여주는 유일한 증거가 평생 우리 몸에 남는다.

수전 피셔는 태반의 구조가 복잡하기에 우리가 태반에 대해 이렇게까지 모르는 거라고 믿는다.

"태반의 구조는 너무, 너무 어려워서 일반인은 말할 것도 없고 전문가조차 잘 몰라요."

피셔 박사는 산과와 부인과, 재생산 분야 종사자의 학회와 모임에 연사로 자주 선다.

"제가 태반의 기본 구조에 대해서 이 말 저 말 다 하고 나면 말이죠, 전문가가 가득 모여 있는 그런 곳에서도 제게 질문을 하려고 기다리는 사람들이 잔뜩 있을 겁니다. 그리고 그 사람들은 하나같이 이렇게 물어볼 거예요. '정말인가요? 정말 이런 일이 일어나요?'"

피셔 박사가 실컷 웃더니 웃음기를 거뒀다. "의료 종사자가 이런 내용을 모른다면 자기네 환자에게도 굳이 설명해주지 않겠죠."

그래서인지 임신부는 태반에 대한 정보를 별로 듣지 못한다. 우리는 두 사람을 분리시키면서 동시에 연결해주는 이 이종異種 접속기에 대해 말 그대로 아무 정보도 못 듣는다. 우리는 엄마와 아이가 처음으로 소통하고 협력하는 장소이자 처음으로 갈등하고 협상하는 장소인 이 놀라운 장기에 대해 아무 설명도 못 듣는다. 우리는 이 전달자가 어떻게 현재와 과거, 미래를 연결하는지, 게다가 어떻게 적시에 현재와 과거, 미래 모두에 영향을 끼치는지도 알아내지 못했다.

• • •

연구실과 병원의 제약을 벗어나서 살펴보면, 가축화된 개와 고양이, 야생 사자와 원숭이를 포함한 대다수의 포유류는 새끼를 낳은 직후 자기 태반을 먹어치운다. 심지어 풀과 과일만 먹는 초식동물도 자기 태반을 먹는데, 이를 태반섭취라고 한다. 동물의 세계에서는 어미가 제 태반을 일상적으로 먹지만 인간의 세계에서 이는 아주 드문 일이다. 태반은 의료폐기물로 간주되어 대개 폐기 및 소각 처리된다.

태반섭취가 인간 세계에는 널리 퍼져 있지 않지만, 지구상의 수많은 비서구문화권에서 태반은 숭배의 대상이다. 동남아시아에 사는 몽족의 언어로 태반은 '재킷'으로 번역되는데, 인간이 최초로 입은 옷이라는 의미다. 전통적으로 태반은 출생지에, 그러니까 대부분

집에 묻는다. 몽족은 영혼이 하늘로 올라가 조상과 다시 만나기 위해서 자신의 재킷이었던 태반을 찾기 위해 사후 집으로 돌아온다고 믿는다. 그 옷을 찾지 못하면 영혼은 홀로 추위에 떨며 영원히 떠돈다고 여긴다.

하와이 선주민과 서아프리카의 부르키나파소에 사는 모시족을 비롯한 여러 문화권에서는 태아가 세상으로 나가는 통로의 중요한 부분으로 태반을 귀하게 다룬다. 의식에 따라 태반을 매장하거나 자연으로 돌려보내는데, 그렇게 함으로써 아이가 자신의 집과 조상과 더 강하게 이어진다고 믿는다. 중의학中醫學에서는 말린 태반을 몇백 년 동안 간과 신장 질환을 치료하는 약재로 사용했다.

지난 몇십 년 동안 킴 카다시안 같은 유명인을 비롯해 많은 여성이 자신의 태반에 주목하여 이를 먹고 있는데 이러한 현상은 증가하는 추세다. (자신의 태반을 먹은 여성 189명을 대상으로 진행한 소규모 조사에 따르면, 연구 참가자 중 부유한 백인 기혼자가 압도적으로 많았다.)[4] 요즘은 태반을 무시무시하게 생긴 날고기로 먹기보다는 소화되기 쉽게 알약으로 만들어 먹는 경우가 늘고 있다. 태반캡슐을 옹호하는 이들은 태반을 먹으면 자궁수축에 도움이 되고 자궁이 더 빨리 아물뿐더러 모유가 잘 나오고 산후우울증도 막을 수 있다고 주장한다.

임신을 했을 때 나는 따로 알아볼 정도로 이 캡슐에 관심이 많았다. 하지만 둘라임신 기간과 출산과정에서 산모와 가족에게 다양한 조언과 정보를 제공하는 출산 전문가가 그 서비스에 평균 250달러를 청구하는 걸 보고는 그렇게까지 할 필요는 없겠다 싶었다. 그런데 막상 예정일이 다가오자, 남편과 내가 진통과 분만중에 우리를 지지해줄 사람으로 고용한 둘라인 세이지가 혹시 태반캡슐을 만들 생각이 있느냐고 물어왔다. 그녀는 제조법을 아직 배우는 중이기 때문에 공짜로 해주겠다고 했고 나는 이 제안을 얼른 받아들였다.

세이지와 나는 몇 해 전 서점에서 잠시 같이 일한 동료 사이였다. 우리는 카운터 뒤에서 음식 이야기를 나누며 많은 시간을 보냈는데, 세이지는 자신이 자란 텍사스의 아프리카식 미국 요리에 대해 이야기했고 나는 어릴 때 먹은 필리핀 음식에 대해 들려주었다. 그녀는 심지가 굳고 똑똑했다. 싱글맘이었던 그녀는 아들이 아주 어렸을 때 유방암에 걸려 양쪽 유방을 모두 절제했다. 내가 아는 세이지는 인생에서 마주치는 온갖 일을 수월하게도, 힘겹게도 헤쳐나갈 수 있는 수많은 방법을 속속들이 이해하는, 그 모든 풍파에서 살아남으려는 의지를 지닌 사람이었다. 언제부터인가 세이지는 전통 약초약을 공부하면서 둘라로 일하기 시작했다. 나는 자라면서 나처럼 생겼거나 우리 가족의 문화를 잘 아는 의사나 간호사에게 진료를 받은 적이 없었기에, 내 둘라는 유색인종이어야만 했다. 나는 세이지를 전적으로 신뢰했고 그녀가 내 곁에 있어줬으면 했다.

나는 제왕절개로 딸을 낳았기 때문에 내 태반을 실제로 보지는 못했다. 하지만 세이지는 보았고 이에 대해 점점 더 자세하게 알게 되었다. 분만하기 전 나는 병원측에 나의 의료폐기물을 세이지에게 넘기라고 말해두었다. 수술 후 병원에서는 내 태반을 두꺼운 푸른색 비닐봉지에 넣고 이중으로 싸서 세이지에게 건넸다. 내 딸이 태어나고 두 시간 뒤인 금요일 자정 무렵, 세이지는 내 태반을 가방에 넣고 1.6킬로미터가량을 걸어서 집에 돌아가 태반을 냉장고에 넣은 뒤 깊은 잠에 빠졌다. (내가 이십사 시간 이상 진통을 했으니 세이지도 몹시 지쳤다.)

이튿날 아침, 그녀는 태반을 냉장고에서 꺼내 싱크대에서 씻었다.

"태반 냄새는 정말이지 독특해. 꼭 간 같아." 내가 그 과정을 처음부터 끝까지 자세하게 말해달라고 하자 세이지가 이렇게 이야기했다. "네 태반은 꽤 컸어. 아마 레코드판과 엇비슷했을 거야. 두께는 4~5센티미터 정도였고. 아름답더라."

솔직히 나는 세이지가 내 장기를 처리하는 과정에서 느낀 혐오감이나 거부감을 어느 정도 순화해서 표현하지 않을까 내심 기대했다. 하지만 그녀는 당황하지 않고 맛있는 음식의 조리법을 들려주듯 명료하고 확신에 가득찬 모습으로 그 과정을 들려주었다.

전통적인 중의학에서는 분만과 출산을 육체에 빈 공간이 남겨지는 과정으로 보는데, 이 빈 공간은 음陰 혹은 찬 기운으로 간주된다. 이런 이치에 따라 세이지는 양의 기운인 열기와 에너지를 불어넣어 나의 회복을 촉진하기로 했다.

"무쇠 냄비를 꺼내서 태반을 넣고 신선한 생강과 레몬, 저민 할라

피뇨까지 곁들여서 약한 불로 가열했어. 태반은 줄어들면서 까매지고 구운 고기처럼 단단해져. 그래서 구운 고기 냄새가 나는 거야."

이 과정이 끝나면 태반은 전체적으로 회색빛이 도는 갈색을 띤다. 세이지는 이 상태의 태반을 얇게 썰어서 식품건조기에 돌렸고, 거기서 태반은 숭숭 구멍이 뚫려 바삭거리는 상태로 변했다.

"그러고 나서 커피 그라인더에 그걸 넣고 가루로 만들었어. 곱창이나 내장 요리를 했을 때랑 비슷한 냄새가 부엌에서 진동을 했는데, 내가 정말 좋아하는, 진짜 흙냄새였어."

딸을 낳고 며칠 후 세이지가 내 태반으로 만든 캡슐 약이 가득한 갈색 유리병을 가지고 우리집에 찾아왔다. 처음 이 주일 동안에는 하루에 여덟 알씩 먹었고 그후 복용량을 점점 줄여서 다 먹기 전에 결국 중단했다.

태반캡슐을 복용하기 전부터 나는 육체적으로 탈진한 상태였다. 꼬박 한 달 동안 그런 상태에서 헤어나오지 못했다. 내 태반을 먹는다고 해서 기분이 크게 달라지지 않았지만 어차피 어떻게 느껴야 하는지도 몰랐다. 나에겐 참고할 지도가 없었다. 산후우울증은 아니었지만 하루에도 몇 번씩 울음을 터트렸고 이따금 몇 시간씩 침대에서 꼼짝하지 않기도 했다.

그렇다면 태반캡슐은 효과가 있었을까?

모르겠다. 현재까지 태반섭취가 산후회복을 가속화한다거나 초보 엄마에게 다른 효과가 있다는 증거는 없다. 사실 노스웨스턴대 연구진이 태반섭취에 대해 인간과 동물을 대상으로 진행한 경험적 연구를 분석한 2015년 연구 결과에 따르면, "태반이 인간에 미치는 효과를 보여주는 과학적 증거가 없으며 동물로부터 확보한 데이터를 봐도 결정적인 증거는 없다"[5]고 한다.

또한 태반캡슐에 대한 생산 기준이나 함께 들어가는 성분에 대한 규제도 부재하다. 가정에서 제조할 수도 있지만, 외부 시설에서 태반을 건조해 캡슐로 만드는 경우가 점점 늘고 있다. 2016년 오리건에서 호흡곤란을 겪던 한 신생아가 B군 연쇄상구균 감염 진단을 받았는데, 해당 박테리아가 출산 후 엄마가 먹은 태반캡슐에서 발견되었다. (임신부는 누구나 임신 말기에 B군 연쇄상구균 검사를 받지만 이 산모의 경우 검사 결과가 음성이었고 감염은 '후발성'으로 판명되었다.) 이 사례를 조사했던 오리건의 연구진은 "태반캡슐 처리과정에서는 감염병원균이 박멸되지 않는다. 그러므로 태반캡슐을 복용해서는 안 된다"라고 결론 내렸다.[6] 이 개별 사례에서 밝혀진 위험을 인식한 질병통제예방센터는 신속하게 주간 전국 소식지에 오리건 연구진의 경고사항을 실었다.

태반캡슐에 관한 가장 설득력 있는 증거는 이 약이 유용했다고 말하는 산모들의 수많은 사례에 있다. 세이지가 내게 말했듯이 말이다. "나는 증거를 좋아해. 하지만 통찰력, 사연, 증언도 좋아하지."

미국 태평양 연안 북서부 지역에는 쿠족과 마카족, 틸라무크족을 비롯해 여러 선주민 부족 사이에 대지진에 대한 설화가 전해내려오는데 최소 일곱 세대에 거쳐 전승되었다고 한다. 몇 세기 동안 이 지역은 지질학적으로 안정된 곳으로 여겨졌지만, 절대 그렇지 않다는 걸 보여주는 과학적 증거를 몇십 년 전 지진학자들이 찾아냈다. 『뉴요커』에 실린 「정말 큰 것The Really Big One」이란 기사로 2016년 퓰리처상을 수상한 캐스린 슐츠는 이 기사에서 북서부 해안의 대부분 지역을 쑥대밭으로 만들 수도 있고, 언제든 일어날 수 있는 대지진에 대해 소상하게 설명했다. 다른 학자처럼 슐츠도 과학자들이 최근 들어서 비로소 '발견한' 사실을 현지의 선주민은 오래전부터 알고 있었다고 썼다.[7] 하지만 몇백 년 동안 선주민 사이에서 전해지는 이야기는 묵살되고 무시되었다.

과학이 뭔가를 증명하지 못했다고 해서 사람들이 그것을 모른다는 의미는 아니다.

• • •

몇백 년 동안 고대 로마인은 통로와 문, 시작과 과도기를 주관하는 신 야누스를 숭배했다. 야누스는 미래와 과거를 모두 보기 때문에 얼굴이 두 개인 모습으로 그려진다. 시인 로버트 B. 쇼는 야누스를 두고 "시간처럼 얼굴이 두 개"인 존재라고 했는데[8], 태반을 떠올릴 때도 그런 모습이 그려진다. 태반은 말 그대로 우리의 기원起源, 즉 어머니의 몸으로 되돌아감과 동시에 미래 세대를 만들기 때문이다.

시간은 궁극적으로는 친구이자 적이다. 우리를 앞으로 나아가게 하지만, 우리가 되고자 노력했던 사람들에게서 우리를 천천히 멀어지게도 한다. 시간이 흐르면서 우리는 경험과 지식, 희망컨대 지혜 같은 귀중한 것을 획득하지만 그것을 잃기도 한다. 부모에게 시간은 자신과 자녀의 거리를 점점 멀어지게 하는 요소다. 시간은 아이를 성장시키기도, 아이가 우리에게 등을 돌리게도 한다.

세이지는 태반캡슐과 함께 내 딸의 탯줄도 가져왔다. 그녀에게는 그 탯줄이 아무 쓸모도 없었지만 그녀의 집에 그걸 버릴 수도 없었다. 나도 어찌해야 할지 몰라 냉동고에 이를 넣어버렸고, 탯줄은 결국 바나나 빵이 되지 못하고 시커멓게 변해버린 바나나로 가득한 비닐봉지 뒤에서 2년이나 자리를 지켰다.

수전 피셔와 이야기를 나눈 후, 탯줄을 냉동고에서 꺼내 조리대에 올려놓고 해동하기 시작했다. 비닐에 싸여서 지퍼백에 든 탯줄은 커다란 핏덩어리처럼 보여서 살짝 무서웠다. 하지만 조리대에서 녹으며 점점 따뜻하고 물렁해지자 그에 대한 내 감정도 똑같이 부드러워졌다.

내 딸처럼 탯줄도 내 몸의 일부였다. 그러나 세상을 향해 매일매일 조금씩 더 몸을 던지고 늘 변모하는 야생동물 같은 딸아이와 달리 탯줄은 언제나 그 모습 그대로일 것이다. 다시는 성장하지 않을 터이다.

딸이 태어나고 찾아온 봄, 집 옆에 작은 목련 한 그루를 심었다. 1년 후 그 나무에 처음으로 하얀 꽃이 피었다. 아이는 그 꽃 쪽으로 가서는 코를 박고 강렬한 향기를 한껏 들이마셨다. 몇 달 후 쾌청한 어느 겨울 오후, 딸이 낮잠을 자는 동안 남편과 나는 그 나무 아래 차가운 땅을 파고 일부는 나, 일부는 남편, 일부는 딸인 이 탯줄을 묻었다. 내 피가 어마어마하게 흘러들어갔던 살로 된 가느다란 띠를 땅속으로 넣어 그것이 그 땅에서 우리 작은 집의 일부가 되게 했다.

탯줄은 이미 우리에게 너무나 많은 것을 주었지만 더 줄 것이 있을지도 모르겠다고 나는 남편에게 말했다.

4장

아기를 낳기 전, 유산을 했다

4년 전, 계획해서 한 임신이 6주 차에 접어들었을 즈음, 하혈을 하며 잠에서 깼다. 큼직한 핏덩어리들과 뒤엉킨 조직들이 내 몸에서 나와 허벅지 안쪽과 옷을 적셨다. 간호 컨설턴트에게 전화를 걸자 그녀는 차분하게 몇 가지 질문을 던졌다. 하혈은 일반적인 현상이라며 나를 안심시키려는 말이 들렸지만 수화기 반대편에서 겁에 질려 잔뜩 흥분한 채 말없이 앉아 있던 나로서는 한마디도 믿을 수가 없었다. 나는 그녀가 미웠다. 배신자 같은 내 몸이 미웠다.

때는 11월이었다. 우리 부부는 크리스마스 때 가족들을 만나 임신 사실을 알릴 계획이었다.

그 간호사는 내게 몇 시간만 기다려보고 하혈을 계속하면 혈액검사로 hCG 수치를 확인해야 하니 병원으로 오라고 했다. 인간융모성생식선자극호르몬, 일명 hCG는 임신 초기에 이틀이나 사흘마다 그 수치가 두 배로 증가하는 호르몬이다.

그날 오후가 되자 하혈은 더 심해졌다. 나는 혈액검사를 받으러 병원으로 갔다. 이튿날 아침, 의사가 전화로 아직 결론을 내릴 수가 없으니 다음날 다시 한번 검사를 해 hCG 수치가 떨어지고 있는지, 다시 말해 유산이 진행중인지 확인해보자고 했다. 하지만 이미 예감하는 사실을 알려줄 또다른 검사가 내게는 필요하지 않았다.

하혈은 꼬박 일주일 동안 계속되다가 비로소 멎었다. 내 입장에서 볼 때 내가 잃은 것은 아기가 아니라 물질, 즉 세포였다. 그렇지만 그 몇 주 동안 그 물질은 내게서 논리적인 사고를 완전히 앗아갔다. 단 6주간의 임신으로 내 인생에서 변한 것은 아무것도 없었다. 하지만 그 물질이 내게서 떨어져 빠져나갔고 나에겐 그것을 멈출 힘이 없었다. 그렇기에 그것이 떠난 빈자리에 상실감이 들어앉아 비명을 질러댔다.

하루건 한 달이건 내가 얼굴을 처박고 지내지 않은 건 순전히 일을 하러 가라고 남편이 내 등을 떠밀었기 때문이다. 남편은 절대 내게 이래라저래라 하지 않는 사람인데(남편은 그런 말을 할 정도로 바보가 아니다) 아마도 그래서 남편 말을 들었던 것 같다. 나중에 남편에게 왜 그날 저녁 레스토랑에 가서 서빙 일을 하라고 밀어붙였느냐고 물었다.

"가끔 너무 상처가 쓰라릴 때는 말야, 몸을 바쁘게 놀리면 가장 힘든 부분도 수월하게 이겨낼 수가 있거든. 당신이 그 상황을 어떻게 바라보느냐는 중요하지 않았어. 무슨 일이 일어난 건지를 모르는 게 아니잖아. 그래도 세상이 끝나지 않았다는 사실을 잊지 않는 게 중요했어. 당신이 잠시라도 그 상황에서 벗어나면 좋겠다 싶더라고."

그날 저녁 나는 미소를 지으며 홀을 돌아다니고, 스테이크를 서빙하고, 테이블을 바삐 정리하고, 와인을 따면서 일을 했지만 내 몸에서 흘러내리는 체액을 계속해서 느꼈다. 그날 그 느낌에서 정신적으로, 결코 벗어날 수 없었다.

사람들에게 내게 무슨 일이 일어났는지를 털어놓자 다들 걱정하지 말라고 나를 위로해주었다. 그들은 적어도 임신이 가능하다는 사실은 확인한 거 아니냐고 했다. 다시 시도하면 된다는 말도 몇 번이나 들었다. 유산을 한 많은 여자에게, 치유는 희망에서, 다시 임신할 수 있다는 약속에서 시작된다. 그러나 다음을 기약하면 된다는 파트너와 친구, 가족, 의료진의 위로는 설령 좋은 뜻에서 한 말이라고 해도 더 복잡하고, 더 건강한, 그리고 때로는 더디게 이어지는 슬픔과 회복의 과정을 방해할 수도 있다.

몇 주 동안 강낭콩만했던 배아가 문득문득 내 분별력을 몽땅 빨아들일 것처럼 어마어마하게 크고 시커먼 구멍처럼 느껴졌다. 나는 잠을 잘 이루지 못했다. 그리고 울었는데 아마 내내 그랬던 것 같다.

유튜브에서 비욘세가 “내가 경험했던 가장 비통한 일”이라며 자신의 유산에 대해 이야기하는 영상을 보고 또 봤다.

가족에게 임신 사실을 알리는 대신 우리 부부는 다른 식으로 크리스마스 연휴를 보냈다. 우리는 크리스마스 당일에 비행기로 아칸소주의 리틀록으로 가서 차를 빌려서 멤피스로 향했다. 그곳에서 바비큐와 프라이드치킨을 먹고 버번을 마시며 며칠을 보냈다. 우리는 입장료 10달러를 내면 붉은색 솔로 컵 하나를 주는 작은 술집에 들어가 바닥에 놓인 맥주통에서 맥주를 따라 밤늦도록 무제한으로 마셨다. 우리는 슬펐지만 취해 있었고 우리가 얻은 자유의 중요성과 아름다움에 대해 크게 떠들었다.

이튿날 우리는 로레인모텔에 만들어진 국립시민권박물관을 찾아가 마틴 루서 킹 주니어가 암살된 바로 그 자리에 각자 한 번씩 서보았다. 아칸소주에서 우리는 촉토족과 체로키족, 마스코기족, 세미놀족, 치커소족이 미국 정부에 의해 조상 대대로 살던 땅에서 강제로 이주당해 질병과 굶주림과 싸우며 이동했던 ‘눈물의 길’ 일부를 따라 걸었다.

우리는 1955년에 열네 살의 에밋 틸이 백인 여성에게 말을 걸었다는 이유로 두들겨맞고 불구가 되고 살해되어 탤러해치강에 시신이 던져지는 참극이 일어났던 미시시피주 머니를 차로 지나갔다. 미시시피주의 주도인 잭슨에서는 드럼통에 나무와 쓰레기를 넣고 집 앞마당에서 태우는 가족을 보았다. 그들의 집 유리창이 깨져 있는 것으로 미뤄보아 온기를 얻기 위해서 그러는 듯했다. 그 순간 유산은 슬픈 일이지만 내가 미리 막을 수 있었던 비극이 아니었다는 걸 서서히 이해하게 되었다.

차를 북쪽으로 몰아 리틀록으로 돌아오는 길에 창밖을 내다보니 풍경이 휙휙 지나갔다. 머릿속에서는 주문처럼 엘리자베스 비숍의 「하나의 기술」 속 시구절이 계속 울렸다. "너무나 많은 것이 언젠가는 사라질 의도로 가득차 있는 것 같다. 그러므로 상실은 재앙이 아니다."

• • •

나는 평생 내가 아는 것만 모두 네 번 임신을 했다. 2014년 말 딸을 낳기 전까지 2008년에는 유산을, 2009년에는 낙태를, 2013년에 다시 유산을 했다. 임신 중 절반이 유산으로 끝이 났다. 이 사실이 충격적으로 보일 수도 있겠지만 실제로는 꽤 드물지 않은 일이다.

알베르트아인슈타인의대 연구진이 진행한 2013년 연구에 따르면, 사람들은 대부분 유산을 여성의 5퍼센트만이 겪는 드문 일이라고 믿는다.[1] 하지만 실제로는 임신부 중 20퍼센트가 유산을 경험한다. 미국을 기준으로 볼 때 이는 대략 75만 건에서 100만 건에 달하는 수치다. 극초기에 유산을 해서 임신한 줄을 모르고 그저 월경이 늦어진다고 생각하고 넘긴 여자의 수를 고려한다면 그 수치는 분명히 훨씬 더 높아진다.

'유산miscarriage'이라는 단어에 대해 잠시 이야기해보자. 객관적으로 봤을 때 이 단어는 끔찍하다. 유산과 똑같은 접두사 'Mis'를 사용하는 단어를 생각해보라. 실수mistake, 헛디디다misstep, 부적절한misplaced, 오기誤記한misspelled 등 같은 접두사로 시작하는 단어는 뭔가가 잘못되었을 뿐 아니라 그렇게 된 게 당신의 적극적인 역할 때문이라고 넌지시 암시한다. 알베르트아인슈타인의대 연구에 의하면, 유산을 한 여성 응답자 중 40퍼센트가 자신이 뭔가 유산할 만한 행동을 했을 것이라고 짐작했으며, 47퍼센트는 죄책감을 드러냈다.

과학자들은 유산이 대부분 염색체 이수성, 그러니까 염색체 이상 때문에 일어난다고 보는데, 확실히 알 수는 없지만 이 이상증세 때문에 정해진 기간까지 살아낼 수 없는 생명체가 만들어진다고 파악한다. 다운증후군과 클라인펠터증후군 같은 염색체 돌연변이를 타고난 태아는 유산되지 않고 건강하게 자라 산달을 다 채운다.

이 연구를 통해 일상에서 겪는 스트레스와 무거운 물건 들기, 과거에 사용한 자궁내피임기구 때문에 유산이 된다고 믿는 사람이 많다는 사실도 밝혀졌다. 이러한 '원인'은 모두 여성에게 일부 책임을 지운다. 하지만 그 원인은 모두 유산과 관계가 없다.

유산에 대해서는 과학자들도 아직 잘 모른다. 유산에 대한 우리의 통찰 중 대부분은 이 주제를 의학적으로 연구한 결과가 아니다. 그보다는 염색체 이상과 태반 같은 대상에 대해 연구하다가 부수적으로 얻어걸린 발견이 많다. 이 분야의 연구자들은 당연하게도 낙태된 태아와 출산 후 부산물을 분석했는데, 연구하기도 편하고 공급도 풍부했기 때문이다. 왜 그렇게 구하기 쉬운 건지에 대해서는 아무도 생각해보지 않았다니 감탄이 나올 정도다.

유산의 임상학적 용어는 '자연유산spontaneous abortion'으로, 역시나 의학적으로 들린다. 나는 그보다는 '임신소실pregnancy loss'우리말의 유산(流産)은 '임신을 흘려버리다'라는 뜻이므로, 임신소실 대신 유산이라는 용어를 계속 쓰기로 한다이라는 용어를 선호하는데, 그게 있는 그대로의 정확한 표현이기 때문이다. 하지만 정확히 무엇을 잃은 건지는 전적으로 이를 경험한 여자의 가슴과 머리에 들어 있다.

• • •

많은 사람이 유산 이야기를 껄끄러워하므로 잘 털어놓지 않는다. 어떤 내용이건 유산에 대해 의미 있는 논의를 하려면 죽음과 피, 눈물, 질에서 추방된 것을 인정해야만 하니 그리 놀랄 일도 아니다.

유산을 다룬 기존의 글은 주로 여러 차례 연속해서 유산을 겪은 사람의 이야기다(습관성유산은 세 번이나 그 이상 연속된 유산을 일컫는 용어다). 좀더 과학적으로 접근한 다른 책은 희망에 방점을 찍지만 유산의 '이유'를 들여다볼 큰 통찰력을 늘 제공해주지는 않는다. 한두 차례 유산한 우리 같은 사람에 대한 자료는 거의 없다.

하지만 습관성유산을 겪는 사람은 여성의 1~2퍼센트에 불과해 대다수는 우리 같은 경우다.[2]

"습관성유산은 비극이죠." 시애틀대 간호대 학장인 크리스틴 스완슨 박사가 말했다. "하지만 매일 접하는 유산은 그렇지 않아요."

스완슨은 박사과정생이었던 30년 전부터 유산에 대한 연구를 진행해왔다. 유산과 유산 후 치료에 관해 수백 명의 여성을 면담하고 상담해온 스완슨은 노스캐롤라이나대 간호대 학장을 역임한 바 있으며 20년 이상 워싱턴간호대의 교수로 교단에 섰다.

박사과정생이었던 1980년대에 스완슨은 막 아들을 출산한 뒤 초보 엄마를 위한 지원단에 참가했다. 하루는 그 모임에 초대된 산과 의사가 유산에 대해 이야기를 했다.

"저는 간호사가 된 기분으로 그 강연을 들었어요. 그분은 '자연유산'이니 '임신 부산물'이니 '진단' '예후' 같은 의학용어를 쓰더라고요." 스완슨은 그 강연을 이렇게 회상했다.

이후 그 모임에 참석한 엄마들이 자신의 경험을 적극적으로 털어놓았다. 스완슨은 그들이 그 강연자와 확연히 다른 단어를 사용한다는 사실을 깨닫고 깜짝 놀랐다. 그들은 상실과 슬픔, 아기, 감정, 애도를 이야기했다.

"의료 현장에서 일하는 사람과 유산을 경험한 당사자는 완전히 별개의 언어를 사용해요. 그 순간 깨달았죠. 앞으로 이 주제에 대해 연구하겠다고요."

그후 스완슨은 이 주제를 다룬 논문이 단 한 편도 없으며 이 주제를 연구하기 위한 연구기법도 전혀 없다는 사실을 알게 되었다. 그녀는 설문지를 직접 작성해서 여성 수백 명에게 보내고 그 결과를 기록하기로 했다. 그녀는 유산을 경험한 이에게 두 가지 질문을 던졌다. '그 경험은 어땠나요?' '어떨 때 보살핌을 받는다고 느꼈죠?'

"우리는 유산을 지극히 평범한 일상 속 사건으로 받아들여야만 해요. 유산은 과정이자 삶과 죽음의 일부분이니까요. 우리는 매일같이 우리에게 해로울 수 있는 체액과 세포를 우리 몸에서 버려요. 유산도 매우 자연스러운 과정이라고 생각해야 해요. 우리 몸은 슬기롭죠. 몸은 어떤 임신이 제 기간을 결코 못 채울지를 알아봐요."

임신 극초기에는 다양한 때에 다양한 신호를 보내며 몸 전체에 화학적 메신저로 작용하는 여러 호르몬의 분비가 증가한다. 처음 몇 주 동안 우리 몸속에는 에스트로겐과 프로게스테론이 뒤섞인 기묘한 수프가 넘쳐나는데, 이는 가슴에서 배와 뇌까지 모든 것에 영향을 미친다. (이 호르몬들 때문에 갑자기 피로해지거나, 믿을 수 없을 정도로 흥분하거나 속이 메스꺼워질 수 있다.) 유산을 하면 이런 호르몬들이 갑자기 빠져나가는데, 여자는 급속히 빠져나가는 이 화학물질의 조류에 휩쓸릴 수도 있다. 뒤이어 찾아오는 슬픔과 불안이 풀기 어려운 생리학적이고도 감정적 뿌리를 복잡하게 꼬아버릴 수도 있다.

"유산에는 엄청난 감정이 동반되기도 해요." 스완슨이 말했다.

슬픔은 복잡하고 때로는 모든 것을 압도하는 것 같지만, 대개 서너 달 후면 잦아든다. 하지만 그전에 우울증을 겪거나 지지 기반이 없는 여자는 이러한 감정이 불안증이나 우울증으로 발전해 1년 이상 시달릴 수도 있다.[3]

그러다가 유산으로 무엇을 잃었는지를 헤아리는데, 그 해답은 제각기 다르며 시기 또한 개인차가 있다. 유산에 대한 반응은 그것을 경험하는 사람만큼이나 다양하므로 본질적으로 모든 경우의 수를 헤아릴 수 없다.

스완슨은 여자와 대면 상담만 진행한 게 아니라 설문조사 결과를 토대로 유산을 경험한 여성을 어떻게 대해야 하는지 그들을 돌보는 사람이 참고할 만한 모델도 만들었다. '돌봄 이론'이라는 그 모델은 동정이 아니라 공감을 바탕으로 한다. 간호사는 개인적인 책임감을 가지고 환자를 대하고 보살핀다. 스완슨의 이론을 보면 알기, 함께하기, 도움 되기, 힘 실어주기, 믿음 유지하기 등 의료인이 따를 만한 구체적인 실천법이 정립되어 있다. 스완슨에 따르면, 무엇보다도 환자가 유산에서 회복되고 이를 극복할 수 있다는 메시지를 전하는 게 환자에게는 중요하다. 다시 임신을 하게 될 거라거나 임신을 원하게 될 거라는 위로가 아니라 말이다.

스완슨의 '돌봄 이론'은 유산을 경험한 여성을 돌보기 위해 특별히 만들어졌지만 그후로 전국 병원에서 전반적인 간호와 환자 중심의 돌봄 모델로 채택되었다.

여자의 목소리에 귀를 기울임으로써 또 무엇을 배울 수 있을지가 궁금하다.

• • •

유산의 경험은 심지어 같은 사람의 인생에서도 미치는 영향이 크게 다르다.

8년 전, 병원에서 진료를 받고 고작 며칠 후 첫번째 유산을 했다. 진료를 받을 때 의사 선생님은 내게 판에 박힌 질문을, 그러니까 언제 마지막 월경을 했느냐고 물었다. 생각이 잘 나지 않아 기억을 더듬어보니 6주도 더 지났다 싶었다.

의사 선생님의 권유에 따라 소변검사를 받았고 그 결과 임신이었다. 병원을 나와 친구에게 전화를 걸었더니 몇 분 안에 근처 아이홉 아침식사에 특화된 프랜차이즈 식당 주차장으로 나를 태우러 왔다. 몇 시간 후, 훗날 내 남편이 된 당시 남자친구가 나를 데리러 그 친구의 아파트로 왔을 때 나는 소파에 앉아서 엉엉 울고 있었다.

나 그리고 우리는 아이를 원하지 않았다.

이틀 후 하혈이 시작되었다. 얼른 병원으로 갔고, 그곳에서 탐침기를 삽입해 질경유초음파검사를 받았다. "저기에는 지금 아무것도 없어요." 누군가가 이렇게 말해준 기억이 난다. "유산하신 모양이네요."

나는 아무것도 묻지 않았다. 마음이 놓였다는 사실 외에는 아무 기억도 나지 않는다. 내 몸이 현실적인 결론을 내려 유산했고 나는 내 몸에 감사했다.

그러나 5년 후, 나와 남편 사이에 다시 아이가 생겼고 크리스마스에 가족에게 그 사실을 알릴 기대에 들떠 있었을 때는 상황이 완전히 달랐다. 심하게 하혈을 시작한 날 아침, 의사 선생님과 통화를 마치고 침실에서 욕실까지 1미터밖에 안 되는 거리를 결국 다 가지 못했다. 그 대신 복도에 깔린 양탄자에 드러누워 한 시간이나 엉엉 울었다.

예전에 직장 동료였던 친구도 비슷한 경험이 있다고 했다. 그녀와 그녀의 아내도 3년 넘게 임신을 시도했다. 두 사람 중에서 그 친구가 임신하기로 결정해 인공수정을 네 차례 시도했고 그중 두 번 임신이 되었다. 하지만 두 번 모두 유산으로 끝났다. 그녀는 인공수정을 시도하자마자 바로 임신이 되어 몹시 놀랐다.

"말 그대로 내 몸에 정자가 처음으로 들어온 거잖아. 갑자기 임신이 현실로, 완전히 새로운 인생처럼 느껴지더라. 그 일로 우리 아기가, 우리 가족이 만들어질 수도 있으니까." 그렇지만 임신은 8주 만에 끝났다.

"처음 유산했을 때는 정신적으로 굉장히 힘들었어. 같은 여자지만 아내는 그 호르몬들이 내 감정을 어떻게 움직이는지 이해를 못 하더라고. 약간 정신을 놓아버린 것만 같았어."

앉아서 그녀의 이야기를 듣다가 우리가 4년 전 똑같은 시기에 유산을 했다는 사실을 깨닫고 깜짝 놀랐다. 나란히 일을 하면서 나란히 피를 흘렸지만, 불쑥 감정을 주체하지 못할까봐 혼자서만 속을 끓였던 것이다. 결국 몇 달이 지나서야 망설인 끝에, 각자의 사연을 털어놓기로 결심한 덕에, 우리는 서로의 상황을 알게 되었다.

얼마 전 남편 덕에 내가 잊고 지낸 일이 떠올랐다. 내가 하혈을 가장 심하게 한 때 양탄자에 드러누워 한 시간을 펑펑 운 다음날, 남편을 욕실로 불렀다고 했다. 가보니 내가 굵은 핏덩이를 흘리며 화장실에 앉아 있었단다. 그 핏덩이를 휴지로 닦아서 남편에게 그걸 보여줬단다. 나는 그 일이 전혀 기억나지 않았다. 사과하는 것이 예의 바른 행동으로 여겨졌기 때문에 그러긴 했지만 진심은 아니었다. 오히려 내가 그런 행동을 했다는 게 기뻤다. 남편도 그것을 봤다는 말이니 외려 기뻤다.

그것.

그것은 젤리 같았고 내가 본 붉은색 중에 가장 짙은 색조로 거의 검은빛이었다. 올챙이, 캐슈너트 형태의 외계인, 머리를 어렴풋이 닮은 뭔가에 붙어 있는 양귀비 씨만한 두 눈처럼 내 몸에서 떨어져 나온 그것에서 뭔가 알아볼 만한 게 있지 않을까 하는 기대감과 두려움에 자세히 살펴보았다. 나는 그 물질에 매료되었다. 아기는 아닐지는 몰라도 그것은 나의 일부, 그러니까 내 몸에서 키운 것이었으니까. 이제 그것이 나를 떠나고 있었다. 손가락으로 그걸 굴렸다.

따뜻했다. 그리고 살아 있지 않았다.

자신의 몸에서 나온 것을 나만 만져야 했던 게 아니라는 이야기를 스완슨에게 듣고 깜짝 놀랐다. 사실 수많은 여자에게 만지기, 그리고 그것에 대해 이야기하기는 강력한 경험이 된다. 면담과정에서 여성이 임신 부산물을 본 적이 있다고 하면 스완슨은 이런 질문들을 던졌다. "뭔가가 흘러나왔나요? 그걸 받아서 만져봤나요?"

"'네, 그랬어요.' 그 사람들이 눈이 휘둥그레져서는 대답하더군요. 그래서 다시 물어봤죠. '느낌이 어땠어요? 어떻게 생겼던가요?' 여성을 상담하면서 그때만큼 친밀하게 느낀 적은 없었어요. 그 사람들은 그 이야기를 털어놓고 싶어하지만 그럴 만한 장소나 기회가 없어요."

내 경우, 두번째 유산을 겪으며 몹시 새롭고 도무지 이해할 수 없는 온갖 감정을 이해해보려고 애쓰는 상황이 무엇보다 힘이 들었다. 나는 생판 모르는, 솔직히 사람으로 생각해본 적도 없는 누군가를 애도하고 있었다. (이유는 고사하고) 존재한 적조차 없는 사람을 어떻게 애도해야 할까?

"여자들은 이렇게 자문할 거예요. '내가 뭘 잃은 거지?'" 스완슨이 내게 말했다. "누군가는 '아무것도 아닌 것'이라 할 테고, 누군가는 '내 아이'라고 하겠죠. 무엇을 잃었고 무엇을 얻었는지 그 일을 겪는 모두가 스스로 결론을 내려야 해요."

남편과 내가 크리스마스 아침에 리틀록으로 떠날 때 어머니가 우리를 공항까지 태워줬다. 그 전날 우리는 어머니에게 유산 소식을 알렸다. 차로 막 되돌아가려던 어머니가 우리에게 손을 흔들며 명랑하게 말했다. "즐거운 시간 보내! 멤피스에서 만들어! 멤피스에서 만들면 돼!"

어머니의 사랑이 느껴졌지만 그렇다고 그 말이 큰 위안을 주지는 않았다. 오히려 몇 주 후 친구 모니카와 통화를 하다가 위안을 얻었다. 모니카는 몇 달 전 유산을 겪었지만 이를 극복한 후 다시 임신을 했다.

"한 번만 더 유산하면 포기할 거야." 모니카가 건조하게 말했다.

그때까지 누구와 대화를 하고 어떤 글을 읽건 간에 몇 번이든 임신을 다시 시도하지 않아도 된다는 말은 없었다. 아기 없는 인생에서 평화를 찾을 가능성이 들어올 공간은 없는 것 같았다. 모니카의 말을 듣고 처음으로 앞으로 몇 번 더 유산을 한다면 결국에는 아기를 갖기 위해 애쓰지 않으리라는 사실을 깨달았다.

두 차례 유산을 했던 내 전 직장 동료도 결국 현실을 받아들이기로 했다고 말했다. 자신이 아기를 가지지 못할 수도 있다는 사실과 아내와 함께 아이를 꼭 가지기로 결심했던 사실 모두 말이다. 그들은 계속 시도를 하든, 입양을 하든, 그녀의 아내가 임신할 준비가 될 때까지 기다리든 할 것이다. 친구가 유산 때문에 더이상 임신을 못하게 될 수도 있지만 그렇다고 해서 가족을 가지고 싶은 마음이 사라지지는 않을 것이다.

유산에 대해서 말하자면, 이 일에는 따라야 할 대본이 없다. 유산을 겪은 여성에게 이 일을 헤쳐나가도록 조언을 하거나 관심을 보이지 않아도 된다. 얼마나 어색하든 간에 그녀의 곁에 있어주는 걸로 충분하다. 이야기를 들어주기만 해도 괜찮다.

"우리 여자만이 할 수 있게 타고난 그 일을 하는 과정에서 겪은 감정을 우리 몸이 받아들이게 하려면 뭘 어떻게 하면 될까요?" 어느 순간 스완슨은 자기 생각을 소리 내어 짚었다. "여자는 탄생과 삶과 죽음을 위해서 만들어졌어요. 유산을 경험하면 우리는 탄생과 삶과 죽음을 한꺼번에 겪죠."

딸이 생긴 일은 내게 충격적으로 다가왔는데, 무엇보다 유산을 경험하고 몇 달이 흐른 많은 여자들이 그러듯이 나도 내 몸이 어딘가 근본적으로 결함이 있는 게 아닐까 하는 두려움과 계속해서 싸우고 있었기 때문이다. '내가 나이가 너무 많나? 아기를 너무 오래 기다렸나? 피임을 너무 오래 해서 자궁과 호르몬이 싹 바뀌어버렸나? 어쩌면 내 남편과 내가 천생연분이기는 해도 유전적으로는 재앙이나 다름없는 최악의 한 쌍일지도 몰라.' 말도 안 되는 걱정이지만 상실이라는 반쯤 왜곡된 렌즈를 통해 보면 다른 것만큼이나 말이 되게 느껴졌다.

두번째 유산 후 두 달이 지난 어느 추운 아침, 나는 어두컴컴한 침실에 서서 의사와 통화를 했다. 지난 몇 주와 마찬가지로 가벼운 혼란상태였는데 이제는 임신을 했다. 유산할 가능성이 더 높아졌을지도 모른다는 생각이 맨 먼저 들었다. 몇 주 동안의 인터넷 검색을 통해 내 경우 유산할 위험이 25퍼센트로, 한 번도 유산하지 않은 여자보다 살짝 더 높은 정도라는 사실을 알고 있었지만 이렇게 묻지 않고 배길 수 없었다.

"아마 제 대답은 듣고 싶지 않으실 겁니다. 하지만 환자분의 상태를 비정상으로 고려하지는 않아도 될 것 같아요. 적어도 이런 일, 그러니까 유산을 세 번 연속으로 겪지 않는 한은요."

"그러면 저는 이제 어떻게 해야 하죠?"

"평소처럼 지내세요. 한 달 후에 병원에 오시고요."

그는 확실하게 대답했지만 그 한 달 그리고 그후로 두 달 동안 계속해서 내가 정말 비정상일지도 모른다는 의심을 떨칠 수 없었다. 평소처럼 살려고 노력하는 만큼, 예상하지 못한 임신에 감사하고 기뻐하려고 노력하는 만큼 스트레스 때문에 다시 유산을 할지도 모른다고 불안해하고 걱정했다. 자라서 내 딸이 될 작은 존재가 들어선 지 14주가 될 때까지 기다렸다가 비로소 사람들에게 임신 소식을 알렸다. 그때조차도 여전히 겁이 났다. 그 두려움에서 언제 완전히 벗어났는지 기억나지는 않지만, 다른 사람에게 소식을 알리자 사람들이 행복해하길래 '내가 정말 임신을 했구나. 이번에는 잘되겠지' 하고 생각하게 됐다는 건 잘 알고 있다. 그 사람들에게는 희망과 믿음밖에 없는 것 같았다. 내 두려움을 서서히 녹인 것은 바로 그 따스함이었을 것이다.

우리는 역경을 받아들이라는 충고를 자주 듣는데, 우리가 거기서 교훈을 얻을지도 모른다는 이유 때문이기도 하다. 우리는 점점 그 역경을 어쩌다 우리에게 일어난 일이 아니라 우리의 일부로 받아들인다. 같은 논리를 유산에도 적용할 수 있다.

크리스틴 스완슨과 전화 통화를 하고 나서 탄생과 삶과 죽음이 여성의 몸에 동시에 존재한다는 그녀의 말이 몇 주 동안 내 머리에서 떠나지 않았다.

유산이라고 하면 내 몸을 거세게 통과하는 태고의 강줄기가 그려진다. 그 강줄기는 웅대한 힘을 품고 있는데, 그 힘에 내 상상력이 무색해질 정도다. 강물은 내 넙다리동맥과 대정맥을 통과하고, 비장과 뇌, 심장의 심실을 흐른다. 처음에는 모든 것을 집어삼키며 급류처럼 강력하다. 시간이 지나면 물줄기는 느려지지만 절대 사라지지는 않는다. 물줄기가 강바닥에 깔린 돌의 위치를 바꾸듯 내 세포를 재배열한다. 내가 더이상 그것을 보거나 느낄 수 없게 되어도 물줄기는 절대 멈추지 않는다.

유산을 경험하면서 나는 책과 인터넷에서 알려주는 것처럼 수정란이 아보카도나 땅콩호박만한 크기로 자랐을 때가 아니라 우리가 스스로를 엄마라고 선언할 때 비로소 엄마가 된다는 사실을 깨달았다. 유산 후 두 아이를 낳은 친구가 언제나 자신을 세 아이의 엄마라고 말하는데 그때마다 반박할 수가 없다. 그것이 그 친구의 인생이자 그녀의 몸이 또렷이 기억하는 현실이다.

언젠가 누군가가 유산을 하지 않았더라면 지금 이렇게 예쁜 아이를 갖지 못했을 것이라고 말을 건넸다. 그녀는 내 기운을 북돋우거나 내가 상황을 받아들이도록 돕고 싶어서 그랬을 것이다. 하지만 그런 생각은 착각이다. 그때 나는 그녀를 바라보며 그런 상실을 경험하지 않았다면 나는 지금의 내가 되지 못했을 것이라고 생각했던 일이 아직도 기억난다.

2부

당신들 두 사람

가장
잘 짠 계획도
무용지물

돌봄

Like a Mother

모유

5장

가장 잘 짠 계획도 무용지물

2013년 3월 6일 오전 9시를 갓 지났을 때, 나와 먼 사촌 격인 루나가 분만을 시작했다. 루나는 직접 만든 포근한 둥지로 들어갔다. 9시 14분부터 9시 39분까지, 루나를 에워싼 사람들은 그녀가 '간헐적으로' 내는 '고음의 부드러운 소리'를 들었다.[1] 58분 후인 오전 10시 4분, 여자친구들이 지켜보는 가운데 루나는 딸 레아를 낳았다.

루나는 콩고민주공화국의 살롱가국립공원에 사는 보노보다. 미국에서 매년 출산을 하는 400만 명 이상의 임신부도 이렇게 수월한 분만과정을 거치면 얼마나 좋을까.

우리는 침팬지와 루나 같은 보노보와 DNA가 98퍼센트 일치하므로 이들을 우리와 가장 가까운 동물 친척이라 할 수 있다. 하지만 유인원의 분만과정은 보통 두 시간이면 끝이 나는데 사람마다 다르긴 하나 초산인 경우 열여섯 시간이나 그 이상이 걸리기도 한다. 인간의 분만 시간은 다른 포유류보다 월등히 긴데다 요즘은 의학적 처치와 입원도 출산과정의 일부로 일상화되었다. (침팬지처럼 인간도 경쟁과 폭력성으로 점철되고 때로는 다른 집단과 충돌해 죽음도 발생하는 남성주도적 사회를 이루고 산다. 보노보는 좀더 평화롭고 평등하고 성적으로 자유로운 모계 중심의 문화에서 살아가기에 대체로 어미가 다른 암컷들 곁에서 출산을 한다.)

이렇게 고도로 지적이고 세심한 영장류와 굉장히 많은 양의 유전물질을 공유함에도 불구하고, 우리 인간의 신체는 몇 가지 핵심적인 부분이 영장류와 다른데, 이 부분이 출산에 엄청난 영향을 미친다. 보노보와 침팬지, 고릴라는 골반이 큰 대형 동물이다. 이들의 아기는 비교적 작은데다가 자궁에서 질을 지나 바깥세상으로 이어지는 통로도 넓고 곧게 뻗어 있어서 힘들이지 않고 빠져나온다. 아기 고릴라는 출산과정 내내 어미의 배 쪽을 바라보며 머리를 아래로 향하는 자세를 유지하고, 그렇기에 위를 보며 나온다. 반대로 인간 여성의 골반은 이쪽 엉덩이에서 저쪽 엉덩이까지가 신체에서의 폭은 가장 넓긴 하나 아래쪽은 좁고 설상가상으로 앞에서 뒤로 길쭉하다. 인간의 아기는 바깥세상으로 나오기 위해서 머리를 돌리고, 몸통을 회전시키고, 두개골과 어깨뼈를 접고, 희한하고 복잡하게 연속적으로 몸을 뒤틀며 움직여야 한다. 이것이 바로 인간 장애물 경주의 코스다. 아차, 한 가지 더! 태아의 머리는 우리의 질보다 훨씬 더 크다.

긴 세월 동안 우리 인간은 영장류 사촌과 다르게 진화해왔고 그 과정에서 골반은 더 작아졌고 머리는 더 커졌다. 이를 그저 인체 구조의 두 가지 측면으로 볼 수도 있지만 출산과정에는 엄청난 영향을 미치는 요소다. 산과적 딜레마로 부르는, 출산에 대한 이 진화 가설은 지난 몇십 년 동안 본능적이고 단순하게 진행되어야 할 것 같은 출산과정이 어떻게 그리고 왜 그렇게 복잡해졌는지 이해할 만한 틀을 제공해주었다.[2]

임신 기간 중 마지막 몇 주는 영원히 끝나지 않을 것처럼 느껴졌다. 나는 배가 툭 튀어나오고 분비물이 줄줄 새는 살 주머니였다. 치질에 걸리고 손발이 퉁퉁 부어서는 지치고 부풀어오른 몸을 이끌고 매일 천천히 조금씩 예정일로 다가갔다. 분만이 어떻게 진행될지, 이 모든 과정이 다 지나고 나면 내 삶이 어떻게 될지 상상해보려고 애쓰는 만큼 아기도 얼른 나왔으면 싶었다. 예정일이 되었지만 별일 없이 지나가자 이러다가 영원히 임신한 상태로 살아야 할지도 모른다는 생각이 들었다.

그때만 해도 예정일이라는 개념이 헛소리라는 사실을 미처 몰랐다. 아니, 최소한 예정일이 아기가 나올 수도 있는 날을 대략적으로 계산한 날짜라는 사실은 몰랐다. 미국임신협회에 따르면, 실제로는 약 5퍼센트의 아기만이 추정한 예정일에 맞춰 나온다.[3] 여기서 '추정한'이라는 부분이 핵심이다. 예정일은 태아가 자궁에서 발달하는 기간인 재태연령에 근거하는데, 그 기간은 평균적인 태아의 크기에 근거해 추정한다. (그리고 평균은 말 그대로 평균일 뿐이다. 그러므로 평균보다 크거나 작은 경우도 많다.) 게다가 재태연령은 (실제 수정 날짜를 아는 경우가 드물기 때문에) 수정이 된 날짜가 아니라 당사자가 아는 마지막 월경 주기의 첫날을 근거로 정해진다. 주기가 일정한 사람이라면 보통 마지막으로 주기가 시작된 후 11일에서 21일 사이에 수정이 된다. 이 계산에서는 평균 월경 주기를 28일로 기준으로 삼는데 사실 월경 주기는 사람마다 제각각이며 모든 사람이 주기가 일정한 것도 아니다.[4] 분명히 이 모든 일에는 수많은 추정과 근사치가 작용한다. 출산을 앞둔 임신부에게 얼추 4주 정도는 아기가 언제라도 태어날 수 있다고 말해주는 편이 솔직할 뿐만 아니라 정확도도 훨씬 더 높을 것이다.

예정일이라는 개념은 미리 계획을 세우는 기준이 되어주기 때문에 매력적이다. 하지만 한편으로 달력과 데드라인을 개의치 않아할 아기와 달리 우리는 강박적으로 단 하루에 계속 집착하게 될 수도 있다. 예정일을 더 정확하게 계산하려면 우선 무엇이 분만과정의 시작 버튼을 누르는지부터 좀더 이해해야 한다.

그렇다면 몸이 분만을 시작할 준비가 되었는지를 어떻게 알까? 우리는 모른다. 인간이 재생산을 한 지 수많은 세월이 흘렀지만 우리는 여전히 어떻게 분만이 시작되는지를 확실히 모른다. 언제 시작되는지도, 왜 시작되는지도.

모체와 태아 사이에 벌어진 신진대사의 교착상태, 즉 공급과 수요 사이의 투쟁의 결과로 진통이 시작될지도 모른다는 최근 연구결과도 있다. 어느 시점이 되면 태아는 덩치가 커지고 급격히 발달해 엄마에게서 공급받는 영양분과 에너지가 최대치에 다다른다. 태아는 여기서 배를 곯느니 자궁 밖에서 욕구를 해결하겠다고 빠져나가기로 결정한다. '임신과 성장의 에너지론 가설'이라는 이 추론을 현재 과학자들이 더 깊이 연구중이다.[5] 이 가설은 엄마가 아니라 태아가 한 어떤 행위로 분만과정이 시작되는데, 그 행위로 태반이 활성화되고 다음으로 자궁에 작용하는 호르몬이 배출된다는 내용 등의 증거로 뒷받침된다.[6] 인터넷 게시판에 올라온 온갖 조언과 달리 매운 음식 먹기, 게걸음으로 계단을 오르내리기, 피마자유 마시기, 달맞이꽃 기름이 든 캡슐을 질에 집어넣기 같은 걸 한다고 해도 당신의 아기가 태어나기로 마음먹지 않으면 분만의 시동이 순조롭게 걸릴 리 없다.

요즘은 예비 엄마에게 출산 계획을 세우고 진통과 출산을 어떻게 진행하고 싶은지 주위에 정확하게 알리라고 조언하는 출산 교육가와 관련 서적, 웹사이트가 늘고 있다. 출산 계획에는 진통제를 사용할지 말지부터 분만을 할 때 어떤 자세를 원하는지, 분만실에서 누구와 함께 있을지, 아기는 누가 받을지, 출산 후 언제 아기와 신체접촉을 할지, 태어나자마자 모유수유를 시도할지 등의 내용이 들어간다. 이렇게 미리 계획을 세움으로 귀중한 도움을 받을 수 있다. 당신에게 무엇이 중요한지를 명확하게 파악할 수 있고 미지의 대상에 대한 두려움도 어느 정도 희석되기 때문이다. 게다가 당신을 돌봐주는 사람이 뭘 지키면 좋을지 같은 구체적인 사항을 알 수 있기도 하다. 하지만 출산 계획을 너무 엄격하게 따르려고 하면 출산 그 자체, 즉 통제에 절대적으로 저항하는 행위에 오히려 정면으로 반할 수도 있다.

계획을 짜고, 이를 시각화하고, 문서로 정리하는 과정을 통해 우리가 어떤 방식의 출산을 원하는지를 널리 알리기 바란다. 여자는 원하는 방식대로 출산을 할 수도 있다. 마음대로 안 될 수도 있다. 우리가 자신의 몸이 그리고 아기가 우리의 정신만큼이나 분만의 여러 상황에 영향을 미칠 수 있다는 사실을 간과할 때 문제가 발생한다. 바로 그런 상황이 내게 일어났기 때문에 이렇게 단언할 수 있다.

나는 약물을 쓰지 않고, (중요 항목을 강조해서 깔끔하게 작성한 한 페이지짜리 출산 계획서까지 갖춰서) 의학의 개입이 없는 출산을 계획했다. 이 출산은 내가 더 선호하는 어려운 단어를 죄다 모아 놓은 것에 불과했는데 더 간결하고 일반적으로는 '자연분만'이라 부르는 출산방식이었다. 아기를 질로 밀어내든 자궁에서 바로 꺼내든 엄마 몸에서 아기가 태어나는 일은 그 자체로 자연스럽다. 제왕절개는 산모와 아기의 목숨을 모두 구할 수 있다. 선천적으로 질과 자궁격막이 특이한 내 어머니와 우리 삼 남매에게 제왕절개는 유일하게 믿을 수 있고 자연스러운 선택이었다. 자궁근종절제술을 받은 여성은 제왕절개를 하는 편이 안전하고 자연스럽다. 약물을 쓰지 않는 질식분만에 '자연'이라는 딱지를 붙이니 거짓 이진법에 빠지는 것이다.

미국의 제왕절개율은 1996년부터 2011년 사이에 극적으로 증가했다. 이 통계 자체로는 문제될 게 없지만 같은 기간에 산모나 영아 사망률은 줄어들지 않았다. 미국산부인과학회ACOG에 따르면, 이 사실로 인해 "제왕절개가 과용된다는 유의미한 우려가 증가한다".[7] 2011년 기준으로 미국에서 제왕절개율은 33퍼센트로 필요 이상으로 많이 이뤄진다는 사실이 널리 동의받고 있지만, 수많은 사람에게 제왕절개는 여전히 중요한 처치다.

임신 기간 동안 우리는 어머니로서 그리고 어머니가 되는 '옳고' '그른' 방식에 대해 상충되는 정보와 메시지를 받아들인다. 그런데 그중에서도 진통과 출산만큼 모순되고 훈계조 일색의 메시지가 쏟아지는 일은 또 없을 것이다.

한쪽에서는 푸릇푸릇한 들판을 거닐다가 강인하고 성스럽게 분만 욕조에 쪼그리고 앉는, 후광이 빛나는 나신의 여신처럼 엄마들을 그린다. 이런 이미지를 통해 이런 식의 출산이 가장 순수하고 가장 일반적인 방법이라는 의식이 고취될수록 관련 서적과 강습, 약초학, 아로마테라피 양초, 홍보용 인스타그램 계정으로 이러한 믿음을 여성에게 판매하는 산업이 등장한다. 이러한 산업은 빛바랜 듯한 푸른색 병원복을 입은 사람들에게 둘러싸여 몸에 온갖 관을 연결하고 등을 대고 누워 약물 처치를 받으며 출산하는 엄마는 열등하고 나약하다는 이미지를 은밀하게 심어주지 않으면 존립할 수 없다. 다른 한쪽에서는 위급상황이 발생하면 아기나 엄마가 죽을 수도 있는데 '왜 그런 위험을 자처하느냐'라는 메시지를 부각하여 출산이 본질적으로 위험하다는 이미지로 의료 산업이 이득을 취한다. 이런 상황은 출산에 따르는 불확실성과 중요하고 부담이 큰 결정을 내릴 때 수반되는 불안을 악용하기에 가능하다. 이러한 '약물 투여' 분만의 이미지 때문에 환자는 자신이 경솔하고 어리석은 사람보다 더 안전하고 우월하다고 인식하게 된다.

우리 여자는 출산이 인간의 몸에서 일어나는 가장 안전하고 자연스러운 과정이라고 듣는다. 하지만 태아가 자연적으로 (엉덩이나 발이 먼저 나오는) 둔위 자세로 있거나 머리 크기가 평균보다 크거나 42주를 다 채우지 않고 태어나는 경우에는 자연분만이 안전하지 않으므로 우리의 건강을 위해 수술을 받아야 한다는 말도 듣는다.

여기서 진실은 바로, 출산이 평범하고 일상적으로 일어나는 사건이지만 동시에 의학적으로 중요한 사건이라는 점이다. 출산은 동시에 여러 가지 의미를 품을 수 있다. 어떤 여자에게는 신성한 감정과 교감할 수 있는 영적인 경험이다. 어떤 여자에게는 정신적으로나 육체적으로 용기를 순수하게 발휘할 때 자신의 체력이나 성취를 온몸으로 경험하는 사건이다. 또 어떤 여자에게는 무섭고 심리적으로 대단히 파괴적인 사건이다. 게다가 아무리 순조롭고 수월하게 진행됐다 해도 출산은 육체적인 상처를 남긴다.

문화라는 측면에서 볼 때, 우리는 아기가 세상으로 나오는 과정에 한해서는 '안전'이라는 단어의 정의에 대해 어떠한 합의도 거두지 못했다. 당신은 병원과 집 중에서 어디를 더 안전하다고 느끼는가? 거실에 대여한 풍선욕조를 놓고 아기를 낳는 것과 매일 잠을 자는 침실에서 아이를 낳는 것 중 어느 쪽이 더 안전하게 느껴지는가? 아니면 곁에 간호사가 있는 침대와 살균된 수술대 중 어디를 더 선호하는가? 이 질문에 대한 대답은 제각기 다르다. '안전'은 이 모든 환경의 동의어일 것이다.

그러나 당신이 출산하는 환경이 아무리 최첨단이든 '안전'하든 간에 미국의 모성사망률이 여타 선진국 가운데 최고라는 부끄러운 현실 또한 존재한다. 괜히 겁을 주려고 하는 이야기가 아니다. 임신과 출산 중 사망하는 일은 이 나라에서 드물지만, 그렇다고 해서 보기 드문 현상인 건 아니다. 매년 700명에서 900명 정도가 분만중에 사망하며 거의 6만 5000명이 죽을 고비를 넘긴다.[8]

미국의 비영리 인터넷 언론사 프로퍼블리카의 2017년 조사에 따르면 "모든 부유한 국가와 그보다 덜 풍족한 여러 국가에서 모성사망률이 떨어졌다. 하지만 미국의 모성사망률은 2000년부터 2014년까지 증가일로를 걷고 있다".[9]

이러한 사망 사례에서 보이는 인종 간 격차는 훨씬 더 우려스럽다. 임신과 관련된 질환으로 사망하는 비율을 보면 흑인 엄마가 백인 엄마보다 서너 배 더 많이 사망한다.[10] 그리고 합병증으로 고생하고 그리 순조롭지 못한 산과적 예후를 다양하게 경험할 확률도 비백인 엄마의 경우가 대체로 더 높다.[11] 이것은 우리 중 다수가 어느 시점에서는 싸워야 할 현실이다. 우리가 평균적인 백인 산모와 다르게 생겼기 때문에 임신의 막바지와 분만 단계에서 다른 상황이 벌어질지도 모른다. 어디로 가서 어떻게 낳을지를 정하는 일이 또 다른 차원의 고민과 스트레스가 된다.

산부인과와 조산원, 가정의, 가정분만, 분만원, 병원 등 우리의 성격상의 장점이나 타고난 선, 건강을 고려하지 않고 우리는 선택을 내린다. 우리는 어떤 문화에서 태어났는지, 경제적으로 감당할 수 있는 수준인지, 어떤 의료 환경이 가장 편안한지 등을 반영해 개인적인 선택을 내릴 뿐이다. 이러한 선택이 다른 선택보다 더 좋다 혹은 나쁘다는 식으로 접근하는 대신, 가능한 한 다가가기 쉽고, 편안하고, 안전한 선택을 내릴 수 있도록 최선을 다해야만 한다.

아기를 낳는 행위는 아름답지만 예쁘지는 않다. 그 과정은 소름끼치면서도 동시에 삶을 긍정하고 영예로우면서도 지독하다. 아기를 낳으려면 당신은 육체적으로나 감정적으로나 몸을 열고 찢어야 하며 그 갈라지고 찢어진 틈으로 스미는 죽음의 향기를 감내해야 한다. 그 과정은 어떤 형태든 얼마나 오래 걸리든, 결국 환희로 가는 길이기도 하다.

미국문화는 삶과 죽음 사이의 부정할 수 없는 이 관련성을 모른 척하려 하지만, 이는 결코 새로운 개념이 아니다. 정통파 유대인은 출산을 하고 나면 구사일생으로 살아남았을 때와 똑같은 감사 기도를 암송한다. 힌두 여신 두르가는 우주의 신성한 어머니로 숭배받는데 이 여신은 삶을 창조하는 힘과 파괴하는 힘을 모두 가진다. 고대 이집트인은 생식력을 갖춘 풍만한 여성의 몸매에 흉포한 악어와 하마가 결합된 여신 타와레트를 숭배했다. 타와레트는 출산중인 여자를 보호했는데 이 여신은 이집트 산파가 분만을 도울 때 사용했던 기구에 하마의 엄니로 만든 지팡이를 든 모습으로 새겨져 있었다. 그리고 인류의 역사를 통틀어 새로운 생명을 이 세상으로 인도하는 산파가 이 세상을 떠나는 사람과 시신을 돌보는 경우도 흔했다.

앞이 보이지 않는 불확실한 상황 속에서도 나는 두려움 없이 아이를 낳을 준비를 했다. 무슨 일이 일어날지는 몰랐지만 만반의 준비를 갖췄고 내가 원하는 방식으로 출산할 수 있다는 자신감에 차 있었다. 그러다 내 몸과 딸의 계획은 다르다는 사실을 알게 되었다. 그들은 나를 또다른 차원의 두려움과 위험이 도사리고 있는 암흑 속으로 데려간다는 계획을 세웠다. 결국 받을 생각이 없었던 수술을 감사히 받는 처지가 되었다. 이런 것을 모른 채 넘어가고 싶었지만 나에겐 선택의 여지가 없었다.

• • •

예정일로부터 닷새가 지난 날 오후 8시경 진통이 시작되었다. 소파에 앉아 〈먼데이 나이트 풋볼〉을 보고 있는데 슬며시 배가 당겼다. 진통이 장기전으로 진행될 수도 있다는 걸 알았기에 일단 침대로 가서 쉬기로 했다. 경련이 10분마다 찾아오며 점점 강도가 심해져서 거의 잠을 이루지 못했다. 통증은 심하지 않아서 약 30초 동안은 몸을 쥐어짜듯 아팠지만 통증이 지나갈 때까지 아직 편하게 숨을 쉴 수 있었다. 통증은 밤새 이어지다가 동틀 무렵 갑자기 사라졌다.

아침이 되자 밤새 쿨쿨 잘 자던 남편에게 통증에 대해 이야기를 했다. 이게 진통일까? 진통이 아닐 리가 없잖아, 그렇지? 근데 진통이라면 왜 멈춘 걸까? 출산할 병원의 분만 병동으로 전화를 걸어 문의하니 간호사가 상황을 확인해야 하니 병원으로 오라고 했다.

병원에서 우리는 양쪽에 조잡한 커튼이 쳐진 비좁은 공간에서 한 시간 넘게 앉아 있었다. 더이상 진통이 느껴지지 않아서 슬슬 괜히 왔나 싶어졌다. 마침내 수련의 두 명이 나를 진료하러 왔다. 그들은 내게 많은 질문을 하지 않았는데 그들에겐 내가 병원까지 오게 된 특이한 증상보다는 그 순간 무슨 일이 벌어지고 있는지가 중요했다.

"지금은 환자분의 자궁경관이 만져지지도 않아요." 시커먼 수염을 덥수룩하게 기른 수련의가 장갑 낀 손가락을 내 질로 집어넣더니 이렇게 말했다. "지금은 진통이 아닙니다. 오늘은 이 아기를 낳을 방법이 없어요. 집으로 가셔도 됩니다."

수련의들이 히스테리를 일으킨 초보 산모라며 나를 비웃지나 않는지 민망해하면서 실망과 당혹감에 휩싸여 집으로 돌아가다가 차 안에서 울음을 터트렸다. 남편은 나를 보더니 아무렇지도 않게 이렇게 말했다. "당신은 이번이 처음이잖아. 그러니 어떻게 알겠어?"

그날 밤 9시가 되자 진통이 다시 시작됐다. 10분 간격으로 찾아왔고 점점 그전보다 더 강해졌다. 이 밤은 달랐다. 진통이 올 때마다 양손을 벽에 대고 허리를 구부린 채 천천히 숨을 쉬었다. 이런 식으로 해도 별 도움이 안 될 때면 당나귀처럼 조용히 흐느꼈다. 그때까지는 한 번도 그렇게 운 적이 없었기에 내가 내는 소리를 듣고 깜짝 놀랐다. 진통이 잦아들면 침대에 널브러져 반쯤 졸다가 다시 진통이 시작되면 잠에서 깼다. 자리에서 일어나서 벽으로 가서 똑같은 과정을 처음부터 반복했다. 일어서서 몸을 숙이고 울고 다시 드러눕는 동작만으로 몇 시간이 속절없이 흘렀다. 그 시간 동안 별 상관도 없는 생각을 했다. 나는 그저 내 몸이 하라는 대로 따랐다.

동이 틀 무렵 진통이 다시 멎었다. 수요일 아침이었고 공식적으로 임신 41주가 되었다.

그날 아침 예약을 해뒀던, 아기를 받아줄 우리의 가정의를 만나러 갔다. 몇 주 전 예약을 잡으면서 '예정일 전이나 그날에 맞춰서 아기가 태어난다면 예약도 필요 없을 텐데' 하고 생각했던 기억이 났다. 의사 선생님은 나를 검진하더니 자궁경관이 3센티미터 열렸다고 했다.

나는 안심이 되었다. 그 진통을 고스란히 견뎌낸 보람이 있었구나! 속도가 더디기는 해도 뭔가가 진행되고 있었으니, 내 몸은 적어도 제 일을 하는 중이었다. 본격적인 진통이 곧 시작될 것이었다. 집으로 돌아가며 희망으로 부풀어올랐다. 이나 메이 개스킨이 쓴 『영적인 산파술*Spiritual Midwifery*』이나 그녀의 다른 책에서 읽었던 것처럼 내 몸을 신뢰하고, 생명의 탄생을 신뢰하자고 다시 한번 되뇌었다.

출산을 하고 몇 주 후, 몇 시간 동안 잠도 안 자고 인터넷 검색을 한 끝에 내가 겪은 증상에 이름이 있다는 걸 알게 되었다. 그 증상은 전구진통이었다. 전구진통은 연옥과 같다. 물론 천국보다는 지옥에 확실히 가깝다. 이 진통은 가진통이라고도 부르는데, 이것도 엄연한 진통이고 진통기로 완전히 접어들기 전에 발생한다. 태아가 머리를 아래로 하고 엄마의 등을 본 자세(이상적인 자세)가 아니라 둔위나 후방 후두위 자세(머리가 아래를 향한 채 엄마의 배를 보고 있는 자세)일 때 자주 일어난다. 규칙적이지만 자궁경관이 완전히 열리거나 태아를 산도로 밀어낼 정도로 충분하지 않은 전구진통의 진통은 엄마의 몸이 출산할 수 있도록 태아가 자세를 바꾸려는 과정에서 발생한다는 사실을 이런 증상을 통해 알 수 있다.

출산을 하기 전, 초산인 엄마라면 누구나 이 점을 가장 궁금해하지 않을까 싶다. "진통은 어떤 느낌인가?" 내 경우, 출산과정 중에서 자궁수축 통증이 가장 무섭고도 매혹적인 부분이었다. 하지만 아무리 궁금해한들 직접 그 통증을 경험하기 전에는 그 감각을 도저히 이해할 수 없다. 되돌아보면 내 자궁과 자궁수축의 목적, 그리고 힘을 이해하는 데 더 많은 시간을 쏟았으면 어땠을까 하는 아쉬움이 남는다.

여성에게만 유일하게 있는 장기인 자궁은 태아의 집이기도 하지만 태아와 함께 성장하기도 한다. 평범하고 건강한 자궁의 경우 길이는 8센티미터가량이고 폭은 5센티미터 정도로 작다. 하지만 임신 기간 동안 계속 자란다. 인터넷에서 가장 자주 접하는 임신 관련 자료를 보면 자궁을 과일에 비유하는 걸 좋아하는데, 자궁은 골반 깊숙이 들어앉은 대략 오렌지만한 크기였다가 끝에 가서는 수박만하게 자라 흉곽까지 닿아 위와 폐 같은 장기를 밀어올린다. 자궁은 크기만 놀라운 게 아니라 체적도 대단하다. 임신이 된 자궁은 원래 체적의 450배가 넘게 커진다. 건강한 자궁의 체적은 대체로 100밀리리터가 안 되지만 임신 20주가 되면 1000밀리리터에 달하고 40주에는 4500밀리리터가 된다.[12]

자궁내벽인 자궁내막은 배아가 착상하고 태반이 자라는 곳으로 혈관이 자리한 점성질의 막이다. 자궁을 둘러싸고 있는 부드러운 근육은 자궁근층으로, 이것은 차분하고 비교적 정적된 독립체였다가 지칠 줄 모르고 힘에 넘치는 짐말처럼 변한다. 혈압처럼 자궁수축도 몬테비데오 단위라고 부르는 수은주밀리미터mmHg로 측정한다.

80mmHg면 수축이 '강하게' 왔다고 여겨지는데, 이 압력은 태아의 머리 6.5제곱센티미터당 0.6킬로그램의 압력이 가해지는 것과 동일하다. 수축시 압력은 110mmHg 혹은 6.5제곱센티미터당 0.96킬로그램까지 올라가는데 때로는 더 높을 수도 있다.

그 정도의 힘이 우선 태아의 머리와 몸을 질 쪽으로 밀어내고, 자궁경관을 얇게 만들어 확장시키고, 경이롭게도 태아에게 제 피를 수혈한다.

임신 기간을 꽉 채운 태반은 태아의 혈액을 대략 170그램 품고 있는데, 이 정도면 신생아 전체 혈액량의 절반에 달한다. 아기가 엄마 몸밖으로 나오려면 제 몸 안에 그 혈액이 필요하다. 그렇다면 그 혈액은 어떻게 분만되는 시점에 맞춰서 태아의 몸으로 들어갈까? 이는 전지전능한 자궁과 자궁의 수축작용 덕인데, 자궁이 수축해 태반을 쥐어짜면 혈액이 탯줄의 혈관을 통해 태아에게 들어간다. 자궁이 자기와 붙어 있는 태반에 서서히 압력을 가하면 태반이 점점 오그라들고 태아 체내의 혈액이 점점 증가해 태아는 엄마 몸밖으로 나와 첫 숨을 쉬고 첫울음을 터트리지 않으면 안 되는 상황에 처한다.[13] 우리가 견뎌내야 하는 몇 시간 혹은 때로는 며칠간 이어지는 수축작용은 고통을 유발하는 것 이상으로 대단한 일을 한다.

전구진통 셋째 날, 나는 다음 전투를 준비했다. 어김없이 밤 9시가 되자 다시 수축이 시작되었다. 이번에는 대략 5분 간격이었다. 나는 기진맥진했고 이번 진통은 전날 밤보다 훨씬 버티기 힘들었다. 진통이 왔다 가면 요의가 느껴졌는데, 매번 변기에 앉으면 소량의 소변이 내 몸에서 흘러나왔다. 나는 이 증세를 대수롭지 않게 여겼다. 분만중에 자신도 모르게 대변을 보는 경우가 드물지 않다는 걸 알았기 때문에 소변을 보는 경우도 많겠거니 했을 뿐이다.

새벽 4시 반경 소변을 보려고 침대에서 일어나 화장실로 갔다. 화장실의 불을 켜는 순간 갑자기 울렁거려 얼른 변기에 대고 속을 게워냈다. 내가 토하는 동안 뜨끈한 물줄기가 질에서 터져나와 허벅지를 적시고 욕실 매트로 그대로 쏟아졌다. 나는 씩 웃으며 변기로 몸을 숙여 다시 토했다. 기쁨이 흘러넘쳤다. 마침내 진짜 뭔가가 시작되겠다는 생각이 들었다.

"방금 양수가 터졌어!" 내가 소리쳤다.

몇 시간 후, 병원에 도착해서는 내 몸에서 쏟아진 액체가 양수인지 확인하는 검사부터 했다. 몇 분 후 간호사가 커튼 뒤에서 나오더니 내 몸에서 흐른 액체가 양수가 아니라고 했다.

"뭐라고요, 그건 양수였어요." 내가 간호사에게 말했다. '이 사람 간호사 맞아?'

"저는 제 몸을 믿어요. 제 몸이 오늘 나를 엿 먹일 리가 없어요. 그러니 당신도 그러지 말아요." 그 간호사에게 이렇게 소리치고 싶었다.

"양수가 아니면 뭐겠어요?"

그들은 양수가 얼마나 있는지를 확인하기 위해 초음파 기계를 끌고 왔다. 간호사는 검사를 시작하기 전에 화장실로 가서 '방광을 비우고' 오라고 했다. 화장실에 가서 소량의 소변을 보고 돌아왔다.

병원 침대에 눕자 간호사가 초음파 탐침자를 내 아랫배 위로 가져갔다. 갑자기 간호사가 손을 멈추더니 "방금 방광을 비우고 오시라고 한 건 소변을 보고 오시라는 거였어요. 알아들으셨나요?"라고 말했다. 그녀는 좋게 이야기했다고 생각하지만 그때는 나를 바보 취급하는 말로만 들렸다.

"그럼요, 알아들었죠. 소변 보고 왔어요."

"확실해요?"

"그럼요, 확실하죠" 하고 쏘아붙였다.

분명 뭔가가 잘못되었다.

"화면의 이 부분을 좀 보세요." 간호사가 내게 어떤 부분을 가리키며 말했다. "이게 환자분의 방광인데 여기가 물로 가득하죠."

또다른 간호사가 호출을 받고 와서 화면을 보더니 아기가 내 방광을 막고 있는 것 같다고 했다. 내가 겪은 '물이 터진 현상'은 내 몸에 갇혀 있다가 구토를 하는 힘에 밀려나온 소변이었다.

내 몸에서 무슨 일이 벌어지는지 알아내려면 카테터를 꽂는 수밖에 없었다. 내가 동의하자 그들은 작은 호수를 채울 만큼의 소변을 내 몸에서 뽑아냈다. 소변이 변기를 가득 채우는 모습을 보자 마음이 놓였다.

처치가 다 끝난 후 집에 가도 되느냐고 물었다. 수련의가 나를 보더니 웃었다.

"아뇨. 방금 소변을 뺐다고 해서 문제가 해결된 건 아녜요. 아기가 계속 거길 가로막고 있거든요."

다른 사람처럼 나도 내가 원하는 것보다 내 몸과 더 복잡한 관계를 맺고 살아간다. 그 사실에 감사하고 때로는 경의를 보내기도 하지만 내 몸이 항상 좋은 것은 아니다. 앓아눕거나 다쳤을 때, 심지어 내 몸이 말없이 제 기능을 하며 꾸준하게 자가치유를 할 때도 내 몸이 나를 저버렸다는 생각이 종종 든다.

임신 그리고 진통과 출산을 준비하면서 내 몸에 경외심을 품게 되었다. 분명 피곤에 지쳐 있었지만 한편으로는 말 그대로 생명력으로 약동하고 불룩 나오는 몸이기도 했다. 태아가 발을 차고, 딸꾹질을 하고, 몸을 돌리고, 굴리니까 말이다. 하지만 궁극적으로 이 몸이 누구를 위해 기능하는지에 대한 의문이 항상 좀처럼 사라지지 않았다. 모체와 태아는 서로 이어져 있으면서도 둘은 또한 자기 욕구를 추구하기도 한다. 임신 41주에 다다라서야 문득 '내 몸이 내 아기를 위해 나를 배신하지 않을까' 하는 의심이 들었다. 내 몸이 선택을 해야만 한다면 몸을 속여서 내 편에 서게 할 수 있을까?

내 아기는 내 몸에서 나오기 위해 사정없이 내 몸을 파괴하고 있었다. 말 그대로 내가 가장 기본적인 기능을 수행할 수 없도록 나를 방해했다. 내가 소변도 편하게 보게 내버려두지 않는데, 세상 밖으로 나오기 위해 뭔가를 가로막고, 기어가고, 끌고 가고, 잡아 뜯지 않으리라는 법도 없지 않겠는가?

우리는 담당의가 오기를 기다렸다. 그는 나를 집으로 돌려보낼 수 없다고 설명했다. 예정일이 훌쩍 지났고 혼자서 소변도 볼 수 없는 상태였다. 그게 문제였다. 집으로 가고 싶다면 카테터를 몸에 꽂고 오줌 주머니를 달고 가야 했다. 담당의는 입원해서 유도분만을 시작해야 한다고 했다.

나는 눈물 젖은 눈으로 남편을 바라보았다. 당장 그 자리에서 입원을 해야 한다는 생각도, 애초에 예정해두었던 출산 계획을 모두 허사로 만들어야 한다는 생각도 받아들일 수 없었다. 그래서 내 선조의 자랑스러운 전통을 소환했다. 나보다 먼저 왔던 내 가족 중 수많은 필리핀 여자들처럼 나도 흥정을 했다. 시장 상인과 망고 1킬로그램이나 가방의 가격을 놓고 흥정한 게 아니라 내 몸의 자주성을 되찾을 최고의 거래를 위해 흥정을 했다.

몇 시간만 집에 다녀오면 어떻겠느냐고 제안을 했다. 카테터는 빼고 말이다. 출산 준비물을 챙기고, 산책을 하고, 의료진의 도움 없이 출산하게끔 아기에게 마지막 기회를 줘보겠다. 안 되면 그날 밤 병원으로 돌아와 유도분만을 하겠다. 의사는 동의했다.

병원 문을 걸어나오자 그 순간 자유로워진 기분이 들었다. 우리는 병원 주변을 돌고 전에 살던 아파트며 당시 쇼핑을 했던 트레이더 조를 지나 몇 블록을 걸었다. 누군가가 장을 보고 일상적인 일을 처리하는 모습을 보니 낯설었다. 그때 내가 이미 다른 세계에 있다는 사실을 깨달았다. 그저 몇 분 동안 이 세계를 방문한 것이라고 말이다.

우리는 차를 타고 집에 돌아갔다. 나는 화장실 변기 앞에 앉아 입 안으로 손가락을 집어넣어 헛구역질을 해서 소변을 보려고 애썼다.

나는 병원에 가져 갈 가방을 쌌다. 집으로 돌아올 때 아기에게 입히려고 골라둔 작은 갈색 우주복과 밤색 바지, 녹색 플리스 겉옷을 챙겼다. 아직 남자애인지 여자애인지 몰랐기 때문에 귀여우면서도 중성적인 옷으로 골랐다. 둘라인 세이지에게 문자를 보내 나중에 병원에서 만나자고 약속을 잡았다. 그리고 욕조에 뜨거운 물을 받고 절친한 여자친구들에게 내가 앞둔 상황에 대해 상세하게 긴 문자로 적어 보냈다. "건너편에서 만나자." 엄지손가락을 놀려 글자를 입력하며 푸른 말풍선에 든 글이 그 친구들의 화면에 도착하도록 전송을 했다.

그런 후 욕조로 들어가 눈을 감고 둥둥 떠내려갔다. 앞으로 꼬박 하루 동안 수십 명의 간호사와 의사에게 둘러싸이겠지만, 그 순간만큼은 모든 것과 모두로부터 멀어져 내 내면 깊은 곳으로 들어가 혼자 머물렀다.

• • •

출산 계획을 세울 때 병원에 입원하면 정맥카테터를 하지 말아달라고 요청을 했다. 사실 정맥카테터는 병원의 방침이었기에 의사는 떨떠름해하면서 차트에 내 요구사항을 기입했다. 입원 수속을 밟고 병실로 들어간 후 천연호르몬 옥시토신을 합성한 약물인 피토신을 분만촉진제로 맞았다. 약은 내 손목에 막 놓은 정맥 주사로 주입되었다. 내 분만과정은 지금껏 내가 싸웠던 바로 그 대상의 힘을 빌려 시작되었다.

나는 통계에 익숙했는데 (통계에 따르면) 유도분만을 하는 산모보다 경막외마취제와 제왕절개처럼 의학적 처치를 받는 산모의 비율이 더 높다. 유도분만에 동의하면 결국 내가 원하지 않았던 의학적 처치를 모두 받을까봐 겁이 났다. 온갖 관과 카테터, 바늘과 링거를 달 테고, 나와 내 몸만 있는 게 아니라 내 몸이 관을 달고 온갖 기계에 묶이게 될 터였다.

내 몸은 피토신이 잘 들었다. 한 시간도 되지 않아 강력한 진통이 짧은 주기로 찾아왔다. 나는 그 통증에 준비가 되어 있었다. 나는 내 리듬을 찾았다. 내 목에서 흘러나오는 낮은 신음에 더이상 놀라지도 않았다. 그 소리는 나만의 언어였다. 여전히 구역질을 해야만 소변을 볼 수 있었지만 처음 몇 시간 동안은 욕조에서 진통할 수 있도록 용케 카테터를 거부하며 버틸 수 있었다.

남편과 내 둘라 세이지가 곁에서 말을 걸어주고 진통이 시작되자 등에 물을 끼얹어주었다는 걸 안다. 그 사실을 증명할 사진들이 있기 때문이다. 하지만 기억은 전혀 나지 않는다. 남편 말로는 나는

"그곳에 없었다". 나는 내 몸안에 있었지만 전과는 완전히 다르게 존재했다. 나는 저 아래 빛도 없는 곳에 있는 것 같았다. 내 아기도 거기 있었지만 내 손이 닿지 않는 어딘가에 있었다. 내 머리, 그러니까 내 의식도 완전히 다른 곳에 있었지만 그게 어딘지 찾으려는 시도는 쓸모없다는 것을 알았다.

약 두 시간 후 자궁문이 5센티미터까지 열렸다. 내가 강인한 사람인 것 같고 뭔가를 성취한 것 같아 기분이 무척 좋았다. 곧 자궁문이 완전히 열릴 것이라고, 계획했듯이 이 아기를 쑥 밀어낼 수 있을 것이라고 확신했다. 그러나 또 두 시간이 흘렀다. 한 번에 2분씩 1분이 조금 넘는 간격을 두고 쉴새없이 자궁수축이 밀려들었지만 여전히 자궁문은 5센티미터 단계였다. 새벽 두세시경 수련의가 왔는데 운 나쁘게도 그녀는 경막외마취제를 맞아야 할 것 같다고 내게 알리는 일을 떠맡았다. 나는 잠자코 그녀를 빤히 보다가 고개를 돌려버렸고 그후로 다시 보지 못했다.

말을 할 수는 없었지만 온갖 생각이 다 났다. '이 상태로 얼마나 계속할 수 있을지 모르겠어. 하지만 그게 중요한 게 아니잖아? 한 시간 더, 하루 더 해야 한다면 어쩌지? 답을 알고 싶어.'

잠시 후 담당의가 병실에 왔으나 나는 밀려왔다 밀려가는 진통의 파도를 타느라 너무 경황이 없었고, 남편에게 매달려 소리를 지르느라 이야기를 나눌 수가 없었다. 몇 차례 그를 돌아보며 할말이 있다고 생각은 했지만 끝내 말을 하지 못했다. 더 많은 생각이 나를 훌러 지나갔다.

'시간은 어떻게 지나가지? 애초에 시간은 왜 있는 걸까? 시간이 정말 존재는 할까? 시간이라는 건 그저 내 몸처럼 계속 팽창해 인식할 수 있는 지점을 지나쳐 완전히 다른 것이 되는 순간들일 거야.'

마침내 진통이 끝나고 다음 진통까지 남은 약 1분 동안 담당의의 얼굴에 초점을 맞출 수 있었기에 그와 잠시 이야기를 나누었다. 그는 그 병실에 두 시간 가까이 있었다. 그는 내게 아주 잘하고 있다고, 계속 지켜봤다고 말해주었다. 하지만 여전히 자궁문은 5센티미터에 머무르고 있었다. 그는 경막외마취제를 맞아보자며 내가 원했던 질식분만을 하려면 약을 맞고 쉬는 수밖에 없다고 상냥하게 말했다.

"쉴 수 있습니다. 쉬고 나면 힘을 줄 수 있어요."

나는 그러자고 했다. 아침 6시경 마취과 의사가 와서 경막외마취제를 놓아주었다. 그 의사는 척추카테터인 가느다란 관을 내 척추 사이에 끼웠지만 그 과정이 거의 기억나지 않는다. 다만 그 관이 점점 더 내 안으로 파고들어가면서, 아마도 내 척추에 난 구멍만큼 작을 구멍으로 들어가면서 몹시 차가워서 화들짝 놀란 기억만 날 뿐이다.

기진맥진한 채 누워서 뭔가를 제대로 느낄 새도 없이 몇 시간 동안 잠이 들었다. 내 지원군들도 눈을 붙였다. 잠에서 깨어나자 세번째 간호사 팀이 내 곁을 지켰다. 그들이 다시 피토신을 주사했고 다시 진통이 찾아왔다. 새로 꽂은 자궁카테터를 판독한 결과 진통이 셀 거라고 했다. 하지만 아무것도 느끼지 못했다.

몇 시간 후, 세 시간인지 네 시간인지 누가 알겠는가, 아무튼 의료진이 내 상태를 확인했다. 6센티미터. 진전이 있었지만 크지 않았다. 다시 세 시간이 흘렀고 다시 검사를 했다. 여전히 6센티미터였다.

이른 저녁 새로운 상황이 벌어졌다. 절대 일어나지 않았으면 했던 일이었다. 체온이 오르더니 백혈구 수치가 치솟았다. 그때까지도 여전히 카테터로 비워지던 내 방광에서 감염이 일어났다.

담당의는 잠시 감염진단을 미룰 거라고 했다. 체온이 떨어지지 않고 감염이 계속 진행된다면 출산과정이 너무 위험해질 것이라고도 했다. 나는 수술을 받아야 할 것이고 아기는 분만 후 나와 함께 병실로 돌아오지 못할 터였다. 아기는 신생아실로 보내질 것이다.

분만. 그 부분을 잊고 있었다. 그것이 최종 목적이자 심지어 가능성에 불과하다는 사실을 모두 잊고 있었다.

의사가 "다른 선택지를 고민해보고 싶어질 수도 있는 시간이 가까워졌어요"라고 했을 때 무슨 말인지 잘 알아들었다. 그가 마음을 정할 시간을 주리라는 것도 잘 알았다. 몇 분만 남편과 단둘이 있게 해달라고 했다. 잠시 후 병실에서 사람들이 다 나가자 남편에게 말했다. "제왕절개를 하자."

그는 눈물이 그렁그렁해서는 나를 바라보며 말했다. "마음을 정한 거야? 당신이 얼마나 자연분만으로 아기를 낳고 싶어했는지 잘 알아. 당신이 할 수 있다는 것도 알아."

남편은 내가 그에게 부탁했던 대로 해주었다. 내가 무엇을 원하는지, 스스로에게 책임질 수 있도록 행동하라고 나를 일깨웠다. 남편의 말에 나도 마음이 아팠다. 그러나 남편은 짐작도 못했겠지만 내가 이미 다른 사람이 되었다는 사실을 무의식적으로 깨달았다. 아직 아기를 낳지 않았고 공식적으로 엄마가 되기 전이었지만 진통은 이미 나를 바꿔놓았다.

애초에 왜 자연분만을 그렇게 간절하게 원했던 걸까? 무엇보다 내 몸이 자연분만을 할 수 있는 몸이라고 믿었기 때문이다. 나는 그저 내 몸이 무엇을 할 수 있는지 내 눈으로 확인하고, 경험하고 싶었다.

하지만 다른 이유도 있었다. 출산 관련 강의를 들으면서 내 신념이 더욱 강화되었기 때문이기도 했다. 절친한 친구들이 자연분만을 했기 때문이기도 했다. 그리고 생물학과 신체 고어물을 좋아하는 괴짜다보니 인간 그리고 질의 미생물군집에 흠뻑 빠져 있었기 때문이기도 했다. 우리 몸의 미생물군집은 거의 모든 신체 부위에 서식하는데 당신의 몸에서만 사는 박테리아가 수조 개에 이른다.

사람의 창자에는 은하계의 별보다 더 많은 미생물이 살고 있다. 미생물의 수는 우리 몸의 세포수를 훌쩍 뛰어넘을 뿐 아니라 우리 몸 곳곳에 서식하며 재생산에서 핵심적인 역할을 한다. 태반의 기원은 바이러스까지 거슬러올라갈 수 있다. 미생물은 인류보다 말 그대로 수십억 년 앞서 지구에 출현해 우리와 함께 진화해왔다.

19세기 후반, 특정한 박테리아와 세균이 관계된 여러 질병이 퍼진 후 미생물은 질병과 불결, 죽음의 상징 같은 존재로 뒤바뀌었다. 위험한 병원균은 미생물의 삶에서 미세한 단편에 지나지 않으나 이들의 악명은 오늘날까지 지속되고 있다. 우리의 사회는 여전히 세균을 몹시 두려워하지만, 임신을 하고 엄마가 되면 그런 인식이 변화하기 시작한다.

자연분만과정에서 아기는 산도를 내려오면서 엄마의 질에 서식하는 미생물군집과 처음으로 만난다. 이때 이 미생물군집은 감염증과 싸우는 힘을 키워주고, 면역체계를 훈련시키며 음식을 소화시키는 데도 유용한 박테리아의 독특한 조합이다.

"질은 장갑처럼 매우 유연하게 신생아의 피부를 빠짐없이 뒤덮으며 이곳을 통과하는 아기의 부드러운 피부를 꼭 감싼다. 그 포옹으로 미생물이 엄마에게서 아기에게로 이동한다." 마틴 블레이저 박사는 『인간은 왜 세균과 공존해야 하는가』라는 저서에서 꽤나 시적인 문체로 이렇게 썼다. "아기의 피부는 스펀지 같아서 질을 쓸고 지나가면서 그곳의 미생물을 받아들인다…… 아기가 처음으로 빨아들이는 체액에는 약간의 대변을 포함해 엄마의 미생물도 있다. 분만은 살균상태로 이뤄지는 과정이 아니다."[14]

자연분만으로 태어난 신생아의 미생물군집은 엄마의 질 내 미생물군집과 매우 흡사하다. 오랫동안 대다수 여성의 질 내 미생물군집에서 가장 두드러지는 종으로 젖산균이 꼽혔다. 그러나 더 최근의 연구를 살펴보면 민족에 상관없이 질 내 미생물군집은 엄청나게 다양하다. 연구에 따르면, 제왕절개로 태어난 아기가 천식과 알레르기 같은 여러 건강 문제를 겪을 가능성이 더 높은데, 이는 자연분만으로 태어난 아기처럼 미생물에 노출되지 않았기 때문이다.[15]

어렸을 때부터 질은 더럽고 항상 신경을 써야 한다고 배웠는데, 내 질의 끈적거리는 물질이 아기의 건강을 위해 중요할지도 모른다는 사실이 무척 마음에 들었다. (할 수 있다는 사실을 미리 알았다면 나도 다른 엄마처럼 내 질을 솜으로 닦아 아기의 얼굴에 문질러서 처음으로 미생물을 받아들일 수 있게 해달라고 요청했을 것이다.)

하지만 미생물에 대한 이 모든 이야기가 아무리 근사하게 들린다고 한들, 나흘 내내 산고에 시달린 나는 모든 것을 놓아버렸다. 내 방광 속 미생물을 내 질 내 미생물보다 우선할 수밖에 없었다. 살아남아 아기를 안아보는 일 외에는 아무것도 필요하지 않았다.

결정을 내리자 몇 분도 안 돼 수술실로 옮겨졌다. 아무것도 느껴지지 않았다. 그런데도 나의 감각은 초과근무를 하는 중이었다. 고무장갑과 금속제 기구의 소리며 희미한 소독제 냄새, 바짝 말라 아무것도 느껴지지 않는 입안, 서로가 서로의 빛을 덮으려는 듯 과하게 밝은 조명. 딸을 보기도 전에 딸의 울음소리부터 들렸다. 아기는 내 안에서부터 비명을 지르는 것 같았다. 내가 아기를 만지기 전에 적어도 네 명이 아기를 먼저 만졌다. 이건 잘못되었다 싶었지만 어차피 그 상황 어디에도 올바른 구석은 없었다.

모든 상황이 순조롭게 진행될 때는 자기 몸을 쉽게 찬양할 수 있다. 그렇지만 상황이 여의치 않거나 상상한 대로 흘러가지 않을 때는 그러기가 훨씬 어렵다. 내 몸이 나를 어떤 식으로 실망시켰는지 뒤돌아볼 수 있었다. 그리고 몇 번씩이나 그렇게 했다. 그러나 과거를 되짚어볼 때마다 이러지도 저러지도 못하는 상황이 무엇보다도 끔찍했다. 내 몸을 미워해봤자 결국 시간 낭비다. 어느 순간이 되자 오로지 살아남기 위해 내 몸이 제대로 했던 일에, 나를 대신해서 잘 해주었던 일에 집중하기로 마음을 먹었다.

내 몸은 스스로 자연분만을 준비하며 릴랙신 호르몬(세상에서 가장 완벽한 이름이 붙은 물질)을 분비해 치골의 배열을 느슨하게 해 분만중에 골반이 벌어지도록 했다. 릴랙신은 그리 정교한 호르몬이 아니라서 특정 뼈만 겨냥하지 못하고 온몸에 작용을 한다. 임신 기간 동안 양손과 손목 뼈가 벌어지고 거기에 체액이 들어차 신경을 압박하는 바람에 손가락이 계속 얼얼했다. 몇 달 동안 감각이 없는 손으로 서빙 일을 했다. 발은 반 사이즈나 커졌고 원래의 크기로 끝내 돌아오지 않았다. 다시는 못 신겠지만 차마 버리지도 못하고 신발장에 모셔둔 갈색 가죽부츠를 거의 매일 아침 지나칠 때면 내 몸이 무슨 일을 했는지가 떠오른다.

25년 이상 매주 매달 월경 주기에 따라 부드러워졌다가 단단해지고, 높이 올라가거나 아래로 내려오고, 열리고 닫히는 식으로 형태를 바꿔온 내 자궁을 생각한다. 콜라겐으로 만들어진 자궁은 임신 초기에는 콜라겐 생산을 늘리고 단백질을 더 압축했다. 그리고 크기를 불려나가고 점점 튼튼해져 내 안에서 성장하는 녀석을 보호하도록 제자리에 단단하게 자리를 잡았다. 임신이 막바지에 다다르자, 자궁은 자기 자신을 튼튼하게 만들어주었던 콜라겐을 분해해 근육을 부드럽게 만드는 효소를 분비했다. 자궁은 내 아기가 지나가게끔 문이 열리도록 다공성으로 변하고 물로 채워져 더 부드러운, 원숙한 상태가 되었다. 자궁이 완전히 열리지 않고 삼분의 이 정도 벌어졌지만 아무것도 아닌 건 아니었다. 출산을 하자마자 자궁은 콜라겐을 다시 축적해 나의 가장 취약하고 영향력 있는 공간을 지키는 문지기로 되돌아가 재정비를 시작했다.

상황이 순조롭지 않을 때야말로, 우리의 몸을, 우리 자신을 더 잘 이해하고 더 관대하게 대해야 하지 않을까? 그때가 우리의 몸이 우리를 위해 어떤 일을 했는지를 이해하고 우리 몸을 제대로 평가할 가장 중요한 시간이 아닐까? 그렇게 할 수 없다면 상황을 받아들이고 앞으로 나아갈 수 있을까? 받아들이는 마음가짐이 하루아침에 생기지 않을 수도, 영원히 생기지 않을지도 모른다. 하지만 내게는 그런 시도를 하는 과정이 무척 중요하다.

• • •

내 배를 봉합하기 직전, 그날 처음 만났지만 느닷없이 내 목숨을 맡았던 연상의 백인 남성 마취과 의사가 내게로 몸을 숙이며 이렇게 말했다. "이제부터 압력이 엄청날 겁니다. 어떤 여자분들은 코끼리가 배를 밟고 선 것 같다고 하시더군요. 마취를 원하시면 해드리죠."

그리고 느닷없이 그것이 찾아왔다. 압력 말이다. 나를 꾹 누르는 느낌. 숨이 막힐 것 같고 묵직하고, 끊임없이 밀어대는 느낌이 내 배만 아니라 가슴과 심장, 사고력, 삶을 유지할 수 있는 능력까지 밟아대는 것 같았다. 미친듯이 숨이 가빠오자 공포에 질린 눈으로 그 의사를 보며 말했다. "당장 필요해요."

얼마 후 병실로 돌아오자 담당의가 와서는 우리에게 딸이 내 엉덩이 쪽에 있어서 오도 가도 못하고 끼어 있었던 거라고 알려주었다. 내 몸을 들여다보니 방광이 각각 두 군데에서 막혀 있더라고도 했다. 방광은 위로 상당히 팽창해 있었는데 수술을 할 즈음 카테터로도 도저히 닿지 않는 가장 윗부분에는 며칠 묵은 소변이 들어 있었단다.

"그런 건 저도 사실 처음 봤어요."

지금도 왜 아기가 그렇게 끼어 있었던 건지 모른다. 아기가 더 괜찮은 자세로 바꾸려고 몸부림쳤던 몇 날 며칠 밤 동안, 아기가 내 방광을 가로막은 건지 아니면 내 방광이 아기의 길을 막은 건지는 여전히 알 수가 없다. 내 방광과 아기가 어쩌다보니 어색하게 서로를 부둥켜안게 된 것일지도 모른다. 지난 몇십 년 동안 수많은 아기를 받았던 내 담당의가 동료들에게 이런 상황에 대해 물어봤지만, 왜 이런 일이 일어났는지, 내가 왜 원하지 않은 처치를 모두 받아야 했는지 그 누구도 속시원히 답해주지 못했다. 내 딸이 절대 머리를 돌리지 않겠다고 고집을 부린 걸까, 아니면 내 딸이 알던 유일한 보호자인 내 몸이 아이의 발목을 잡고 늘어진 걸까?

이 이야기를 되짚으면서 내가 더이상 이를 개의치 않는다는 사실을 깨달았다. 이는 그저 우리의 이야기일 뿐이다.

그날 수술실에서 남편이 우리 딸을 내 가슴에 올려놓자 딸은 눈을 찡그리고 쉬지 않고 소리를 꽥꽥 지르면서도 1분 만에 내 젖가슴을 더듬더듬 찾았다. 그러는 딸이 너무 고마웠다. 마침내 나 자신으로부터 나를 끌어당겨 빼내줘서 말이다.

내가 엄마라는 사실을, 줄곧 딸과 나 우리였다는 사실을 알아차려줘서 말이다.

6장

돌봄

수술 후 병실로 되돌아와 젖을 빠는 딸을 뚫어져라 지켜보았다. 약이라도 한 것처럼 감정이 고조되었다. (약을 하기는 했다.) 나는 땀을 뻘뻘 흘렸다. 이제 나의 소중한 부분이 내 몸밖에서 살아 숨쉬고 있었다. 내 시야의 가장자리 쪽에서 부드럽게 깜박이며 창문을 붉게 물들이는, 길 맞은편 세이프웨이 슈퍼마켓의 붉은 네온 간판의 불빛 속에서 나는 도저히 믿기지 않는다는 눈길로 아기를 바라보았다.

새로 교대한 간호사가 왔고, 이름도 더이상 기억나지 않는 그가 그 순간의 마법을 깼다. 내가 제왕절개를 결정하기 직전에 온 간호사라서 우리 사이에는 유대감이 생길 기회가 없었다. 하지만 어떤

면으로는 아주 가까운 사이이기는 했는데, 수술실로 실려가기 직전에 내 음모를 면도해준 간호사였기 때문이다.

"환자분의 출산 계획을 봤어요." 내가 편히 기대도록 팔 아래로 베개를 놓아주면서 그녀가 눈썹을 치켜올리며 씁쓸하게 말했다. "유감이네요."

그러더니 내 쪽으로 좀더 몸을 기울이더니 부드러운 말투로 덧붙였다. "저는 분만을 아주 많이 봤어요. 그래서 아는데 이런 경우는." 그녀는 수술실부터 쉬지 않고 그랬던 것처럼 맹렬하게 나를 쪽쪽 빨면서 끙끙거리는 작은 생명체를 몸짓으로 가리켰다. "늘 있는 일이 아니에요."

그녀는 몸을 돌려 병실을 나가다 잠시 멈췄다. "언젠가 이날을 떠올리면 대단한 일을 했구나 싶으실 거예요."

약으로 의식이 몽롱해 그 말을 들은 직후 내가 어떻게 반응했는지는 영원히 기억나지 않지만 그후로 그 간호사를 수도 없이 떠올렸다. 그 간호사의 이름이 떠오르면 얼마나 좋을까. 할 수만 있다면 그때로 돌아가서 고맙다는 인사를 꼭 건네고 싶다. 그때는 미처 몰랐지만, 그 간호사는 단 몇 마디로 내가 꼭 들어야 했던 말을 해주었다. 그녀는 뜻대로 되지 않는 출산과정을 겪으며 내가 느꼈을 실망감을 이해해주었고 진부한 말은 다 빼고 그 과정에서 얻은 멋진 결과물만 콕 집어 말해주었다. 그리고 나의 출산 경험이 나만의 것이라고, 다른 사람과 비교할 필요가 없다고, 은연중에 깨닫게 해주었다.

내가 이상적이라 꿈꿔온 진통과 분만, 그리고 결국 내 현실이 되어버린 끔찍한 일련의 처치는 완전히 정반대였다. 호르몬에 푹 절여져 그 여파로 쉴새없이 쇄도하는 가아아아아아암정, 그러니까 압도적인 사랑과 심신을 약화시키는 무력화, 할말을 잃게 만드는 경외감, 갈팡질팡하게 만드는 혼란을 헤치고 나가면서 나 자신의 분만과정에 속상해하지 않는다는 사실을 깨닫고 스스로도 놀랐다. 나처럼 계획한 대로 출산을 못한 수많은 여자와 달리, 나는 죄책감이 들거나 상처를 받지 않았다.

이 질문을 떨칠 수가 없었다. '왜지?'

이 문제로 고민을 안 한 것은 아니다. 어느 쪽인가 하면 나는 자연분만을 하지 않아 뭔가를 '놓쳤을지' 모른다고 생각했다. 여성임을 규정하는 모호하면서도 핵심적인 요소를 말이다. 나는 점점 고집스러워지는 아이와 쉴새없는 육아라는 분만의 결과물을 전혀 놓치지 않았다. 나는 생명을 이어가기 위해 질에서 혈액과 체액을 내보낼 만큼 내보냈다. 그러나 자연분만을 한 여자들이 자랑스럽게 들려주는 이야기를 접할 때면 가끔 슬픔이 가슴을 훅 치고 들어온다. 때때로 여자로서 내 존재가 어딘가 불완전한 게 아닐까 하는 의문을 품는다. 생명을 키워서 이 세상에 태어나게 한 것으로는 부족하다는 듯 말이다.

아기를 몸밖으로 내보내기 외에, 출산을 '완전하게' 혹은 '정상적이게' 혹은 '옳게' 만드는 경험이란 없다. 유도분만과 제왕절개, 진공분만 같은 의학적 처치는 엄마와 아기의 건강과 생명을 지키고자 하는 바람과 필요로부터 발달했다. 100년 전이었다면 '자연적인' 출산은 나나 나의 아기에게 아니면 우리 둘 다에게 분명 상처나 질병, 죽음을 의미했을 것이다.

우리는 출산에 대한 지식이 '자연'과 '의료'라는 이 두 개의 카테고리로 극단적으로 양극화되게 내버려두었다. 주변 사람이나 출산 교육자는 의학적 개입이나 진통제를 배제한 출산이 더 좋고 더 순수하고 더 '자연적'인 경험이라고 믿도록 우리를 공격적으로 부추긴다. 다른 쪽에서 어떤 전문가들은 출산이 본질적으로 고통스럽고 위험한 일이니 다 잊고 '그냥 경막외마취제를 맞으라'고, 기술이 존재하고 그게 안전하기까지 한데 왜 최대한 편안한 길을 고르고 싶지 않겠느냐고 말한다.

사실 출산은 그렇게 간단하게 둘 중 하나의 카테고리로 집어넣을 수 없다. 출산은 제로섬 게임이 아니다. 출산은 일종의 스펙트럼으로, 대다수 사람의 경험은 두 극단 사이의 어딘가에 놓인다.

출산이 진행되는 경우의 수는 무한히 많다. 우리는 진통을 느낀다. 때로는 견딜 수 있으리라 상상했던 것보다 더 오래 그 진통을 감내한다. 혹은 조금의 자비도 허용하지 않는 고통스러운 산고 속에서 통증을 덜고 더 편안한 환경에서 원기를 회복하며 버틸 기회를 원한다는 사실을 깨달을 수도 있다. 어쩌면 우리에게 있는 줄도 몰랐던 집중력과 힘이 깃든 곳을 알게 된다는 점에서, 그 고통이 거부할 수 없지만 유익하다는 사실에 짜릿해질 수도 있다. 가족에게 둘러싸여 집에서 출산을 할 때 편안해할 수도 있고 반대로 가족이 부담을 주거나 기대감을 갖지 않는 환경에서 출산할 때 편안해할 수도 있다. 의학적 도움이 필요하다는 사실을, 그리고 그런 도움을 받을 수 있어서 다행이라는 사실을 깨달을 수도 있다. '자연분만'이나 '의료분만' 어느 한쪽에 꼭 들어맞는 경우는 극히 예외적인 경우다. 오히려 방대한 중간지대 어딘가에서 자신의 위치를 찾는 경우가 보통이다.

설령 '정상' 혹은 '자연'이 있다 한들 무엇이 정상이고 자연인지 그 기준은 누가 정하는가? 대관절 무엇이 한 사람을 여자로 규정하는지 누가 결정하는가? 이 세상에 여성성을 명확히 설명하는 근본적인 경험은 존재하지 않는다. 지난 수백 년 동안 미국에서 흑인 여성은 법적으로 '여성'으로 간주되지 않았다. 그들은 재산일 뿐이었다. 신체적 이유로 아기를 낳을 수 없거나 출산에 관심이 전혀 없는 여자도 많다. 그들도 어머니와 마찬가지로 여자다.

요즘 같은 시대에는 출산을 반드시 여성이 한다고 정체화하지 않아도 된다. 아이를 낳기 위해 꼭 필요한 생물학적 조건이 있지만 이는 단순히 여성의 신체기관일 뿐이다. 2016년 미국에서는 성인 140만 명이 자신을 트랜스젠더로 정체화했는데, 이는 2011년부터 널리 받아들여진 추산치의 두 배에 달하는 수치다.[1] 공식 자료로 취합한 적은 없지만, 논바이너리와 트랜스 남성이 임신을 하고 출산

을 하는 수가 매년 증가하고 있다.[2]

"인간은 아기를 낳을 수 있도록 만들어졌어요. 그러므로 누구든 간에 인간은 아기를 가지죠." 시애틀에서 활동하는 공인 간호조산사이자 출산한 트랜스젠더와 젠더 베리언트젠더 이분법에 맞지 않는 사람를 조사한 몇 안 되는 연구 논문 가운데 한 편의 공동저자인 사이먼 엘리스는 이렇게 말했다. "저는 항상 마음속으로 트랜스젠더가 아이를 가질 수 있어야 한다는 사실을 알았어요. 사람은 아기를 가지잖아요."

우리가 젠더의 거짓 이분법을 덥석 받아들였을 때처럼 출산의 거짓 이분법을 받아들일 때 항상 생각의 간극에 빠진다. 출산이 이런 식으로 혹은 저런 식으로만 일어날 수 있다고 생각하거나 당연히 이래야 한다고 생각했던 것대로 출산이 진행되지 않으면 안 좋을 것이라는 사고에 사로잡혀 있으면, 사람들은 제대로 출산을 준비할 수 없다. 오히려 그들은 자신이 일을 그르쳤다고 느껴 지독한 기분에 사로잡힐 것이다.

미국에서 매년 출산을 하는 약 400만 명의 산모 가운데 20퍼센트에서 30퍼센트가량이 자신의 출산과정을 두고 대단히 충격적이었다고 묘사한다.[3] 이렇게 생각하는 사람은 자기 삶에서 가장 중요한 사건 하나를 겪으면서 어느 순간 자신이나 아기의 생명이 위험했다거나 자신이 육체적으로나 감정적으로 위태로웠다고 믿었다.

우리가 모든 사람을 포용하는, 그리고 지지하는 기회를 제공하는 다양한 출산방식을 볼 수 있다면 어떨까?

미국의 여러 선주민 부족의 언어를 살펴보면, 여러 언어에서 다섯 가지 젠더를 인정한다. 오늘날 선주민은 젠더 다이버스자신을 남자나 여자 한쪽 성에 속한다고 생각하지 않는 사람으로, 뉴질랜드에서 최초로 공식 성별로 인정했다를 설명하기 위해 '두 개의 정신spirit'이라는 용어를 사용한다. 전통적으로 두 개의 정신을 가진 사람은 다양한 시점으로 세상을 보고 이해하는 능력을 갖췄는데 이는 강력한 재능이라 여겨졌다.

우리가 모든 출산 경험에서 얻을 수 있는 이로움을 열린 마음으로 대하면, 더 많은 사람의 관점을 접하고 공감할 수 있고 엄마가 어떤 출산법을 선택하거나 어떻게 출산하든 간에 그 엄마를 지지할 수 있다. 출산에 대한 생각을 재고하고 산고를 겪는 엄마의 안위를 확보하는 것만 최우선 목표로 삼으면 어떨까?

내 친구 샘은 딸을 낳은 후 꼬박 3년 6개월이 흘렀음에도 여전히 그날의 상처가 생생하다며 자신의 출산 경험담을 들려줬다. 샘이 감정에 복받쳐 몸을 떨었다. "장담하는데 지금까지 겪은 가장 충격적인 일이었어."

샘은 의학적 개입을 배제한 출산을 하고 싶었는데, 어머니와 언니가 도합 네 명의 아이를 그렇게 출산했다는 점도 어느 정도 결정에 영향을 미쳤다. 샘과 남편은 이런 방식의 출산을 염두에 둔 가족에게 딱 맞는 서비스를 하는 뉴욕의 조산사를 선택했다.

아침 일찍부터 진통이 시작되어 하루가 다 가도록 집에서 진통을 겪었다. 자궁수축으로 인한 통증이 서서히 강해졌고 급기야 극심한 통증에 다다랐지만, 열두 시간 넘게 진통을 했음에도 조산사들이 병원으로 가야 할 시점이라고 한 4-1-1 패턴(4분 간격으로 진통이 1분 계속되는 상태가 한 시간 동안 지속됨)이 아니었다. 샘이 몇 번이나 허리통증이 예사롭지 않다고 전화로 설명을 했지만, 진통이 오는 동안에도 이야기를 할 수 있다면 아직 병원에 갈 때가 아니라고 조산사는 말했다.

그날 밤 고통 속에서 초주검이 된 샘이 결국 자신의 본능을 믿어보자고 마음을 정하고 병원으로 갔다. 샘은 조산사에게 병원에서 만나자고 전화를 걸었다. 치료의 우선순위를 분류하는 단계에서 샘은 곧장 경막외마취제를 놓아달라고 요청했다. 통증은 불편한 수준을 넘어선 상태였다. 병원 어디에도 빈 침대가 없다고 해서 샘과 남편은 복도에서 자리가 날 때까지 몇 시간 동안 의료진의 보살핌을 전혀 받지 못한 채 방치되었다. 마침내 나타난 조산사는 샘이 경막외마취제를 맞으려고 했다는 사실에 불쾌해하더니 이내 모습을 감추었다.

"어디로 갔는지 모르겠더라고. 하지만 내가 그 복도에서 어떻게든 진통을 버티려고 하는데 지나가는 사람들이 내게 조용히 하라고 말했던 건 생생하게 기억나."

어느 순간, 그녀의 질에서 체액과 혈액, 분비물이 왈칵 뿜어져나와 바닥에 쏟아졌다. 주위에 아무도 없어서 샘의 남편이 샘을 남겨

둔 채 화장실에서 휴지를 가져와 그것을 닦았다.

마침내 샘은 병실로 옮겨져 경막외마취제를 맞았고, 덕분에 긴장을 풀고 휴식을 취할 수 있었다. 네 시간이 지나지 않아 2센티미터까지 열렸던 자궁문이 완전히 열려 아기를 낳을 수 있었다. 갓 태어난 아기의 이마와 두 눈은 시퍼렇게 멍이 들어 있었다("애가 꼭 권투선수 같더라고"). 태아가 샘의 배를 보는 자세로 있었던 까닭에 샘의 요통이 극심했다. 아이를 낳는 과정에서 샘이 제3도 회음열상을 입어서 조산사가 떠나기 전에 봉합을 해주었다. 잠시 후 간호사가 샘의 상태를 보더니 제대로 봉합이 안 됐다고 해 결국 실을 제거하고 재봉합해야 했다. 샘은 약 6주 후의 산후 진료에 대해서도 아무런 연락을 받지 못했다.

"내가 기대했던 것과는 완전히 다른 날이었어. 거울을 통해 더 엄혹한 세상을, 환영받지 못하는 곳을 본 것 같았지. 그때 어떤 깨달음이 오더라. 이제 의료진을 못 믿겠구나 하는 깨달음 말이야."

내 친구의 경험담을 들으며 어안이 벙벙해졌다. 뒤이어 엄청난 분노가 몰려왔다. 어떻게 이런 일이 일어날 수 있지? 왜 아무도 내 친구를 도와주지 않았던 거지? 그렇게나 중요하고 인생의 큰 전기가 되는 사건이 샘에게 그리고 수많은 다른 여자에게 그토록 끔찍한 경험이었다니 부끄러웠다.

"내가 화가 난 건, 내가 결국 의료적 처치를 받아서라거나 특정한 출산법으로 아이를 낳지 못해서가 아니야. 나를 위해 거기 와준 사람이 정말 아무도 없었기 때문이었어."

• • •

"정말 중요한 건, 어떻게 아이를 낳느냐가 아닙니다. 아이를 낳는 과정에서 어떻게 돌봄을 받느냐죠." 페니 심킨이 내게 말했다. 시애틀에서 활동하는 출산과 진통 교육자인 심킨은 1968년부터 이 분야에서 활동하며 세계적인 명성을 얻었다. 50년 이상 둘라로서 수백 명의 출산을 도왔고, 출산을 준비하도록 도운 산모와 가족은 1만 4000명이 넘는다고 추산한다.

내가 임신했을 때 나와 남편은 심킨의 8주짜리 출산 강의를 들었다. 병원에서 출산하기로 계획했더라도 저개입 출산에 관심이 있는 가족을 대상으로 한 강의였다. 내가 기대한 대로, 강의는 대부분 엄마와 파트너가 진통과 분만 과정에서 고통을 이겨내는 데 유용하게 쓰일 움직임, 호흡, 마사지처럼 약물을 쓰지 않는 편의 조치에 초점을 맞췄다. 몇 주 동안 우리는 엎드려서 엉덩이를 앞뒤로 흔들기는 물론이고 서서 천천히 춤을 추는 중학생처럼 몸을 흔들며 서로에게 의지하고 서로의 눈을 바라보며 호흡수를 세는 연습을 했다. 다양한 분만 자세와 경막외마취제를 맞은 엄마의 편의를 늘리고 적극적으로 출산에 참여해 결국 진통중에 태아가 산도를 빠져나오는 데 유용할 동작도 커리큘럼에 포함되어 있었다.

심킨은 세계를 누비며 출산 콘퍼런스와 워크숍에서 강의를 하고 연수를 제공하는데, 분만 도우미라는 개념을 옹호하며 이를 주류의 인식으로 끌어들였다. 그녀는 출산 트라우마의 예방과 치료를 위한 전문가 집단PATTCh은 물론 DONA 인터내셔널이라고 부르는 북미 둘라조직Doula Organization of North America을 공동설립했다.

1980년대 초, 정식 물리치료사였던 심킨은 분만과 출산 분야에서 일을 한 지 15년이 되자 직업을 바꾸면 어떨까 고민을 하게 되었다. 마음먹은 일을 실행에 옮기기에 앞서 심킨은 출산을 돕는 자신의 일이 엄마들에게 지속적으로 영향을 미치는지 혹은 그들이 세월이 흘러 자신의 출산에 대해 세부적인 일을 다 잊었는지 알아보고 싶었다.. 심킨은 정식으로 연구를 해본 적은 없었지만 워싱턴대에서 어느 간호사가 유산을 한 여성들에 대해 쓴 연구 논문을 보고 용기를 얻어 연구를 진행해보기로 마음을 먹었다. 심킨은 초년생 시절 자신이 출산을 도왔던 그리고 자필로 쓴 출산 경험문을 아직도 가지고 있는 여성 스무 명을 초대해 오랜 세월이 흘렀지만 각자의 출산담을 다시 들려줄 수 있겠느냐고 했다.

"그분들의 사연을 비교해보니 상당히 일치하더군요. 깜짝 놀랐어요. 여자들은 잊지 않더군요."

심킨은 그 엄마들에게 각자의 경험을 들려달라는 부탁과 동시에 출산 당시의 만족도를 1점부터 10점까지 점수로 매겨달라고 했다. 심킨은 약물을 쓰지 않는 방식의 출산을 옹호했던 터라 "수월하게 자연분만"을 한 엄마가 의료 처치를 받았으며 진통이 "더 힘들고 길었던" 엄마보다 더 만족도가 높지 않을까 하고 예상했다.

"하지만 제 예상대로 흘러가지 않았어요. 수월하고 빠르게 분만했던 사람 중 일부는 몹시 괴로워했어요. 어떤 사람은 고통스럽게 오랫동안 진통을 했는데도 그 경험을 좋게 기억하고 있었죠."

힘겹게 출산한 엄마 중 일부는 만족스러워했을 뿐만 아니라 당시 상황을 애정어린 마음으로 생생하게 기억했다. 진통하는 내내 극심한 허리통증으로 고생했던 어떤 여자는 근무 교대 시간이 끝났는데도 남아서 자신이 분만을 하는 동안 계속 있어주고, 분만을 마친 후에도 등을 문질러준 간호사에 대해 상세하게 들려주었다. 15년도 더 된 일인데도 그녀는 그 간호사가 곁에서 돌봐줬을 때 창밖에 보인 태양과 구름, 하늘을 가로지르는 비행기의 궤적 같은 풍경을 상세하게 묘사했다.

그때 심킨은 출산이라는 물리적 행위 그 자체가 아니라 출산 전과 일련의 출산과정, 출산 후에 돌봄을 받은 방식이 여성에게 강력한 기억으로 남는다는 사실을 깨달았다.

심킨의 이야기를 듣다보니 간호학 교수인 크리스틴 스완슨 박사와 유산 연구에 관한 인터뷰를 진행하면서 배운 교훈이 하나 떠올랐다. 1980년대 초반에 진행한 인터뷰들을 토대로 스완슨 박사는 유산을 경험한 환자를 위해 공감을 기반으로 하는 돌봄 이론을 발전시켰다. 스완슨 박사 이야기를 꺼내자 심킨의 얼굴이 즉시 환해졌다.

"네, 그분 저도 알아요! 제가 읽은 논문이 그분 글이었거든요. 논문 제목이 「태어나지 않은 존재*The Unborn One*」였죠."

페니 심킨과 크리스틴 스완슨 두 사람 다 시애틀에 살았다. 두 사람은 한 번도 만난 적이 없지만 그들의 연구는 임신을 하고, 유산을 하기도 하고, 어머니가 되는 여정에 오른 나를 포함한 수많은 여자의 삶에 영향을 미쳤다.

30년 전, 여자의 유산 경험을 연구하면서 그들의 경험을 효과적으로 평가할 기법이 없다는 사실을 알게 된 스완슨은 직접 연구기법을 만들었다. 스완슨은 친밀한 분위기 속에서 일대일로 여자들을 인터뷰했으며, 이때 모두에게 똑같은 기본 질문을 던지고 그들이 복잡하게 얽힌 개인적인 경험과 감정의 실타래를 풀어나갈 수 있도록 시간을 들였다. 연구 결과를 바탕으로 스완슨은 유산으로 임신이 끝나버린 수많은 여자에게 제공되는 돌봄 서비스를 개선하기 위해 간호 경력을 쌓기로 결심했다.

심킨 역시 무엇보다도 여자의 이야기에 귀를 기울였다. 심킨도 자신이 알아낸 사실을 바탕으로 출산하는 여자를 돌보는 일에 이후 경력을 바쳤다. 그녀는 출산에 도움을 주기 위해 공식적인 가이드라인과 기준을 세우겠다는 목표로 DONA를 공동설립했다.

분만과 유산은 인생의 가장 중요한 두 가지 사건이지만, 보편성이라는 기준으로 개인적인 사연과 세부적인 부분을 하나로 묶을 수도 있다. 스완슨과 심킨은 여자들이 이런 다양한 경험을 공유할 공간을 만들어 이를 지켰다. 무엇보다 놀라운 건 어처구니없을 정도로 단순한 스완슨의 질문에서 이 모든 것이 시작되었다는 사실이다. 자신의 언어로 이야기를 들려주는 사람에게 귀를 기울여보라는 그 질문들 말이다. '그 경험은 어땠나요?' '어떨 때 보살핌을 받는다고 느꼈죠?'

두 사람의 현장 경험과 연구를 통해 돌봄이 필요불가결하다는 사실이 명확해졌다. 돌봄이란 출산의 산과적 결과와 심리적 결과 모두에 극적인 영향을 미치는 고요하고도 급진적인 행위이다. 지속적이고 무비판적인 분만 지원과 돌봄 덕분에 진공분만과 겸자분만의 감소만큼이나 제왕절개율 하락과 진통제 사용의 감소(진통제는 도움이 되기는 하지만 나름대로 부작용이 있다) 같은 보다 긍정적인 결과가 이어진다. 분만 시간도 더 늘어나지 않고 평균 40분이 줄어들었는데, 자궁이 수축하는 1분이 영원처럼 느껴진다는 사실을 감안하면 의미심장한 결과임에 분명하다.[4]

여성에게 더 나은 돌봄 서비스를 제공하기 위해 분만중은 물론 산후에도 둘라의 도움을 받게 하는 것도 한 가지 방법이다.

'여자 하인'이라는 뜻의 고대 그리스어에서 기원한 '둘라doula'는 진통을 하는 임신부를 위해 육체적 감정적인 지원과 정보를 제공하는 사람을 말한다. 간호사와 조산사와 달리 둘라는 의료 처치나 임상 업무를 맡지 않는다. 둘라는 예비 엄마가 무엇을 하기로 결정하든 그들을 지원하고 그들의 편의를 도모하고 곁에서 자기신뢰를 북돋워줄 뿐이다.

심킨과 동료들이 DONA를 설립하기 전까지만 해도 둘라는 정식 직업으로 여겨지지도 않았고 업무 범위도 구체적으로 정해지지 않았었다. 오늘날에는 둘라 자격증과 교육 프로그램이 국제적으로 통용된다. 둘라가 되기 위해 면허증을 발급받을 필요는 없지만 대부분 DONA 인터내셔널 같은 단체에서 공인을 받는다. DONA의 교육 과정을 이수하는 둘라의 수는 설립 이래 매년 기하급수적으로 증가해 1994년에는 750명이었던 것이 2016년에 1만 2000명을 넘었다.

둘라는 피부 접촉이나 영양 공급 같은 편의 조치를 제공하는 한편 고객의 바람을 옹호한다. 둘라는 의료진에게 궁금한 점을 질문하라고, 자신의 기호와 걱정을 털어놓으라고 고객에게 권한다. 둘라는 자신의 신념이나 철학에 근거해 특정한 출산 형태를 고객에게 강권하지 않는다. 아니 적어도 그리해서는 안 된다. 둘라는 명백히 자연분만 운동에서 성장했으며 지금도 그 운동과 밀접하지만, 심킨은 둘라가 그 자리에만 머무르기를 바라지 않는다.

"아주 초기만 해도 우리가 이왕이면 자연분만을 원하는 사람을 위해 존재한다는 사실에 의문의 여지가 없었어요. 그리고 의료진도 자기네 입장에서 조금도 물러서지 않았죠."

심킨은 의료계로부터 통제력을 되찾고자 하는 여자라는 맥락과 문화적 중요성이라는 측면에서 '자연'에 방점을 뒀던 자신이 근시

안적이었다고 인정한다. 그녀는 꽤 극적인 상황 때문에 의료 출산에 대한 기존 입장을 폐기하게 됐다. 심킨은 저소득층 임부를 위한 프로그램의 일환으로 워싱턴주 보건부에서 배정해준 어떤 고객을 떠올렸다.

"그분에게 전화를 걸었더니 맨 먼저 '무통분만을 하지 말라는 말씀이라면 듣고 싶지 않아요'라고 하더군요." 심킨은 그러겠다고 했지만 속으로는 '당연히 그 이야기를 해야지'라고 생각했다고 털어놓았다.

그 고객은 직접 만난 자리에서도 꼭 무통주사를 맞을 거라는 말부터 했다. 이야기를 나누던 중, 심킨은 그 예비 엄마가 학대를 일삼는 남편에게서 최근에 도망쳐 쉼터에서 지낸다는 사실을 알게 되었다. 그녀는 그저 단 하루만이라도 고통 없이 지내고 싶을 뿐이라고 말했다.

"그 말에 마음이 바뀌었어요."

'자연'분만의 옹호자가 절대적인 신념을 버리고 중간지대로 이동하듯이 의료계도 똑같은 변화과정을 겪는 중인 듯하다. 2014년, 미국산부인과학회는 전국적으로 세 명에 한 명꼴인 2011년 제왕절개율이 너무 높았으며 '자연'분만 공동체에서 오래전부터 사용했던 도구가 이 비율을 낮추는 데 중요한 역할을 했다는 점을 인정하는 논문을 발표했다.

"데이터를 살펴보면 분만과 출산 과정의 만족도를 높이는 데 둘라처럼 줄곧 곁에서 산모를 지원할 사람의 존재가 무엇보다 효과적이라는 사실을 보여준다"라고 논문에는 나와 있다.[5] 산과적 보살핌과 함께 전속 둘라 프로그램을 제공하는 병원이 전국적으로 아직은 얼마 되지 않지만 점점 증가하는 추세이다.[6]

하지만 분만 지원에 대해 산과나 임상적으로 쓰는 전문용어가 아니어도 일목요연하게 정리할 수 있는 또다른 의미심장한 효과가 있다. 분만과정에서 지원을 받은 여성은 출산에 부정적인 감정이 덜하다. 대신 더 행복해했다.[7]

이런 긍정적인 결과를 '둘라 효과'라고도 부른다. 수많은 간호사가 자기 환자를 훌륭하게 간호하지만, 자신이 직접 고른 사람에게 지원을 받고 그 사람이 다른 누구도 아닌 예비 엄마와만 소통할 때 긍정적인 결과가 더 많이 나타날 수 있다.

현장에서 활동하는 둘라의 수는 점진적으로 증가하고 있지만 여전히 미국에서 출산하는 여성 중 6퍼센트만이 둘라의 도움을 받는다.[8] 농부가 운영하는 직거래장터와 현지에서 채소를 구입하는 행위가 우리의 문화적 상상력을 사로잡고 더 부유하고 더 진보적인 공동체의 생활방식이 되었지만 그 규모는 정작 전체 농산물 거래의 1퍼센트에도 미치지 못하는 상황과 마찬가지로, 간편하고 자신의 경제적 여력에 맞춘한 둘라 서비스를 받기란 대부분의 사람에게 그림의 떡이다.[9]

둘라 서비스는 보험이 적용되는 경우가 드물어 둘라를 고용하려면 몇백 달러나 되는 비용을 전액 자부담해야 한다. 인구가 밀집한 도시 지역을 벗어나면 둘라는 더 찾기 힘들다. 어쩌면 모든 임신부에게 꼭 둘라가 아니어도 기꺼이 책임을 지고 그녀를 돌봐줄 사람만 있어도 충분할지 모른다.

루트저스대 연구진은 2006년에 연구를 진행할 때, 뉴저지 병원에서 출산을 할 저소득층 예비 엄마들에게 분만할 때 함께 도와줄 여자친구나 가족을 고르라고 했다. 이 '임시 둘라'에게는 두 시간짜리 수업을 두 차례 진행해 총 네 시간 동안 교육시켰다. 고작 몇 시간 교육을 했음에도 결과는 명확했다. 둘라가 있었던 엄마는 그렇지 않은 산모보다 진통 시간이 확연히 더 짧아 한 시간 이상 차이가 났다.

"산모를 지원하는 여자 조력자로 거둘 수 있는 긍정적 결과에 대한 정보는 임신 초기부터 제시되어야 하며 방문할 때마다 강화되어야 한다." 그 연구는 이렇게 결론을 내렸다. "이러한 산전 프로그램이 제공하는 힘은 저소득층 산모에게 특히 중요할 수 있다…… 그리고 실제 출산한 후에도 지속될지 모른다."[10]

이 연구는 10년도 더 되었는데 그 10년 동안 예비 엄마에게 진통 중에 곁에서 헌신적으로 지원해줄 사람을 두라고 장려만 해도 지속적이고 긍정적인 효과를 거둘 수 있다는 사실이 확인됐다. 정식 프로그램을 통해 돌봄의 중요성에 대한 지식을 현실에 옮겼을 때 얼마나 많은 가족이 도움을 받을지 상상해보라.

• • •

우리는 항상 '돌봄care'이라는 표현을 쓴다. 우리는 헤어질 때나 전화를 끊을 때 '잘 지내take care'라고 말한다. '잘 지내세요.' 우리는 전자메일을 쓸 때 이렇게 끝맺는다. 옥스퍼드 사전에 따르면 'care'는 "누군가의 건강과 복지, 유지, 보호를 위해 필요한 것을 제공하기"라고 정의된다. 미국에서 임신과 출산은 '돌봄' 부분이 나중에 생각나 끼워 넣은 것처럼 느껴지는 의료보험제도로 처리된다.

2010년에 건강보험개혁법이 통과될 때까지 개인 보험 중 88퍼센트가 산전관리를 보장하지 않았다.[11] 출산관리는 보장 범위에서 제외되거나 더 높은 보험료가 책정 가능한 '기존 질병'으로 간주되었다. 건강보험개혁법이 통과되자 산전관리와 피임을 비롯한 여성의 건강 서비스는 모든 보험 플랜이 보장해야만 하는 열 가지 핵심 의료보험에 명시되었다. 최근에 이 법안을 폐지하고 저소득층의료보장제도Medicaid의 지원 규모를 삭감하려는 시도가 있어 이런 성과를 위협중이다. 저소득층의료보장제도가 축소되면 미국에서 매년 출산을 하는 산모 수의 절반인 200만 명이 산전관리를 받지 못하는 상황에 처한다.[12]

돌봄 노동은 미국에서 가장 빠르게 성장하는 직업군이지만 우리는 이 분야에 대해 잘 이야기하지 않는다.[13] 우리는 돌봄이 우리 사회와 경제의 근간이라는 사실을 잊거나 숨긴다. 돌봄 노동 없이 혼자서는 아무것도 하지 못하는 영유아기와 아동기를 혼자 힘으로만 보낼 수 있는 사람은 아무도 없다. 미국에서는 막 출산한 산모 네 명 중 거의 한 명이 출산 후 이 주일 만에 일터로 복귀한다. 하지만 젠더를 막론하고 부모라면 어떤 형태로든 보육 서비스가 뒷받침되지 않으면 직장으로 돌아갈 수 없다.[14]

결점이 있거나 비쌀 수는 있지만 어쨌든 우리에게는 돌봄 노동을 제공하는 제도가 있다. 모두에게 산전 서비스를 보장하면 임신과 출산 중에 불필요한 스트레스와 트라우마를 경험하는 너무나 많은 사람을 일부라도 도울 수 있다. 그러나 거기서 멈춰서는 안 된다. 의료 취약 계층만 아니라 모든 출산방식을 지지하는 명실상부한 포괄적 돌봄을 만들어내도록 기대하고 노력을 집중하면 훨씬 더 나은 제도를 만들 수 있다.

갓 출산한 엄마에게 산전관리 경험에 대해 질문하는 유일한 전국 규모 조사인 "엄마에게 듣기"의 2013년 보고서에 의하면, 비백인 여성은 백인 여성에 비해 산전관리를 받을 확률이 훨씬 낮으며 더 많은 합병증과 더 부정적인 산과적 결과를 더 다양하게 경험한다.[15] (이 조사는 2002년 이후 세 차례 발표되었는데, 전국적으로 미국의 산전관리체계에 대해 기본적인 질문을 체계적으로 던진 최초의 시도였다. 즉 2002년이 되어서야 비로소 이런 조사를 시작했다는 말이다.) 현재 미국산부인과학회는 점점 더 다양해지는 환자에게 더 나은 서비스를 제공하기 위해 각양각색의 인종과 민족적 배경을 가진 사람을 위한 의료인을 점점 더 많이 뽑아야 한다는 필요성을 인정하고 있다.

의료진은 출산과정에서 과거의 성적 학대 경험과 대면할 수밖에 없는 생존자의 규모도 서서히 인정하고 있다. 미국에서는 여성 여섯 명 중 한 명이 성폭행이나 성폭행미수 사건의 피해자이며 매년 6000명 이상의 아동이 성적 학대의 피해자가 된다.[16] 정신적 외상으로 가득한 이런 기억이 언어로는 닿지 않는 몸안에 도사리고 있다가 임신과 출산이라는 신체적 변화에 쉽게 스위치가 켜질 수가 있다. 이 때문에 수많은 사람에게 출산이 정신적 외상을 과도하게 유발한 사건으로 각인되리라는 점은 뻔하다.

2004년 페니 심킨과 필리스 클라우스는 피해자였던 여성이 임신과 출산, 모유수유, 산후 경험을 잘 이겨내도록 보살피는 돌봄 제공자가 참고할 만한 자료인 『생존자가 출산할 때*When Survivors Give Birth*』를 펴냈다. 심킨과 클라우스는 자비출판한 이 책을 통해 지금껏 의료인은 환자가 생존자라는 사실을 알아보는 데 태만했지만 그럼에도 생존자는 줄곧 출산해왔다는 사실을 조명하며 8쇄를 찍었다.

공인 간호조산사인 사이먼 엘리스는 트랜스젠더의 재생산 돌봄에 대해서 배워야 한다고 주장했는데, 자신과 같은 사람이 받는 의료 교육 어디에도 트랜스젠더와 논바이너리에 대한 돌봄이 포함되어 있지 않았기 때문이다.

엘리스는 직접적으로 경험하는 두 가지 행위, 즉 임신과 성전환

사이에는 엄청난 유사성이 있다고 믿는다. 둘 다 모두 바라왔던 미래로 나아가는 단계에서 겪는 일시적인 상황이다. 그리고 두 상황 모두 신체가 여러 호르몬에 장악되어 경이롭고 무시무시한 방식으로 바뀐다. 이러한 육체적 변화를 겪은 당신을 바라보는 사람들의 시선은 극적으로 변화할 것이다. 또한 사람들이 당신과 관계를 형성하는 방식도, 그러니까 그들이 당신에게 이런 것을 해도 된다거나 해야 한다고 혹은 안 된다고 하는 말도 손바닥 뒤집듯 바뀔 것이다.

임신하지 않은 상태에서 임신부가 되었다가 느닷없이 임신부에서 임신하지 않은 상태로 가는 40주가 넘는 임신과 출산 기간은 전환이 일어나는 기나긴 과정이다. 출생처럼 임신과 출산은 인생이라는 스펙트럼에서 극단에 위치하고 이정표가 되는 경험이지만, 우리는 인생의 대부분을 중간지대에서 보낸다. 그 극단에 있는 동안 우리는 최대한 편안히 지내야 한다. 돌봄은 우리를 지탱하고 차이를 메우는 완충지대가 될 수 있다.

돌봄은 사회에 필수적이지만 다른 요소, 즉 품위와 공감, 애정, 사랑 등을 위한 동력이기도 하다. 우리 아기를 보면 알 수 있듯이 돌봄은 상호 간의 사랑이 싹트기도 전인 출생 때부터 시작되는 의무이다. 그런 상황이라고 해서 돌봄이 덜 중요할 리 만무하다. 오히려 그것이 핵심이다.

내가 겪은 출산과정을 좋게 기억할 수 있다는 데 감사하며 내가 받은 돌봄의 결과 덕에 이런 시각을 갖게 되었다는 사실도 잘 안다.

이것이 간호사, 담당의, 산부인과 의사, 마취과 의사, 남편, 내 둘라 같은 다른 사람이 나를 위해 해준 일이다. 그들은 나를 돌보아주었다. 나는 그들의 보살핌을 원했고 그들이 아니었다면 말 그대로 살아남지 못했을지도 모른다.

내 경우에는 최고의 돌봄은 받았지만 출산과정에서 무엇 하나 내 뜻대로 진행되지 않았다. 진통은 길고 끔찍했으며 결국 수술을 받았다. 하지만 그 과정에서 지원을 제대로 받았고 그로 인한 심리적이고 감정적인 영향이 결과를 완전히 다르게 만들었다.

그날 밤 어느 즈음인가 내 팔에 베개를 받쳐주었던 간호사는 근무 교대를 마치고 퇴근했다. 그후로 그녀를 다시 보지 못했다. 출산 당시의 생생한 경험은 좀더 아스라한 추억으로 잦아들었다. 하지만 그 간호사는 절대 잊히지 않을 배려와 공감이라는 형태로 내게 지워지지 않는 인상을 남겼다. 그 덕에 나는 나 자신과 타인에 대한 크나큰 믿음으로, 우리는 할 수 있다는 믿음으로 무장한 채 불확실함과 피가 새는 상처, 갈라진 젖꼭지, 자기회의로 점철된 길로 발을 내디뎠다.

"왜 산모가 항상 제대로 돌봄을 받는다고 느끼게 해줄 수가 없을까요?" 이야기를 나누던 중 페니 심킨이 불쑥 이런 질문을 던졌다. "우리에게 필요한 건 그냥 사람이에요. 대단한 사람이어야 할 필요도 없고 그냥 사람이요."

7장

모유

모유를 생산하기 위해 엄마는 체내 지방을 녹인다. 무슨 말인지 알겠는가? 우리는 일단 둔근 지방과 대퇴 지방, 즉 우리의 엉덩이와 넓적다리부터 시작해서 몸의 일부를 녹여 이를 아기의 밥으로 바꾼다.

유방은 복잡하고도 환상적인 장기이다. 집밖 세상으로 나가면 우리는 대개 가슴을 브라에 집어넣고 옷 속에서 이상적인 형태로 틀을 잡으려고 한다. 집에서는 그런 제약을 벗어던진 채 가슴을 편히 늘어져 쉬게 한다. 어떤 날은 어찌나 탱탱하고 사랑스럽고 자랑스러운지 흠모하지 않을 수 없다. 또 어떤 날은 어찌나 예민한지 미풍만 닿아도 찌릿하거나 에여와 아예 가슴 없이 살면 좋겠다는 생각이 절로 든다.

난자를 가득 품은 난소와 이미 펄떡펄떡 뛰는 심장, 태어날 때부터 우리를 감싼 피부와 달리 유방은 태어날 때부터 완성된 기관이 아니다. 그보다는 시간이 흐르면서 획득하는 기관에 속한다.

"당신은 유두와 수많은 잠재력을 가지고 이 세상에 태어난다. 그 잠재력 때문에 호르몬으로 정확하게 자극을 가하면 유두 뒤에서 세포가 무럭무럭 자라 유방이 된다." 여성의 건강을 다룬 책으로 1990년에 출간되어 이제는 고전이 된 『수전 러브 박사의 가슴 책*Dr. Susan Love's Breast Book*』에서 수전 러브 박사는 이렇게 썼다.[1]

유방의 기능적 목적은 하나뿐이다. 우리 아이의 식사 만들기. 가슴을 성적 대상화한 이미지가 차고 넘치는 문화 속에서 이 사실을 기억하기란 쉽지 않다. 하지만 유방은 우선 아기를 위해 존재하고 성인의 쾌락이나 감상은 부차적이다. 유방은 임신을 통해서만 진짜 소임을 완수할 수 있다. 만약 유방이 모유를 만들어내지 않았다면 생물학적으로 완전히 성숙했다고 볼 수 없다(그래도 행복하고 충만한 삶을 영위하는 데는 여전히 한몫을 할 수 있지만 말이다).

물론 당신이 아기를 낳고 싶어하건 말건 혹은 결국 출산을 하거나 모유수유를 결심하건 말건 당신의 유방은 신경쓰지 않는다. 그들은 그저 당신이 이끄는 대로 부름을 받으면 그 기대에 부응하려고 최선을 다한다. 때로는 그 노력이 성공을 거두지만 때로는 그렇지 않다.

성숙한 유방은 지방 조직(말 그대로 지방), 인대와 결합 조직의 연결망으로 어감이 독특한 간질間質, 모유를 생산하는 유선세포, 모유를 운반하는 연속된 관으로 구성되어 있다. 수백 개의 유선세포가 포도송이처럼 모여 있는 걸 소엽이라 하는데 이 소엽이 모여서 유선샘을 이룬다. 평균적인 유방에는 열두 개에서 스무 개 정도의 유선샘이 만들어지는데 이 유선샘이 꽃잎처럼 활짝 퍼져 유방 전체를 뒤덮는다.

유관은 각각의 유선에서 만들어진 모유를 운송하는 배관이다. 이 관이 하나로 모이면서 여러 유선에서 만들어진 모유가 한데 섞여 유두를 통해 몸밖으로 나간다. (모유가 나오는 유두의 구멍이 하나가 아니라 예닐곱 개가량 된다는 사실에 깜짝 놀라는 엄마가 많다. 물론 나도 그랬다.)

매달 찾아오는 월경 주기 동안 에스트로겐과 프로게스테론이 더 많은 유관과 유선세포가 성장하게끔 자극한다. 모든 유선과 간질 사이에는 림프관과 혈관만 아니라 신경도 얼기설기 얽혀 있고, 이 모든 것은 유방의 변화에 영향을 받는다. 새로운 공간과 통로가 만들어지면서 유방의 구조는 재배치되는데, 이는 수많은 여성이 월경 전증후군PMS이라는 이름으로 경험하는, 가슴이 민감해지거나 뭉치거나 부어오르거나 아픈 상황으로 이어진다. 난자가 수정되지 않으면 자궁벽은 떨어져나가고 유방은 평소 상태로 돌아간다. 그리고 새로운 주기가 다시 시작된다.

우리가 살아가는 동안 유방의 형태는 계속해서 바뀌고 변신한다. 아이를 갖기 전에는 아마 매달 변화를 감지할 것이다. 하루는 묵직하고, 다음날은 더 작고, 어떤 날은 놀라울 정도로 민감할 것이다. 많은 여자가 임신의 극초기 증상으로 바로 이런 감각을 느낀다. 임신을 하면 호르몬의 작용이 다음 단계로 넘어가기 때문에 우리의 유방은 즉각 변화한다. 임신하고 초기 몇 주 동안에 유선세포가 확장되면서 내부부터 가슴의 용량을 증가시키는 소엽이 잔뜩 형성된다.

당신의 유방은 아래로는 쇄골에서 하부늑골까지, 옆으로는 겨드랑이에서 가슴 중앙까지 커진다. 임신 호르몬이 당신의 몸을 엄마로서 준비시키면 전반적으로 혈액량과 혈류가 증가한다. 이 모든 변화의 결과, 유방이 커지고 모양도 변한다. 임신한 지 두 달을 넘어설 즈음에 유방은 눈에 띄게 커져 있을 것이다. 임신이 막바지에 다다르면 유방의 무게는 임신 전보다 두 배까지 늘어날 수도 있다.

이런 변화는 모유수유를 준비하는 과정에서, 그러니까 근본적으로 혈액을 모유로 바꾸는 과정에서 발생한다. 유선세포는 뇌하수체에서 분비되는 호르몬인 프로락틴으로 모체의 혈액에서 당과 단백질, 지방을 추출해 이 다량의 영양소가 모유의 재료가 되도록 한다. 기독교도인은 예수 그리스도가 물을 와인으로 바꾼 적이 있다고 배운다. 여자의 몸은 전 세계에서 매일 매 시간 그와 비슷한 기적을 일으킨다.

• • •

딸을 낳기 전부터만이 아니라 낳은 후에도 좋은 의도로, 매우 집요하게 '모유가 최고'라고 주장하는 의료종사자와 육아서 저자, 엄마 블로거, 기자, 독선적인 타인의 명령 아닌 명령을 수도 없이 들었다. 분유를 입에 올리는 사람은 거의 없었다. 메시지는 명확했다. '좋은' 엄마가 되고 싶으면 모유수유를 해야만 했다. 그래서 나는 그렇게 했다.

모유수유를 한 아동의 건강상태가 전반적으로 더 좋아진다는 연구 결과 때문에 세계보건기구WHO와 국제연합아동기금UNICEF, 미국소아과학회AAP, 미국가정의학과학회AAFP 등에서는 신생아에게 최소 반년은 모유를 먹이라고 권고한다.[2] 이들은 시기별로 적절한 이유식과 병행하면서 적어도 1년은 모유수유를 지속하는 것이 좋다고 하는데 그중 WHO와 유니세프는 2년 이상 모유수유를 하라고 권장한다.

하지만 이런 결과는 상대적이다. 신생아집중치료실에 들어간 조산아나 전염병 발병율이 높고 깨끗한 물을 마실 수 없는 에티오피아 시골 마을에서 자라는 아기에게는 현대적인 시설의 미국 병원에서 열 달을 꽉 채워서 태어난 건강한 아기의 상황과 비교했을 때 모유보다 인공우유, 즉 분유가 훨씬 더 유익하다.

다른 연구 결과를 보면, 모유를 먹은 아기가 분유를 먹은 아기보다 훗날 지능검사 점수가 더 높고 아동비만율이 더 낮았다.[3] 이런 통계 결과를 주목할 만하다고 생각하는 부모들도 이해는 되지만, 나는 아이에게 무엇을 어떻게 먹일지 결정할 때 걸음을 뗀 아기의 지능검사 결과나 체질량지수를 고려하지 않았다.

나는 내 딸의 건강과 관련되는, 모유에 대한 사실에 더 사로잡혔다. 일단 모유에는 아기가 생후 6개월 동안 섭취해야 하는 비타민과 영양소가 모두 들어 있다. 게다가 아기를 질병으로부터 지켜주는, 세균이나 질병과 싸우는 물질도 들어 있다.[4] 그뿐이겠는가. 모유의 영양성분과 면역성분은 아기 개개인의 필요에 맞춰서 구체적으로 매일 바뀐다. 이렇게 놀라운 모유의 특징에 대해 의사나 모유수유 상담사, 인터넷이 제공하는 정보는 그리 충분하지 않다. 모유수유를 열 달 동안 하자 진저리가 난 나는 왜 계속해야 하는지 그 동기와 이유를 모색하다 이런 여러 정보를 접하게 되었다.

이런 건강상의 이점 외에도 나는 모유수유의 가장 큰 매력이 상대적으로 간편하다는 점일 거라 믿었다. 모유수유를 할 때는 내 몸만 있으면 된다. 내 딸은 병원에서 쉽게 젖을 물었는데, 힘들고 고통스럽게 진통을 오래 겪고서 출산했기 때문에 그 사실이 선물처럼 느껴졌다. 나는 운이 좋았다. 딸이 수월하게 열심히 젖을 빤 덕분에 쉽사리 내 몸상태를 잘 따져보고 모유수유를 계속할 수 있었다.

하지만 나와 같은 주에 아기를 낳아서 파트타임 보모도 공유했던 내 친구 줄리아의 경우 모유가 잘 나오지 않았다. 줄리아의 아들은 처음부터 젖을 잘 빨지 못했다. 몇 주 동안 모유수유 상담을 받고 두개천골요법 치료사를 찾아간 후에야 줄리아는 비로소 유축기로 짠 모유와 분유를 섞어서 먹이게 되었다. 줄리아는 그런 결과에 실망했다지만, 특히 힘든 하루를 마치고 집으로 돌아왔을 때 남편인 에스테반이 사랑스럽게 아들에게 분유를 먹이는 모습을 소파에 앉아서 보며 느끼는 안도감도 알 것 같았다.

또다른 엄마인 로런은 모유가 아주 잘 나왔다⋯⋯ 그러다가 안 나오기 전까지는. 그녀는 1년 동안 모유수유를 하겠다고 목표를 세웠는데 자신이 엄마의 젖을 20개월 동안 먹고 자랐기 때문이기도 했다. 그녀도 나처럼 "모유가 얼마나 대단한지 수도 없이 반복해서" 들었고 "병원에서는 다른 선택(즉 분유)은 적당하지 않은 것처럼" 이야기했다.

로런은 모유수유를 하면 "내 아기를 먹일 수 있는 유일한 사람이 나라니 그 사실에 특별해지는 느낌이었어"라고 했다. 하지만 이렇게 덧붙였다. "5개월가량 모유수유를 잘 해오다가 더이상 못 하게 되니까 그 자부심이 오히려 나를 공격하겠더라고. 그건 고문이었지."

아기를 낳기 전만 해도 순진하게 모유수유가 분유수유보다 시간이 덜 걸리고 물품도 덜 필요할 것이라고 생각했다. 그러나 복직하고 보니 모유수유를 해도 시간이 오래 걸리고, 아프고, 힘들기까지 한 (게다가 마음을 갉아먹을 정도로 지루할 때가 잦은) 유축이라는 현실이 꼬리처럼 붙었다. 매일 냉각 케이스와 얼음팩 그리고 기다란 플라스틱관 여러 개와 한 쌍의 병, 뚜껑, 돌려서 연결하는 커넥터들, 가슴 가리개, 밸브, 멤브레인으로 구성된 유축기가 담긴 가방을 들고 출근했다. 나는 하루에 두 번 각각 30분 가까이 유축기를 가슴에 달았다가 유축을 마치면 화장실 세면대에서 유축기 부품을 씻었다. (마감이 코앞인데 젖이 퉁퉁 불어서 통증이 심하던 어느 날, 대수롭지 않게 생긴 동전 크기의 얇은 고무마개인 멤브레인이 없으면 제대로 유축이 되지 않아 젖을 한 방울도 짜낼 수 없다는 분통 터지는 사실을 알게 되기도 했다.)

많은 엄마에게 유축 자체는 두번째 (혹은 세번째) 업무가 된다. 사실 모유수유에 드는 가장 큰 비용은 시간(그리고 당연히 몸상태)인데, 이런 상황은 당사자인 부모가 아니면 잘 모른다. 일하는 엄마 입장에서는 업무를 하다가 하루에도 몇 번씩 짬을 내기가 쉽지 않다. 특히 아기를 돌보기 위해 몇 분 늦게 출근하거나 몇 분 일찍 퇴근하는 유연근무를 해야 하는 상황에서는 말이다. 유축을 하고 젖을 물리는 데 드는 시간으로 인해 봉급에 손실이 생기는 삶은 현실이다. 실제로 어떤 보고서에 따르면, 출산 후 반년 동안 모유수유를 하는 데 드는 시간을 금액으로 환산하면 1만 4250달러에 달한다.[5]

모유수유를 결심했을 무렵, 신문사에서 음식에 대한 글을 쓰는 풀타임 일자리를 제안받았다. 매일 아침 일곱시에 딸에게 젖을 물렸다. 사무실에서는 오전과 오후에 한 번씩 하루에 두 번 젖을 짰다. 오후 다섯시에 퇴근해 집에 돌아오면 젖을 물렸고 일곱시에 또 젖을 먹인 후 아이를 재웠다. 일주일에 며칠은 일 때문에 밖에서 저녁을 먹고 들어갔다. 그러면 남편이 우유병에 담긴 모유를 아기에게 먹였고 나는 퇴근해 들어와 또 유축을 했다.

6개월 내내, 아이가 통잠을 잘 때도 매일 새벽 세시에 일어나서는 몇 시간 동안 여기저기로 딸과 떨어져 있어도 모유가 떨어지지 않도록 30분 동안 유축을 했다. (새벽 세시는 밤 가운데 가장 어둡고, 가장 외롭고, 가장 조용한 시간이지만, 연노랑색 유축기가 마음을 안정시켜주는 리드미컬한 소리를 내며 내 친구가 되어주었다.)

내 인생에서 1년이 넘는 그 기간 동안, 내가 음식을 먹거나 음식을 만드는 일을 생각하지 않거나 음식에 대한 글을 쓰지 않는 시간은 단 1분도 없었다.

• • •

우리가 영양섭취와 생존에 대한 근본적인 욕구를 가진 인간이라는 동물로서 어떤 존재이며 동시에 가족과 역사, 사연, 기호, 욕구를 가진 인간으로서 어떤 존재인지를 음식을 통해 잘 알 수 있다. 매일 칼로리라고도, 영양분이라고도, 내가 살고 있는 문화에 대한 실마리라고도 할 수 있는 것이 내 가슴에서 흘러나오고, 똑똑 떨어지고, 새어나오고, 뿌려지며 내 옷에 얼룩을 남기고 피부를 끈적거리게 만들었다. 그리고 매일 나는 딸의 생명을 유지시켜주는 기적 같은 물질에 정확하게 뭐가 들어 있는지 궁금했다.

"사람들은 모유가 무엇인지 과소평가하는 경향이 있어요." 애리조나주립대의 인간진화와 사회변화 단과대 부속 진화와 의학 센터 소속 생물학자이자 부교수인 케이티 하인드가 말했다. 케이티는 매우 재미있고, 몹시 유익하며, 본질적으로 괴짜 공붓벌레 분위기가 넘치는 블로그 '포유류는 빤다⋯⋯ 젖을!'도 운영중이다.

"마트에 가면 판매대 통로 하나가 말 그대로 균질하고 표준화된 식품인 우유로 가득 채워져 있어서이기도 해요. 그런 걸 보면 우리는 모유가 거저 생긴다고 여기게 되죠."

1990년대 후반부터 하인드는 음식이자 약이자 신호인 모유라는 물질에 대해 연구했는데, 그녀의 표현을 빌리자면 "궁금한 점이 너무나 많은데 학술서에서는 아무런 답변도 찾을 수 없었기" 때문이었다.

그 무렵 모유에 대한 연구는 대부분 분유수유보다 모유수유가 왜 더 나은지 검증하는 데 집중됐는데, 하인드는 그런 논쟁에는 관심이 없었다. 그녀는 모유의 복잡성을 탐구하는 데 더 관심이 있었다. 모유의 그런 특성 때문에 인류가 오랜 세월 동안 진화해올 수 있었다고 봤기 때문이다. 하인드는 오늘날 모유가 어떻게 인간의 건강과 행복을 개선할 수 있는지가 궁금했다.

"만약 유기체를 조상이 살아온 환경과 몇 가지든 간에 그들이 거둔 타협을 모두 반영한, 적응의 복합적인 결과물로 생각한다면, 우리는 이런 의문에 답할 수 있을 거예요. 왜 모유는 이런 상태가 되었지? 모유는 무슨 역할을 하는 거지? 저는 이런 질문을 고민하면서 밤을 지새우곤 하죠. 2002년에 박사논문에 착수했을 때 이런 연구를 한 사람은 아무도 없었어요. 어디에도 답이 없었죠."

멘토들이 만류했지만 하인드는 연구를 계속했다. 이후 인류학과 인간생물학 분야 양쪽에서 모유가 관심주제로 대두되었다. 요즘 하인드 같은, 진화생물학자와 낙농과학자, 미생물학자, 인류학자, 식물화학자를 포함한 연구진이 모유를 연구중인데 더욱 자세하게 파고들수록 더 많은 복잡성이 발견되고 있다.

영양학적으로 모유는 단백질과 지방, 탄수화물, 각종 영양소가 이상적인 조합을 이룬 완전하고도 완벽한 식품이다. 출산 직후(혹은 기절초풍한 예비 엄마들의 이야기에 따르면, 가끔 몇 주 전)에 엄마의 유방에서 제일 처음 나오는 걸쭉한 황금빛 액체인 초유는 지방 함유량은 낮지만 그 대신 탄수화물과 단백질의 함량이 높아서 당장 그 영양분의 섭취가 필요한 신생아가 편하고 빠르게 소화할 수 있도록 만들어져 있다. (게다가 초유에는 아기가 이 세상에서 기념할 만한 첫번째 똥, 그러니까 새까맣고 타르 같은 환상적인 물질인 태변을 싸도록 도와주는 변통 효과도 있다.)

성숙유는 대개 출산한 지 며칠 후부터 나오는데, 3퍼센트에서 5퍼센트가량의 지방과 더불어 나트륨부터 칼륨, 칼슘, 마그네슘, 인, 비타민 A와 C, E까지 놀라울 정도로 다양한 영양소와 비타민이 함유되어 있다. DHA(도코사헥사엔산, 오메가-3지방산)와 AA(아라키돈산, 오메가-6지방산) 같은 뇌와 신경계 발달에 중요한 긴사슬지방산 또한 모유에 풍부하다.

모유에 함유된 주요 탄수화물은 젖당(락토스)으로, 이십사 시간 쉬지 않고 성장하는 아기에게 연료가 되는 엄청난 칼로리와 에너지를 공급한다. (잠깐, 초보 부모들이여, 가끔 한밤중에 아이의 몸이 잠옷보다 커져 있는 듯해도 그건 환각이 아니다.) 그 밖에도 150종류의 올리고당(아마 모유에는 이보다 더 많은 올리고당이 함유됐을 것이다. 과학자들은 이에 대해 이제 막 알아내기 시작했다) 그리고 인간의 모유에만 들어 있는(다시 말하지만 인간의 모유에만 들어 있다) 복합 당사슬을 비롯해 다른 당도 함유되어 있다. 젖먹이는 이 올리고당을 소화하지 못한다. 사실 이 올리고당은 아기의 소화계에 살고 있는 미생물의 먹이인데, 이 장내 미생물이 아기의 미생물군집에서 중요한 부분을 차지한다.[6] 인간의 미생물군집은 우리 몸이 감염균과 싸우고, 면역계를 강화하고, 섭취한 음식을 소화하는 데 유용한, 각각 고유한 박테리아의 조합이다. 우리 몸에는 세포수보다 많은 미생물이 우리 몸 구석구석에서 살고 있다.

미생물 이야기를 좀더 하자면, 모유에는 어마어마한 수의 미생물이 살고 있다. 인간의 모유는 살균상태가 아니라 살아 숨쉰다. 제대로 기능하면 우리의 소화계가 작용하는 데 유용한 요구르트나 천연 발효 피클, 유산균 음료 같은 음식처럼, 모유에도 유익한 미생물이 가득하다. 그러므로 모유에는 아기가 음식을 소화시키는 데 필요한 박테리아만이 아니라 번식해야 할 박테리아의 먹이가 될 음식도 들어 있다. 모유수유를 하는 엄마는 아기의 생명만 살리는 게 아니라 실제로는 수많은 생명체도 돌보는 셈이다.

모유의 맛은 엄마가 섭취하는 음식에 따라 다양해진다. 적포도주 한잔처럼 모유는 알아보기 쉬운 단순한 색상과 형태를 지니지만 그것이 만들어지는 엄마의 몸이라는 환경을 반영해 맛이 미묘하게 변한다. 그리고 여느 진미처럼 모유도 다양한 향기와 맛, 질감을 갖는다고 밝혀져 있다.

1970년대 매니토바대 연구진이 모유수유중인 엄마들에게 모유 샘플을 얻어서 훈련받은 패널에게 맛과 당도, 질감을 평가하도록 했다. 연구진은 모든 카테고리에서 샘플의 특질이 제각각이라는 사실에 주목했다. 그중에서도 특히 최근에 매운 음식을 먹은 여성의 모유가 눈길을 끌었는데 이를 맛본 사람은 '맵고' '후추 맛이 난다'고 묘사했다.

모유수유중인 엄마가 소화하는 김치와 브로콜리, 민트, 블루치즈 같은 음식의 풍미가 그들이 만드는 모유에 섞여들어 아기가 맛을 보게 된다. 필라델피아의 모넬 화학감각센터의 줄리 메넬라는 자신의 연구를 토대로, 어린 시절 모유를 먹은 경험이 영유아가 모유를 통해 처음 접한 여러 맛에 대한 호감도를 키울 뿐 아니라 맛의 취향을 발달시키는 데 도움이 된다고 주장했다.

나는 일 덕분에 시애틀의 다양한 요리 세계를 탐방할 수 있었으며 그런 내 모유를 통해 내 딸도 그 음식들을 맛보았다. 딸이 이유식을 먹기도 전부터 이미 딸의 미뢰가 딸에게 너는 수많은 민족의 전통요리로 가득한 도시의, 지역 농부를 지지하는 가정의, 돼지고기와 발효 새우 페이스트를 언제나 좋아하는 필리핀 가족의 일원이라고 말해줬다는 발상이 무척 마음에 들었다. 아기 시절 다양한 맛에 노출된 경험이 딸의 미각에 어떤 영향을 미쳤는지는 알 길이 없다. 하지만 딸이 이유식을 먹기 시작하고 얼마 지나지 않아 할아버지표 훈제 돼지고기와 우리 지역 농장에서 나온 주키니호박구이, 필리핀 팝업 식당에서 산 새끼 돼지 통구이인 레촌이나 필리핀식 젓갈 바궁, 니아만에서 잡은 야생 대왕연어와 딥프라이드 허시퍼피를 신나게 먹어치우게 되었다는 사실이 단순한 우연이 아니라고 생각하면 기분이 좋다.

내 딸이 건강한 식욕을 키우는 데 모유가 유용하게 작용했을 수 있다는 가능성만큼이나 딸이 더 건강한 유아기를 보내는 데도 모유가 도움이 되었다는 현실도 흥미롭다. 그리고 나도 모르는 사이 내 모유는 매일 이를 먹는 딸의 요구에 알아서 맞춰졌다.

여러 연구 결과를 보면 모유수유는 아기의 면역 건강에 유익하다. 모유를 먹은 아기는 감기와 바이러스성 질환에 덜 걸린다.[7] 게다가 모유를 먹은 아기는 병이 나도 감염을 치유하는 데 필요한 특정 항체를 모체에서 만들기 때문에 빨리 회복한다. 내 몸이 일종의 화합물 약국처럼 아이에게 맞는 맞춤형 약을 만들 수 있다는 생각에 어찌나 사로잡혔던지 한밤중에 유축을 하거나 젖을 물릴 때면 나도 모르게 이런 생각에 잠기곤 했다. '진단을 한 것도 아닌데 내 몸은 어떻게 내 딸에게 처방전을 써줄 수 있는 거지?'

이 질문을 하인드에게 하자 그녀는 잠시 입을 다물고 자기 컴퓨터에 뜬 스카이프 창을 통해 내 눈과 내 영혼을 뚫어져라 바라보며 이렇게 말했다. "제가 설명해주면 절대 잊지 못할 거예요. 정말 알고 싶으세요?" (내 대답: "네, 그럼요, 물론이죠.")

하인드의 대답에 따르면, 아기가 엄마 젖을 빨면 진공상태가 형성된다. 엄마의 유두를 통해 아기의 타액이 그 진공으로 빨려들어가고 젖샘의 수용기가 타액을 판독한다.[8] 하인드는 이 "역류한 아기의 타액"에는 아기의 면역계뿐 아니라 아기가 싸우고 있을지 모를 감염병에 관한 신호, 정보가 들어 있다고 즐겁게 설명해줬다. 과학자들이 생리학에 대해 파악한 바에 따르면 모유가 아기의 면역 구성을 조절하는 방법 중 하나라는 사실을 이러한 타액의 역류로 짐작할 수 있다.[9] 젖샘의 수용기는 병원균 혹은 세균의 존재를 감지하면 모체에게 그것과 싸울 항체를 당장 만들게 한다. 그러면 그 항체가 모유에 섞여 아기 몸으로 들어가고 그곳에서 감염증과 싸운다.

모유는 약이지만 동시에 엄마와 아이가 나누는 둘만의 대화이기도 하다. 내 딸이 아직 말을 못했을 때 아이는 내 젖을 빨며 자신이 무엇을 원하는지 정확하게 알릴 수 있었다. 우리가 주고받은 메시지는 말 그대로 우리 자신으로 만들어져 있었다. 게다가 그 메시지를 통해 우리는 바로 그 순간 우리 삶에서 무슨 일이 일어나고 있는지 알 수 있었다.

모유는 아기에게 현재만이 아니라 과거에 대해서도 알려준다. 엄마의 지방을 녹인 물질에 대한 이야기로 되돌아간 하인드의 설명에 따르면, 십대 시절에는 고기를 먹었지만 성인이 되어 채식주의자가 된 엄마에게도 동물에게 얻은 지방산이 몸에 저장되어 있다. 모체가 모유를 만들기 위해 그 지방을 동원하면 아기는 그 영양분을 섭취할 수 있다.

"모유에 지금까지의 당신 인생 전부에 대한 정보를 담을 수 있어요. 엄마가 살아온 세상을 모유가 아기에게 말해주죠."

또한 모유는 아기의 이십사 시간 주기 리듬을 조절하기도 한다. 인간의 아기는 태어났을 때 시간에 대한 개념이 전혀 없고 어떤 아기는 야행성 주기를 더 선호하는 것 같다. 모유는 아기에게 낮과 밤을 구별하듯 특정한 시간대와 다른 시간대를 구분해 이해하도록 도와준다.

"모유는 믿기지 않을 정도로 역동적이에요. 모유에는 여러 종류의 호르몬이 함유되어 있는데, 모체에서 순환하는 호르몬이 여기 반영돼죠. 잠들게 하거나 잠을 깨우는 데 도움이 되는 호르몬이 모유에 들어 있어요. 게다가 낮의 모유에 함유된 호르몬은 밤의 모유에 함유된 호르몬과 완전히 달라요."

모유로 우리 사회에 존재하는 건강상 불균형 문제도 살필 수 있다.

"모유수유는 현실에서 실천할 수 있는 핵심적인 공공보건 개입방식 중 하나예요. 신진대사, 신경생물학, 면역기능 등 많은 부분이 모유에 의해 크게 좌우된다고 알려져 있거든요. 게다가 이런 것은 평생 우리 몸의 기능에 영향을 미친다고도 알려져 있고요."

우리는 아이가 커서 2형당뇨병과 고콜레스테롤혈증처럼 이후의 인생에서 나타날 수 있는 문제를 피하는 데 모유가 도움이 된다는 사실을 알고 있다. 또한 흑인은 백인보다 2형당뇨병에 걸릴 확률이 2.2배 높은 한편 미국 선주민은 2.8배 높다는 사실도 알고 있다.[10] 흑인과 미국 선주민은 미국에 거주하는 모든 인종과 민족 그룹을 통틀어 모유수유 비율이 가장 낮다.[11]

모유가 엄마나 아기에게 이롭다는 사실 외에도 또다른 이점이 있다. 최근 들어 연구진은 성인의 신체에서 발견되는 200종 이상의 세포를 다 만들어낼 수 있는 매우 귀중한 줄기세포인 만능줄기세포가 모유에 있다는 사실을 알게 됐다.[12] 이 만능세포는 모유 외에는 배아 조직에서만 발견된다.

"배아줄기세포에 대한 실험과 관련해서는 윤리 문제가 무척 많아요. 하지만 모유는 인체의 어느 세포로도 변이할 수 잠재력을 갖춘 줄기세포의 공급원이 될 수 있어요. 재생의학을 발전시킬 엄청난 잠재력인 셈이죠." 하인드가 말했다.

물론 퇴행성질환을 앓고 있는 사람에게 조직을 이식하고 배양할 수 있는 단계까지 가려면 현재 과학 수준으로서는 갈 길이 멀지만 그동안 모유가 앞으로의 연구를 위해 가능한 선택지를 제공한다.

• • •

모유수유를 원했고 내 몸도 내 뜻을 잘 따라주었기 때문에 나는 모유수유를 했다. 내게 협조적인 남편과 일주일에 사흘 동안 무료로 손녀를 봐주신 친정엄마, 건강보험개혁법에 규정된 대로 모유수유를 할 권리를 보장해준 직장 덕분에 나는 모유수유를 계속할 수 있었다. (확실히 말해두지만, 엄마들, 여러분은 유축기, 출산 후 1년 동안 젖을 짜야 할 때마다 쉴 수 있는 시간, 직장 동료나 공공의 시선을 막아주고 그들이 불쑥 들어오지 않는 화장실 외의 유축 장소 등의 편의를 누릴 권리가 있다.)

하지만 어떤 엄마는 가족의 도움을 받지 못하고 일을 하는 동안 아이를 보육시설에 맡길 경제적 여유가 없다. 어떤 엄마는 경제적으로는 안정되어 있지만 근무 시간이 길거나 출장이 잦아 도저히 젖을 먹일 수가 없다. 또 어떤 엄마는 직장에서 건강보험개혁법이 보장한 권리를 행사하려고 했을 때 저항에 부딪혔을지 모른다.

질병통제예방센터에 따르면 미국 엄마 중 75퍼센트가 모유수유를 시작하지만 반년이 지나면 엄마 젖만 먹는 아기는 전체의 13퍼센트에 불과하다.[13] 현재는 엄마가 모유수유라는 목표를 세워도 이를 달성하도록 도와주는 사회적 제도적 문화적 지원체계가 없다. 엄마에게 6개월 동안은 모유만 먹여야 한다고 말할 거라면, 그들에게 최소한 그 기간 동안의 유급 육아휴가를 주어야 한다. 출산 후 몇 달 동안은 모유수유만으로 하루에 여덟 시간이 훌쩍 지나가기 때문에 모유수유는 모든 측면에서 풀타임 업무와 맞지 않는다. 우리는 비좁은 사무실이나 청소도구를 보관하는 창고에서 유축을 하고, 여러 가지 일을 하고, 수입의 상당한 부분을 탁아 서비스에 지불한다. 당연히 지치고 한계점에 다다랐지만 그럼에도 모유수유를 계속하고 싶은 마음을 저주하는 진퇴양난인 엄마를 좀더 수월하게 도와줄, 혹은 심지어 모유수유에 성공하도록 만들어줄 노력을 우리 사회는 거의 기울이지 않는다.

그렇지만 이외에도 다양한 이유로 모유수유를 그만둔다. 누군가는 모유수유를 좋아하지 않아서, 누군가는 파트너와 더 평등한 육아 방식을 모색해서, 누군가는 너무 지쳐서 수유 스케줄을 맞출 여력이 없어 그럴 수도 있다. 전통적인 의미로 여성스러운 모습에서 벗어나거나 젠더 이분법으로 분류되지 않는 사람의 경우, 유방으로 수유하는 방식이 그들의 원치 않는 관심을 불러일으키기 때문에 스트레스를 받아 그럴 수도 있다. 그리고 로런처럼 갑자기 전과 같은 양의 모유를 몸에서 만들어내지 못하는 현실에 직면하는 사람도 있다.

아이가 필요한 만큼 모유를 만들어내지 못한다는 사실이 명백함에도 로런은 모유수유를 계속해야 한다는 압박감에 시달렸고 그로 인해 산후불안증이 점점 심각해졌다.

"그건 악순환이었어. 너무 불안해하는 바람에 모유수유를 하는데 문제가 생겼는데 젖을 물릴 때마다 아이가 울며불며 나를 밀어내니 더 불안해졌지. 마음이 찢어지는 것 같았어."

로런은 담당의와 몇 명의 모유 상담사에게 이야기해봤지만, 그들 가운데 누구도 분유로 바꿔도 괜찮다고 말해주지 않았다. "내가 분유 이야기를 꺼내면 하나같이 '그렇게 하시겠다면, 그건 환자분의 선택이죠'라고 하더라고. 바로 그때 내가 모유수유를 그만해도 된다는 말을 얼마나 듣고 싶었는지 그 사람들은 절대 몰랐을 거야." (그럼에도 불구하고 로런이 어느 모유 상담사를 찾아간 건 또다른 중요한 면에서 천만다행이었다. 그 상담사는 로런에게 산후우울증 검사를 받게 하고 심리상담사를 추천해주었다. 그때까지만 해도 본인조차 자신의 우울증 문제를 제대로 인지하지 못했는데, 상담사 덕에 로런은 필요한 치료를 받는 데 도움을 받았다.)

딸에게는 모유가 최고의 음식이라고 여전히 믿었지만 그녀는 결국 분유를 먹이기 시작했다.

"모유가 아기에게는 가장 좋아. 나도 그게 맞는다는 걸 알지만 의료계에서 모유수유를 얼마나 밀어붙이건 간에 미국인의 생활방식과 모유수유를 조화시킬 수가 없어. 내 딸의 행복은 내 행복과 매우 강하게 연결돼. 내가 좀더 긴장을 풀고 편안해지면 우리 둘 다 더 행복해질 거야." 로런이 말했다.

이 나라가 갑자기 마법처럼 모유수유중인 엄마에게 그들이 필요한 온갖 지원을 제공한다고 해도 모든 아이가 모유를 먹을 거라는 예상은 여전히 비현실적이다. 그렇다고 포기해야 한다는 뜻은 아니다. 오히려 이렇게 물어보아야 한다. 하루에도 몇 번씩 분유를 먹는 수백만 명의 아기는 최대한 좋은 분유를 먹고 있을까? 그 아기에게 무엇을 먹이건 어떻게 해야 모두 최적의 영양분을 섭취하게 할까?

분유는 개발된 이래, 지금까지 과학적 연구를 통해 지속적으로 질이 개선돼왔다. 1800년대 말부터 분유제조사는 분유에 밀가루를 추가하고, 동물성지방을 식물성기름으로 바꾸고, 아미노산뿐 아니라 철분처럼 특정한 비타민과 미네랄도 첨가했다.[14] 현재는 분유에 뇌의 발달을 돕는 오메가-3지방산 DHA를 더해 영양이 더욱 강화되었다. 분유는 까다롭게 규제를 받는 식품이다. 제조사마다 다양하게 만들어지나 미국 식품의약국FDA 영아식품법을 보면, 모든 분유는 엄격한 검사 규정과 구체적인 영양적 요구사항을 충족해야 한다고 명시되어 있다.

하인드의 말에 따르면, 좀더 최근 연구 결과를 보면 모유는 살아 있고 역동적인 물질이다. 매일 변하고 심지어는 그보다 더 자주 변할지도 모르는데, 왜냐하면 아기가 매일 변하기 때문이다. 그리고 이러한 새로운 연구 결과를 바탕으로 과학자는 아기에게 필요한 영양분을 더욱 다양하게 공급할 수 있는 분유를 개발중이다. 연구진은 어떻게 하면 단백질을 더 유익하게 사용할지, 어떻게 미생물군집의 먹이가 될 올리고당을 추가할지 파악하기 위해 노력중이다.

36개월까지 영유아의 발달과정에 맞춰 분유를 여섯 단계로 구성해 캡슐에 담은 네슬레 베이비네스는 미국을 포함해 일부 국가에서 구입할 수 있다. 이 캡슐 분유를 먹이려면 큐리그 커피메이커처럼 분유를 끓이는 (199달러짜리) 특별한 기계가 필요하며 캡슐도 엄두가 나지 않을 만큼 비싸지만 어쨌든 이런 제품이 존재하기도 하고 점점 개선되고도 있다.

아기에게 무엇을 어떻게 먹이는 것이 최선일지 알아내는 일은 쉬울 리 없다. 반드시 해답이 자연스럽게 나타나는 것도 아니다. 아기를 낳은 직후(와 그후) 모유수유를 하기 위해 발버둥치다보면 모든 의욕이 사라진다. 온갖 난관이 도저히 넘을 수 없는 산처럼 느껴지기도 한다. 모유수유중인 엄마가 계속 모유수유를 하려면 전문적인 지원이 필요하다. 또한 모유수유를 관두고 싶다면 그렇게 해도 된다고 말해주는 사회 분위기도 필요하다.

이 문제에는 정답도 오답도 없다. 우리의 결정만 존재한다. 우리가 옳다고 느끼는 것이, 안전하고 즐겁고 그럴 만한 가치가 있다고 느끼는 것이 가족에게는 최선이다. 그리고 우리는 그저 최선을 다할 뿐이다.

실질적인 도움은 주지 않으면서 엄마에게 각종 기준을 들이대는 것은 그만큼 이를 충족할 엄마가 극히 드물다는 뜻이기도 하다. 그리고 그 기준을 맞춘대도 우리는 여전히 스스로 어딘지 부족하다고 느낄 것이다.

우리가 자신의 몸을 온전히 사랑하거나 신뢰할 수는 없더라도, 적어도 그 몸을 인정하고 내려놓으며 남은 인생과 함께 앞으로 나아갈 수는 있지 않을까?

• • •

내 딸은 우중충한 담요로 뒤덮인 듯 흐린 시애틀의 어느 가을날에 태어났지만 이유식을 먹기 시작하자 여름에 태어난 아기처럼 느껴졌다. 딸아이는 스카짓밸리에서 초여름에 나는 딸기와 블루베리는 물론이고 워싱턴주 야키마에서 나는 천도복숭아와 체리를 몹시 좋아한다. 아이가 난생처음 먹은 토마토는 우리 텃밭에서 딴 작고 아름다운 슈퍼스위트100 품종이었는데 아이가 씨와 즙을 옷과 얼굴에 묻히며 한 입 깨물었을 때까지도 햇살을 받아 따뜻한 상태였다. 아이는 이웃에 사는 존이 자신의 나무에서 따서 먹어도 괜찮다고 한, 멍든 것처럼 보라색인 이탈리아 자두의 맛을 심지어 나보다 더 좋아한다.

모유수유는 강렬한 관계이지만 궁극적으로는 짧은 기간 동안만 지속되는 관계이기도 하다. 아이의 식사량이 늘어나면서 (그리고 더, 더, 더, 더 먹기 시작하면서) 젖은 점점 덜 먹게 되었다. 젖을 뗐을 무렵 아이에게는 여전히 내가 필요했지만 세상의 일부가 되고 충만한 삶을 살기 위해 세상을 만지고 냄새 맡고 맛을 보는 일도 아이에게 필요했다.

하지만 이유식을 시작한 지 몇 주 후 열이 38도까지 올랐던 때는 영원히 잊지 못할 것이다. 아이는 몹시 힘들어했고 잠도 못 잤으며 평소와 달리 우리집에서 몇 블록 떨어진 곳에서 자라는 검은딸기나무에서 따온, 좋아하는 블랙베리조차 먹으려 하지 않았다. 그래서 그 대신 젖을 물렸다.

불처럼 뜨겁고 연약한 아기를 꼭 안고 있는 동안, 아기의 침이 내 몸에 들어오면 젖샘이 그 침을 분석해 내 몸에서 아기의 약이 만들어지고 아기가 힘겹게 맞서 싸우는 균을 내 유방이 막아주는 장면을 상상해보려고 했다. 그러나 이런 일이 벌어지는 중이라는 사실을 다 알면서도, 젖을 물리는 행위를 하는 동안 전과 다름이 없이 아이의 혀가 부드럽고 친숙한 방식으로 내 유두를 간질이는 느낌만 들었다.

내 딸이 내 몸을 빠져나온 순간부터 이 아이의 엄마가 되는 일은 앞으로 죽는 날까지 이어질 분리의 과정이자 떠나보냄의 과정이라는 사실을 깨달았다. 하지만 그 순간 나는 아이를 더 꼭 안았다. 그리고 딸의 몸이 내 몸에 속삭이는 소리가 정말로 들리기라도 하듯 몸을 기울였다.

내 몸의
생각

3부

새로운
당신

우리 몸의
힘이 솟는 곳

Like a
Mother

새로이
펼쳐지다

8장

내 몸의 생각

딸을 낳고 며칠 동안의 기억은 안개가 낀 것처럼 흐릿하다. 내 복부를 가로질러 욱신거리는 봉합선에 덧대어진 육체적이고 감정적인 희열과 피로감, 이 모든 것이 주기적으로 투약되는 진통제 속에서 부글거렸다. 하지만 그 와중에도 딸이 이 세상에 나온 첫 주의 어느 오후, 소리를 질러대는 아기를 안아주었던 순간만큼은 절대 잊지 못할 것이다. 아이는 몇 시간이나 지치지도 않고 잠도 들지 못하고 울어댔다. 나는 겁에 질렸으며 동시에 아이를 달래지 못할 것 같다는, 내가 아이를 달래지 못하면 결국 둘 다 죽을 것 같다는 두려움에 사로잡혔다. 나는 아이를 가슴에서 떼어내고 엉엉 울면서 아이의 얼굴을 바라보며 말했다. "미안해, 미안해. 뭘 어쩌면 좋을지 나도 모르겠어."

그 순간 아이의 두 눈을 바라보았다.

아이는 나를 똑바로 바라보고 있었지만, 실은 그렇지 않았다. 처음에 아이의 두 눈은 술 취한 사람의 눈처럼 보였다. 엄밀히 말하자면 눈을 뜨고 있어도 사실 텅 비어 있는 것 같았다. 다음 순간 아이의 검은 눈동자 깊은 곳에서, 선홍색의 목구멍 저 안쪽에서, 힘을 꽉 준 온몸의 모든 세포에서 터져나오는 그것을 보았다. 공포였다. 내 착각일 리 없었다. 나도 무서웠으니까.

나보다 아이가 이 새로운 현실에 훨씬 더 겁을 먹었다는 사실을, 뭘 어쩌면 좋을지 나보다 더 모를 것이라는 사실을 깨달았다. 아이를 품에 안고 함께 겁에 질려 흐느끼며 소리를 지르던 차에 남편이 또다른 종류의 두려움이 서린 얼굴로 방에 들어왔다. 남편은 아이를 받아 안으며 나에게 잠시 누워 있으라고 상냥하게 말하고는 천천히 방을 나갔다. 그렇게까지 불안정한 모습을 남편에게 보였다는 사실에 당황했지만 한편으로는 고마웠다.

남편과 나는 지치고 수면 부족 상태이긴 하나 몇 년째 잘 굴러가는 팀이었다. 이제 우리에게 새로운 팀원이 생겼으니 둘이서 막 세상에 내놓은 연약한 작은 인간을 위해서만이 아니라 서로를 위해서도 앞으로 어떤 식으로 서로의 곁을 지킬지 고민해보아야 했다.

한 팀이 된 우리 셋은 병원을 퇴원해 차를 타고 집으로 돌아갔다. 그 20분 동안 뒷자리에 앉은 신입이 악을 쓰며 울어댔지만 나는 수술에서 회복하는 중이었고 여전히 몹시 약한 상태였다. 일어서기, 걷기, 화장실 가기, 계단 오르내리기 같은 가장 기본적인 동작을 하기도 힘에 겨웠다. 평소 내 일상을 차분하게 가라앉히는 닻 같은 역할을 했던 요리도 불가능해 보였다. 나는 두 시간마다 젖을 물렸고, 젖을 물리지 않을 때는 대개 짐볼에 앉아 몸을 통통거리면서 아이를 달래고 재우려고 애썼다.

가장 기본적인 차원의 일을 할 때 남편이 필요하다는 사실을 금방 깨달았다. 소파에 인질로 잡힌 채 수유쿠션을 몸에 끼우고 거기에 아기를 눕혀놓을 때면 남편에게 물 한 잔과 비스킷 조금, 리모컨을 좀 가져오라고 했다. 차를 우리는 데도 옷을 개는 데도 나가서 우편물을 챙겨 오는 데도 남편이 필요했다.

마치 한쪽 폐로만 숨을 쉬는 것 같은, 오른손만 사용할 수 있게 된 것만 같았다. 남편이 내 다른 한 손이 되었다. 우리는 한 팀이 되어 끊임없이 경기장 안으로 들어왔다가 나갔다. 가령 내가 아기에게 젖을 먹이면 남편이 트림을 시켰다. 그가 아기를 내려놓으면 내가 안아 들었다. 남편이 기저귀를 갈면 내가 그걸 치웠다. 아이가 (감지도 않은) 내 머리에 토를 하면 남편이 얼른 수건으로 찐득한 것을 닦아냈다. 이런 지원을 받을 수 있었다는 게 얼마나 행운인지 잘 안다. 수많은 사람이 이런 도움을 못 받는다는 사실도 안다.

평소라면 이 정도로 남편에게 의존하는 생활에 겁이 났을 것이다. 그런 상황에서 벗어나려고 싸웠을 것이다. 그런 의존적 태도에 대해 (관계도 없어 보이는) 싸움을 시작했을 것이다. 하지만 너무 필사적인 상황이라 자존심에 신경을 쓸 여력이 없었다. 나를 도우려는 남편의 노력을 거부하기보다는 기꺼이 새롭게 알게 된 나의 취약한 면을 인정했다.

아기를 낳고 첫 몇 주간 남편은 다른 파트너가 그렇듯 일종의 집사가 되었다. 아기의 토사물을 닦을 손수건을 찾아오고 물을 떠 오고 매일 산더미처럼 쌓인 빨래를 했다. 이런 일은 중요하긴 하나 생명의 창조와 유지에 비교한다면 아름답지도 않고 하찮은 일이다. 남편은 가끔 자신이 아기를 돌볼 테니 내게 쉬라고 하며 자신도 더 '중요한' 일을 담당하고 싶다는 바람을 드러냈다. 아기가 나만 원하거나 나만 필요로 하는 것처럼 보이는 상황에서도 말이다. 피곤으로 가득한 구름에 시야가 가려지는 바람에, 남편도 변해가는 중이라는 사실이 내 눈에 들어오지 않았다.

"당신이 10초면 할 수 있는 일이건 아니건 나는 다섯 시간이 걸리더라도 기꺼이 그 일을 하고 싶었어." 나중에 남편이 내게 말했다. "꼭 내 손으로 아기를 달래고 진정시켜보고 싶었다고. 지금 생각해보면 정말 바보 같지만 그때는 그랬어."

엄마로서 나는 딸을 이 세상에 내보내는 가장 알짜배기 역할을 이미 해냈다. 한편 남편은 아빠로서 딸을 재우며 몇 시간을 함께 보내고 싶어했다. 남편과 딸은, 두 사람의 몸은, 둘의 체취는, 울음소리, 피부, 까칠하게 자란 수염은 서로의 관계를 이해해야 했고, 내

도움 없이 두 사람이 직접 만들어나가야 했다.

• • •

두 살 즈음에 아이는 알에서 깨어난 후 일주일 동안 딸기 네 알, 아이스크림콘 하나, 피클 하나, "먹음직스러운 푸른 잎사귀" 한 장을 비롯해 어마어마한 양의 먹이를 먹어치우는 애벌레에 관한 이야기인 에릭 칼의 『배고픈 애벌레』를 몹시 좋아하게 되었다. 포동포동하고 건강한 애벌레는 고치를 만들어 안으로 들어간 후 이 주일 뒤 거기서 나온다. 이 책의 마지막 페이지에서 애벌레는 우화羽化한 모습으로 등장한다. 눈부시게 아름다운 나비가 되어서 말이다.

우리 가족은 이 애벌레와 애벌레의 활동에 대해 아주 잘 알게 되었다. 한 달이 지나도록 우리는 매일 아침, 점심, 저녁에 한번 앉으면 적어도 네 번씩 이 책을 읽었다. 다 읽을 때마다 아이는 우리를 보며 사랑스럽지만 고집스러운 목소리로 "또 읽어줘"라고 말하곤 했다.

우리가 새로운 차원의 인내심을 배워가는 동안 아이는 말을 배웠다. 아이는 이미 소리 내어 말한 단어를 다시 말하기를 좋아했다. "빵!" "소시지!" "수박!" 아이는 점차 '고치'라는 단어의 발음과 의미를 이해하게 되었다. 나는 고치란 애벌레가 자신의 형태를 완전히 다른 것으로 탈바꿈시키는 놀라운 변신을 해내는 곳이라는 걸,

쉼없이 꿈틀거리는 아이의 뇌가 깨달아가는 모습을 지켜보았다.

물론 내 딸은 애벌레의 변신이 품은 진짜 의미를, 그러니까 그 고치 안에서 애벌레가 효소를 분비해 자신의 조직을 녹여 수프 같은 단백질 혼합물로 만들고 몸을 재배치한 후 새로운 생명체로 변한다는 점까지는 이해하지 못했을 것이다. 하지만 그 변신이 몰고 온 밝은 붉은색과 푸른색과 보라색이 어우러진 나비 날개를 봤을 때의 흥분과 아름다움은 명확했다. 이 생물학적 과정이 어찌나 매력적인지 인간은 그 과정을 영적으로, 심지어 기적과도 같이 받아들이지 않을 수 없다.

모습을 바꾸는 생물체 가운데에서도 애벌레는 가장 유명하고 변화과정도 극적이지만 우리 인간을 비롯해서 다른 동물도 끊임없이 미미하지만 적잖이 의미심장한 방식으로 스스로를 변화시킨다. 그것이 바로 우리가 생존하는 방식이다.

몸통이 넓게 양옆으로 퍼진 갑각류인 부채새우는 가재와 마찬가지로 다리가 열 개나 되지만 그와 달리 집게발이 없다. 부채새우는 알에서 부화하면 필로소마라고 부르는 독특한 형태를 띠는데, 투명하고 입체감이 거의 느껴지지 않을 정도로 편평한 모양새다. 이 유생이 결국에는 단단한 껍데기를 가진 덩치 큰 새우가 된다. 그러나 처음에는 속이 다 비치고, 연약하고, 꼭 만화에 나올 것 같은 모습으로 삶을 시작한다. 그들은 커다란 눈을 부라리며 해파리의 등에 올라타 큰 바다를 유람한다.

유생은 성숙해지면서 탈피라고 부르는 변화과정을 거쳐 점점 성장한다. 단단한 외골격보다 더 자라면 생존하기 위해 그 껍데기를 버린다. 탈피할 때마다 갑옷 같은 껍데기가 떨어져나가고 속살에 맞춰 새로운 껍데기가 생긴다. 그렇지만 새로운 껍데기가 단단해질 때까지 부채새우의 몰랑거리는 몸은 외부에 노출된다. 포식자의 공격에 취약해지지만 한편으로는 이때가 암컷이 짝짓기를 할 수 있는 유일한 시기이기도 하다.

우리는 아이가 아주 어릴 때부터 자연에서 일어나는 변화에 경외심을 갖도록 가르친다. 그렇다면 우리 자신의 변화를 그만큼 관대하고 경이롭게 바라볼 수 있을까?

다른 동물처럼 우리 인간도 주위에 습관, 각종 기제, 냉소주의, 금욕주의 같은 보호 껍데기를 두르고, 그 껍데기는 석회화하며 단단해진다. 우리는 이런 껍데기가 자신이라고 믿게 된다. 하지만 우리는 방어기제보다 더 많은 의미를 지닌 존재이다. 모든 생명은 변화하고 우리 역시 그래야 한다.

딸을 집으로 데려왔을 때, 아이는 투명한 욕망덩어리인데다 온통 몰랑몰랑하고 질척거리는 생명체였다. 아기는 자그마했지만 존재감은 거대했다. 아이는 우리 삶에 엄청난 평화와 붕괴를 몰고 왔다. 그 힘은 끊임없이 파도를 일으키고 우리를 번갈아가며 세례해줬다가 난파시키는 태풍처럼 덮쳤다.

우리는 친밀과 평온이 깃든 가히 성스럽다고 해도 좋을 공간인 침대로 딸을 데려왔고, 아이는 그후 몇 주 동안 침대 중앙에서 잠을 잤다. 우리는 도저히 통제할 수 없는 힘에 기꺼이 자리를 내어주었다. 우리는 노랫가락처럼 들리는 아기의 옹알거림과 잠잘 때 보여주는 미소에 꼼짝 못했다. 그러다가 아이가 갑작스럽게 잠에서 깨고 울음을 터트리면 얼어붙었던 상태에서 풀려났다. 우리가 함께하는 공간에 뽀얗고 달콤한 친밀이 새로 생겨났지만 균형을 잡아주던 차분한 평온은 자취를 감추었다.

남편과 나는 잠을 정말 좋아한다. 연애할 때 처음 2년 동안은 서로 쉬지 않고 이야기를 나누고 싶었기 때문에 바에서 마감 시간까지 머물기도 했지만, 그후 10년 넘게 함께 지내면서 저녁에는 보통 여덟 시간 동안 함께 쉬기로 계획을 세웠다. 남편은 자신이 평생 "전설적인 잠보"여서 놀이동산에 가서 롤러코스터 줄을 서 있을 때나 거센 파도가 치는 바다 위 요트에서도 잠에 곯아떨어질 정도라고 입버릇처럼 말했다.

아이가 생기자 그 전설은 깨졌다.

"아이가 들릴락 말락 소리만 내도 잠이 확 달아나버려. 그 많던 잠들이 다 어디 갔는지 모르겠어." 남편이 서글프게 말했다.

10년 가깝게 남편과 내 몸은 상대와 즐거움을 주고받는 데 주로 쓰였다. 대화와 자극, 요리, 동작, 손길, 섹스를 통해서 말이다. 이제 그 몸은 확실히 더 실용적이면서 덜 낭만적인 목적을 위해 쓰였다. 우리를 먹이고, 깨끗하게 해주고, 살아 있게 해주기 위해서이다.

병원에서 퇴원한 후 나흘 동안 누구도 내게 미리 알려주지 않은 참혹한 경험을 했다. 바로 출산 후 첫 대변 보기였다. (당신이 자연분만을 하건 제왕절개를 하건 출산을 하면 변비가 생긴다. 진통을 하는 동안 배불리 먹지 못했고, 진통제를 먹었고, 장의 위치가 움직여 몸에 가스가 차고 붓는데다가 치질이 생겼고 아이를 밀어내는 과정에서 회음부가 찢기기까지 했기에 장 활동이 원활히 이뤄지지 않는다.)

변비약을 먹고 프룬 주스를 마시고 며칠 만에 비로소 변의가 찾아왔다. 영원과도 같은 시간 동안 변기에 앉아서 서서히 진행시키며 힘을 주어 변을 밀어내야 했지만, 소화기관이 몽땅 빠져나올 것만 같다는 두려움에 힘을 주지 못했다. 3.6킬로그램 정도였던 아기를 밀어내지는 못했지만 그 순간 이렇게 변을 밀어내는 것이 그와 비슷한 느낌일 것이라는 생각이 번뜩 들었다. 마침내 일을 끝냈을 때 울먹이며 남편을 화장실로 불러서는 전 같으면 생각도 못했을 일을 부탁했다. 내 항문을 잘 보고 내장이 빠져나오지 않았는지 확인해달라고 한 것이다. 나는 나대로 그 상황이 굴욕적일 줄 알았고 남편은 남편대로 무시무시한 충격을 받을 줄 알았는데, 이상하게도 우리 둘 다 아무렇지 않았다. 내 장기는 여전히 제자리에 있었고 우리는 각자 하던 일로 돌아갔다.

출산 후 6주간 낯설어하다가 느닷없이 또다른 강렬한 욕구에 사로잡혔다. 성욕이었다. 당시 내 감정을 표현하는데 '성적인'이라는 단어만큼 쓸모없는 표현도 없었겠지만 우리가 다시 섹스를 할 수 있을지, 내 몸이 나와 내 남편에게 그런 종류의 즐거움을 줄 수 있을지가 너무나 궁금했다. 감사하게도 그랬다. 하지만 남편을 올라탔을 때 내 몸은 자신이 정한 우선순위가 뭔지 확실하게 보여줬다. 산후 처음으로 오르가슴을 느낀 순간 양쪽 가슴에서 모유가 뿜어져나와 베개와 침대의 헤드보드, 남편의 얼굴을 적셨다. 정원용 호스처럼이 아니라, 수도꼭지에서 뚝뚝 떨어지는 가는 물줄기처럼이 아니라 그야말로 소방 호스처럼 뿜어져나왔다.

옥시토신은 '사랑의 호르몬'으로 알려져 있는데, 이 물질이 오르가슴을 느끼거나 출산과 모유수유를 하는 동안 행복감과 만족감을 안겨주기 때문이다. 이 경우에는 이런 점들이 뒤엉킨 끈적거리는 거미줄이라고 해야겠지만 말이다. 어쨌든 내 몸은 스스로 만들어낸 옥시토신이 나나 내 욕망에 따르지 않는다고 선언했다. 남편이 당혹스러워하고 약간은 겁에 질려서 입을 벌리고 아기 새처럼 고개를 좌우로 돌려가며 쏟아지는 젖을 받으려고 부질없이 애쓰는 모습을 공포 속에서 지켜보았다. 굴욕감에 양손으로 가슴을 감싸쥐고 내려왔다. 내가 원하는 섹스는 이런 모습이 아니었다.

그 순간, 이것이 이미 변화를 겪은 우리 몸이 서로를 대하는 방식이자 내 몸이 나를 대하는 방식이라는 사실을 깨달았다. 엄마가 됨으로써 아이와 전혀 관계가 없는 일을 하는 동안에도 내 몸은 두번째 역할을 계속 수행하고 있었다. 내 몸은 욕망의 그림자가 되었다는 사실을 의아해하며 자동적으로 아이의 욕구를 내 욕구보다 우선했다. 나라는 물리적 존재에 부속된 딸의 존재가 나보다 더 긴급하고 더 중요하다고 내 몸이 내게 말했다. 나는 부르르 떨며 흡족해하는 동시에 기가 죽고 공허해진 내 몸을 내려다보았다. 그 몸은 태어난 순간부터 내가 아는 유일한 쉴 곳이었지만, 그때까지는 그 사실을 조금도 알아차리지 못했다.

임신하기 전만 해도 내 몸을 사랑하려고, 아니 적어도 받아들이려고 애를 썼다. 언제나 내가 너무 둥글둥글하고 까무잡잡하고, 이 세상에 내보이기에는 너무 과하지 않은지 늘 미심쩍었다. 서른여섯 살이 되어서야 내 몸의 아름다움이 눈에 들어왔다. 내 강점을 인정하게 되었고, 내 몸만의 갈증과 식욕을 신뢰하고 거기에 귀기울이는 법을 알게 되었다. 하지만 출산을 하고서 몇 주, 몇 달, 사실 몇 년 동안은 내 몸을 어떻게 느껴야 할지 알 수 없었다.

몇 달이 지나서야 다시 섹스에 관심이 생겼다. 남편은 내게 아무런 부담도 지우지 않았지만, 남편에게 좋은 파트너가 되고 싶고 나 자신을 되찾고도 싶어서 가끔은 못 이기는 척하고 싶기도 했다. 그런데 파트너가 주도권을 갖고 약간은 거칠게 대하는 것도 즐기는 나로서는 나를 부드럽게만 대하려고 하는 남편의 태도가 불만스러웠다. 내가 연약한 상태라는 사실은 부인할 수 없지만, 그렇다고 나를 그렇게만 대하는 건 싫었다. 그러나 복부에 커다란 상처가 나 있고 걸핏하면 울음이 터지는 상황에서 나를 거칠게 대해달라고 상대를 설득하기란 불가능에 가까웠다.

임신으로 온몸에 관련 호르몬이 분비되고 외음부와 질로 향하는 혈류가 점점 증가하자 내 친구 이브는 놀랄 정도로 성욕이 폭발했다. 전보다 오르가슴을 더 강렬하고 괜찮게 느끼자("가장 지겨운 섹스조차도 임신 전 가장 좋았던 섹스들과 비슷했어") 이브는 임신이 불러온 일시적이고 고조된 면을 즐거이 받아들였다.

"감각이 고조되고 에너지가 충만해진 것 같았어. 그래, 온몸이 아프고 피곤하고 졸리기도 했지만 동시에 진짜, 진짜, 진짜 살아 있다고 느껴지더라고."

하지만 극심한 요통을 동반한 진통에 긴급하게 병원으로 이송되어 제왕절개를 받아 아들을 낳은 이브는 지금도 성욕을 지닌 자신의 자아와 배우자와의 육체관계를 어떻게 이해해야 할지 분투중이다.

"내 몸은 그때와 같은 호르몬에 계속 절여져 있는데, 거기에 프로락틴이 더해졌어." 이브는 갓 아기를 낳은 엄마들에게 모유가 나오도록 만들어주는 산후 호르몬을 거론했다. 프로락틴은 옥시토신과 정반대의 정신적 결과로 이끌어 아기와 함께 있거나 아기를 안고 있어야만 한다고 느낀다.[1]

"몇 달 동안 오르가슴을 느끼지 못했어."

이브는 항상 섹스에서 주도권을 잡는 쪽이었지만 이제는 상대에게 복종하라고 명령하고 싶지가 않다고, 누군가가 자기 몸을 보면서 그러고 싶어하는 게 상상이 되지 않는다고 했다.

“나는 몸을 소유하기가 두렵다/나는 영혼을 소유하기가 두렵다/심오한, 위태로운 재산을.” 시인 에밀리 디킨슨은 이렇게 썼다. 하지만 디킨슨은 “선택이 아닌 소유”라며 몸은 피할 수 없다고 결론을 내린다. 출산 후 우리 몸은 평생 어느 때보다도 더 부드럽고, 더 못생기고, 더 무시무시하고, 더 경외감을 불러일으키고, 더 취약하다. 동시에 어느 때보다 더 쓰임새가 많거나 열심히 일을 한다.

지금껏 내 몸은 완벽한 몸매를 위해서가 아니라 나를 살아 있게 만들기 위해 존재했다. 나는 내 몸이 다른 사람을 살아 있게 만들고 나서야 비로소 이 사실을 완전히 이해했다.

모유수유 초기 시절, 어딜 가든 라디오에서 내게 틀어주는 것만 같은 노래가 있었다. 커피숍이든 마트든 자동차든 옷가게 탈의실이든 어김없이 그 곡이 흘러나왔다. 디스클로저라는 영국 그룹의 노래로 같은 소절이 반복되는 몽롱한 분위기의 일렉트로닉 댄스 음악이었다. 내가 평소에 즐겨 듣는 장르도 아니었지만 어느 날 아침 차를 몰고 출근하다가 처음으로 이 노래 가사에 귀를 기울였다. “어느새 내 공간에 당신을 들였어요/당신을 절대 놓치지 않을 거야/내 품에 당신을 족쇄 채웠어요/나는 당신에게 자물쇠로 채워졌어요.”

‘세상에, 이거 혹시 내 젖먹이 딸의 관점에서 쓰인 노래 아냐?’ 이 노래의 제목은 〈자물쇠Latch〉였다. ‘자물쇠’라는 단어는 일상적으로도 쓰이지만, 당신이 모유수유를 했거나 할 계획이라면 이 단어를 신생아를 키울 때 거의 모든 대화에 쓴다처음 모유수유를 하는 엄마는 젖을 제대로 물리지 못하고 갓 태어난 아기는 요령과 힘 부족으로 젖을 제대로 빨지 못한다. 젖을 제대로 물려서 아기가 젖을 잘 빨아먹는 걸 자물쇠 채워진 것에 비유한다는 사실을 잘 알 것이다. '아기가 자물쇠를 채운 것처럼 젖을 잘 물어야 해요.' '아기가 잘 잠긴 자물쇠처럼 힘 있게 젖을 무나요?' '아기의 입술이 둥글게 잘 펴져 있으면 자물쇠가 들어맞듯이 젖이 잘 물렸다는 것을 알 수 있어요.' '자꾸 자물쇠가 풀리는 것처럼 아기가 젖을 못 물어서 분유를 먹여야 했어요.' 아기가 없을 때는 그 단어를 그렇게 많이 듣지 못했다. 얼마 후 하루에 서른 번은 그 단어를 들은 것 같았고 가끔 머릿속에서 그 단어가 울리는 듯했다.

"경계가 있다면 허물어버릴 거예요." 라디오 속의 영국 남자 그리고 내 머릿속의 아기가 이렇게 노래 불렀다. "나는 당신에게 자물쇠로 채워졌어요, 베이비, 이제 내가 무엇을 찾았는지를 알아요."

(약간 닭살이 돋기는 하지만) 남편을 떠올려야 할 사랑 노래라고 생각하면서도 출산 직후라서인지 이 노래가 나와 내 딸에 대한 노래구나 싶었다. 이 곡의 단순한 감정선 덕분에 엄마의 마음으로도, 아기의 마음으로도 이해할 수 있다는 듯 양쪽 모두의 관점에서 노래를 들었다.

딸에 대한 내 사랑은 선뜻 인정할 수 있는 수준보다 더 절대적이고 비이성적이고 낭만적인 사랑으로 느껴졌다. 아이에게 홀딱 반하고 집착하고, 아이를 알면 알수록 가슴이 먹먹해지고 아찔한 환희를 느끼니 말이다. 이에 더해 나를 압도하고 진 빠지게 하는 동시에 어느 정도는 중독적이고 도저히 채울 수 없는 육체적 애착도 따라왔다. 딸의 얼굴에 입을 맞추고 깃털 같은 머리카락을 쓰다듬고, 달콤하고 사향 냄새가 나는 정수리에 코를 대고 오랫동안 킁킁거리며 체취를 들이마셨다.

이로써 우리 두 사람의 몸이 다시 하나로 합쳐진 듯 느껴졌지만 한편으로는 완전히 분리되었다고 인정하기도 했다. 아이는 나의 물리적 몸에 의지했지만 그러는 동안에도 단순히 내 몸에서 뻗어나온 일부가 아니었다. 아이는 조금씩 순간순간 자신을 서서히 드러내는 독립된 존재였다. 갈라서는 과정에는 설렘과 아쉬움이 혼재했다. 서로의 독립이라는 이정표가 될 만한 사건을 축하하는 때조차 마음이 아픈 적이 있었다. 가령 아기가 느닷없이 포근한 내 품을 거부하거나 나보다 제 아빠나 할머니에게 쪼르르 달려가는 순간에 그랬다.

그때는 제대로 깨닫지 못했지만 지금은 잘 안다. 엄마가 된다는 건, 언제나 함께였던 독립된 사람을 존중하고 가족의 일원으로서 우리가 남은 생을 각자의 길을 가다가 모이기를 몇 번이고 반복할 것이라는 사실을 인정하는 과정이라는 걸.

• • •

임신이나 육아에 관한 어떤 책이나 웹사이트, 강좌에서도 육아로 인해 육체적으로도 정신적으로도 일상이 얼마나 격변하는지 미리 알려주지 않았다. 그 이유를 짐작하기란 어렵지 않다. 초보 부모는 매일 대두되는 요구사항을 해결하기 위해서 이미 최선을 다하고 있는데, 어떻게 이런 사람에게 짬날 때 과거의 자아를 완전히 망각해야 한다고 지시할 수 있겠는가?

초보 부모에게 새로운 현실에 어떻게 적응하고 있느냐고 묻는다면 의기양양해하는 사람부터 불안해하는 사람까지 다채로운 반응이 돌아올 것이다. 그리고 그런 반응 중에는 분명히 과거의 자신에 대한, 과거의 삶에 대한 상실감을 드러내는 사람도 있을 것이다. 캘리포니아 데이비스대에서 진행한 연구에 따르면, 부모가 되었다는 사실은 여성과 남성 모두의 자존감에 심각한 타격을 가했다.[2]

연구진에 따르면, 출산 직전에는 남녀 부모가 희망에 차서 자존감이 크게 높아진다고 한다. 그러나 아기가 태어나고 몇 년이 지나자 부모는 스스로에 대해 긍정적으로 느끼는 일이 덜해졌다. (엄마의 자존감은 출산 직후에 추락한다는 증거도 있었는데, 신생아를 돌보는 시기에 스트레스를 받기 때문인지 비슷한 시기에 호르몬이 줄어들기 때문인지 알 수 없지만 아빠보다 엄마가 더 타격이 컸다.) 연구진은 검사 대상인 커플의 기분과 감정 변화를 5년 동안 추적했다. 그리고 이 기간 동안 부모의 자존감이 그리 크게 향상되지 않았다는 사실을 알아냈다.

자존감은 어떻게 정의하거나 측정할 수 있을까? 이 연구를 진행한 심리학자들은 성인의 자존감을 자기가 하는 일에 얼마나 능숙한

지와, 그러니까 대개 자신의 직업과 연관된 여러 기술의 숙련도와 결부시켰다. 아기가 태어나면 우리에게는 완전히 새롭고, 말할 것도 없이 훨씬 중요한 일이 주어진다. 바로 육아다. 우리가 아무리 많이 공부를 하고 미리 준비를 한대도 육아는 시행착오로 점철된 혼란스러운 작업이다. 한 번에 몇 시간씩 쪽잠을 자며 무방비하고 한창 발달중인 인간이 살아 있도록 돌봐야 하고, 하루에도 몇 번씩 인간의 배설물을 처리해야 한다. 새로운 기술에 숙달되었다고 믿는 순간, 아이는 자신의 욕구를 금방 발전시켜 어제는 당신이 성취감을 얻었다 해도 오늘은 의미를 잃게 하고 만다. 매일 매시간, 당신이 지금 하는 일에 얼마나 아는 것이 없는지 아기가 상기시켜줄 것이다. 지금까지 자기 일을 잘 해왔던 사람이라면 이런 상황에서 더 크게 좌절할 수 있다. 자신을 실패자로 느낄 수도 있다.

연구진은 "아기의 탄생은 대개 경사스러운 사건으로 여겨지기는 하지만 고생스러운 수많은 도전과 연관된다. 게다가 이처럼 부모되기의 구체적인 부정적 측면은 더 추상적인 긍정적 측면을 상쇄할 수도 있다"라고 썼는데 이는 지금껏 내가 바랐던 솔직하면서도 어느 정도 거리를 두는 서술이었다.

"예전에는 대단히 유능한 모습을 드러낼 때 내 자존감도 올라갔어. 여러 일을 저글링 묘기처럼 동시에 진행하면서 결과도 몹시 뛰어날 때 내 자존감이 높아진 거야." 이렇게 말한 이브는 일도 잘하고 가정의 재정과 살림을 훌륭하게 꾸려가던 사람이었다. 그러나

약에 취해 진통을 견디고 수술로부터 회복해, 제대로 쉬지도 못하는 상태에서 육아를 하는 부모가 되자 자신을 돌보는 것은 물론 일과 살림을 병행할 수 없다는 사실을 포기하고 받아들여야만 했다.

"아기를 낳고서는 고만고만한 일만 하고 있어. 그 상황이 너무 싫어. 뛰어나게 잘하는 사람이 아니라 그럭저럭 잘하는 사람이 되어야 한다는 게 나를 정말 힘들게 해."

우리는 왜 부모에게 이런 현실을 대비시키지 않는 걸까? 왜 부모가 되는 일에는 크나큰 기쁨이 있지만 동시에 육아가 사람을 녹초로 만들고 때로는 우울하게 만든다는 걸 공개적으로 말하지 않을까? 우리가 새로운 삶을 얻지만 동시에 예전의 삶을 잃게 된다는 걸 왜 툭 터놓지 않을까?

우리가 새로운 자아를 알아보지도 못한다면 우리의 자존감을 어떻게 측정할까? 잠도 잘 못 자고, 몸에 맞는 바지를 찾기도 힘들고, 아무때나 외출도 못하는 삶을 살게 되었으니, 부모가 되기 전처럼 항상 옆에 있어주는 친구나 지칠 줄 모르고 일하는 직원, 스타일이 멋있거나 파티를 전전하는 삶 같은 가치관을 더는 적용할 수 없다.

젖먹이를 돌보는 일은 단조롭고 끝이 없고 육체적으로 고되다. 갓 부모가 된 사람은 마라톤선수나 중노동자 같은 부류로 간주되어야 한다. 당신의 몸은 감정에 휘둘리기는 해도 또 한 겹의 쓸모를 얻게 되고, 무엇보다 당신이 자신의 몸이 응당 그러해야 한다고 간주하는 대로 기꺼이 기능할 것이다. 육아는 존경할 만한 일이다. 그리고 육아를 하는 모습은 아름답다.

• • •

딸이 태어나고서 모든 게 엉망이었던 시절, 마리나라는 친구가 자주 떠올랐다. 마리나는 나보다 6년 먼저, 그러니까 내가 꿈에도 아이 생각이 없었을 때 임신을 했다. 임신중에 그녀는 아기 아빠와의 관계가 파국에 이르렀다. 그 남자는 집을 나갔고 결국 마리나는 혼자서 아들을 낳고 키울 계획을 세웠다.

마리나는 엄밀히 말해 혼자가 아니었다. 친구들은 베이비 샤워를 열어주었다. 나는 조산사와 만나는 자리에 함께 가주었다. 다른 친구는 마리나의 출산파트너가 되어주기로 해서 실제로 마리나가 진통을 하고 분만을 하는 내내 곁을 지켰다. 마리나의 엄마는 손자가 태어나자마자 나라를 가로질러 달려와 딸 곁에 몇 주간 머무르면서 손자를 돌봐주고 집을 청소해주고 딸의 산후조리를 돕고, 마리나가 어릴 때 먹었던 매운 태국 북부 음식을 해서 먹였다. (그후 거의 10년이 흘렀지만 마리나네 엄마는 여전히 정기적으로 몇 주나 몇 달씩 마리나를 찾아와서 손자를 봐준다.)

이제 와서 털어놓기 부끄럽지만, 내가 딸을 낳고 혼자서는 제정신을 지킬 수 없을 것 같다고, 배우자의 도움이 어느 때보다 절실하다고 절감하기 전까지만 해도 마리나가 얼마나 힘들었을지 상상도 못했다. 이것이 바로 모성에 대해 생각해보아야 할 부분이다. 그 일이 당신에게 일어나기 전에는 대부분 그게 어떤 일인지 전혀 모른다. 엄마가 된다고 상상하는 일 자체가 자신의 일상과는 멀게 느껴질 것이다. 출산 후 몇 달 동안 마리나가 얼마나 힘든 시간을 보냈을까 싶었다.

"솔직히 잘 모르겠어. 그냥 어떻게든 풀어가보려고 했어." 그로부터 몇 년 후 마리나에게 그때의 상황에 대해 결국 물어봤더니 이렇게 대답했다. 마리나가 촉촉해진 눈으로 나를 보며 떨리는 목소리로 말했다. "힘들었어."

마리나는 가정분만을 했다. 출산하고 몇 시간 후 조산사가 떠나고 그 직후 마리나의 곁을 지켜주었던 친구도 야속하게 돌아갔다.

"그 친구 입장에서는 내가 쉬어야 한다고 생각했을 거야. 그래서인지 정말로 파스타 샐러드를 가져와서 내 침대 옆에 놓고 가버렸어. 그러고 나니까 이런 생각밖에 안 들더라고. '네 도움이 필요한 건 바로 지금이라고.'"

마리나는 출산 후 며칠 동안 기진맥진해서 몽롱한 상태로 침대에서 아기를 곁에 누인 채 잠을 자거나 젖을 먹였다고 했다. 누구나 그러겠지만 그녀도 아이를 어떻게 키울지, 과연 자신이 해낼 수 있을지 걱정스러웠다. 하지만 그녀가 그런 음울한 생각에 빠지지 않도록 도와줄 사람이 곁에 아무도 없었다. 게다가 신생아를 돌보는 일에 짓눌려 있을 때는 아무도 그녀를 도와주지 않았다.

"침대에 누워서 아들을 바라보면서 이렇게 생각했던 게 기억나. '지금 내가 무슨 짓을 하고 있는 거지? 아이를 낳지 말았어야 했나? 이 아이를 입양 보내는 게 낫지 않을까?'"

"그런 생각을 하루 이상은 하지 않았지만 그때 알겠더라. 지금이 바로 그때라고. 아이를 남에게 줄지 그냥 키울지, 지금 결정해야 한다고 말야."

그녀의 본능이 이겼다. 그녀는 자기 안에 있는 줄도 몰랐던 의지력과 힘을 발견하고 자신의 결정을 밀어붙였다. 그녀는 그때부터 지금까지 하루하루 버티기 위해 그때와 똑같이 힘을 끌어내고 있다.

모든 사람이 엄마와 사랑으로 관계 맺는 건 아니다. 어떤 엄마는 아이를 보살필 수 없다. 그리고 모든 엄마가 출산하자마자 아이와 유대감을 느끼는 것도 아니다. 그래서 스스로 부적합하고 고립되었다고 느끼기도 한다. 부모가 되면 원래의 자리에서 튕겨나간다. 적어도 일시적으로는 말이다. 게다가 그로 인해 인생의 경로가 바뀐다. 그 변화가 슬픔이나 불안, 때로는 분노를 부른다. 그런 감정을 극복하지 못하거나 심지어 인정조차 하지 않는 사람도 분명히 있다.

로런은 "거의 늘 불안했고 언제나 날이 서 있었다"라고 얘기했다. 성인이 된 후로 불안감을 잘 조절하며 지냈던 로런이지만 딸을 키우면서 아이가 충분히 수면을 취하고 있는지, 특히 배불리 먹고 있는지 걱정하면서 불안감이 과도하게 증폭되었다. 그런 불안증이 방아쇠를 당겨 이번에는 깊은 우울증이 찾아왔다.

"한 번에 몇 주씩 밤에 한두 시간밖에 못 잤어. 마음속이 점점 어둡게 변해갔지." 로런이 그때의 변화에 대해 이렇게 말했다. "말 그대로 살아갈 이유가 없는 것 같았어. 다시는 좋아지지 않을 것 같았고." 결국 가족의 지지를 받아 로런은 치료를 시작했다.

"내가 정신병원에 입원할 거라고는 평생 상상도 못해봤어. 누가 그걸로 내게 100만 달러 내기를 하자고 했다면 아마 그 제안을 받아들였을 거야. 하지만 누구든지 정신질환에 시달리거나 우울증에 빠질 수 있어."

많은 사람이 우울한 순간과 힘든 시기를 경험한다. 하지만 누구나 지지 기반이나 해결책을 갖춘 건 아니다. 설령 그렇다 해도 그건 누구의 잘못도 아니다. 어떠한 지원도 받지 못하거나 이러한 변화를 인정하지 않는다면, 누군가는 자아가 소멸돼 망가질 수 있다. 또는 살아남으려는 욕구 때문에 엄마가 자신의 감정과 거리를 둘 수도 있다.

딸을 낳고 1년이 되어갈 즈음, 남편과 함께 기념일을 축하하기 위해 외식을 했다. 레스토랑에 앉아 손가락 사이에 마티니 잔을 끼우자 남편이 내게 기분이 어떠냐고 물었다.

"솔직히 말해서, 기분이 어떤지는 별 상관이 없어. 그냥 할 일을 하는 거지, 뭐."

이십대의 대부분을 온갖 감정의 미묘한 변화까지 일기장에 쓰며 눈물 흘렸던 내가 이제 감정은 아무 의미가 없다고, 하루하루를 버티는 데 걸림돌이 될 뿐이라고 말한다는 사실에 깜짝 놀랐다. 그렇지만 사실이 그랬다. 장 보기, 청구서 처리하기, 쓰레기 내다버리기, 아이 밥 먹이기, 낮잠 재우기 등 해야만 하는 일을 하는 동안 기분이 어떤지 이야기하는 것보다 뭘 해야 하는지에 대해 이야기하는 편이 더 쉽고 훨씬 도움이 됐다.

내 안의 못된 괴물 때문에 무방비상태였던 터라 내가 잘 버틸지 나도 걱정이었다. 출산 후 18개월가량 지나서야 피로감으로 몸이 쇠약해지는 느낌이 덜해지고 계절의 변화를 알아챌 정도로 삶이 풍요로워졌다. 그즈음 아이는 우리에게 진짜 애정을 보여주기 시작했다. "이제 한숨 돌릴 수 있게 된 것 같아. 내가 익사하고 있다는 사실도 모르고 지냈어"라고 친구에게 말했다. 마침내 다시금 내가 나 자신으로, 적어도 이전의 나와 비슷한 존재로 느껴졌다. 남편과 나는 부모가 되기 전에 우리가 어땠는지, 함께 시간을 보낸다는 게 어떤 일이었는지가 서서히 기억이 났다. 저녁을 먹으러 외출하거나 한잔하러 나갈 기회가 생기면, 아기에 대해서 말해서는 안 된다고 규칙을 정했다. 우리는 그 규칙을 지키기 위해 노력했다.

심리학자들은 부모가 된 상황이 부부관계에 어떤 영향을 미치는가에 대해 지난 수십 년 동안 연구해왔다. 그리고 부부관계의 질은 둘의 관계에 아기가 끼어들면 악화된다는 결과가 일관되게 드러났다. 좀더 최근에는 코네티컷대 연구진이 왜 이런 일이 벌어지는지 원인을 분석했다. 연구 결과, 이는 엄마와 아빠가 집안일과 육아의 책임

분배를 어떻게 생각하느냐와 깊게 연관된다고 한다.

연구진에 따르면, 육아에 필요한 잡다한 일에 대해서든, 육아를 어떻게 분담할지에 대해서든 서로 대화하지 않는 경우, 그러니까 "표현하지 않고 부적절한 역할을 기대"하는 경우 두 사람의 관계가 좀더 부정적으로 여겨졌다. 이와 대조적으로 육아 업무를 공유할 필요성에 비슷한 신념을 가진 경우, 그리고 누가 어떤 일을 맡을지 명확하게 정해놓은 경우 갓 부모가 된 후 평범한 일을 처리하며 혼란으로 점철된 나날 중에도 좀더 행복한 관계를 유지할 수 있었다.[3]

내 남편은 앞으로 다가올 변화에 함께 최선을 다해 준비했다. 내가 복직하기 직전 우리는 머리를 맞대고 앉아서 조금도 낭만적이지 않은 일의 목록을 전부 작성한 후 똑같이 일을 분담했다. 재활용 쓰레기 처리하기부터 쇼핑 목록 짜기, 욕실 청소까지 모든 일을 각자의 선호가 아니라 능력에 맞게 분담했다. 예를 들어, 남편이 매일 아침을 준비하게 됐는데 나도 이 일을 좋아하지만 의자에서 아기에게 젖을 물린 채로는 할 수 없었기 때문이었다. 우리는 매콤한 달걀 요리 대신 플레인 오트밀로 아침 식단을 바꿨다.

흥미롭게도 '파트너의 이상적인 역할 분담과 실제 책임 분담이 일치하느냐'가 관계 만족도에 미미한 영향을 미친다는 연구 결과도 있었다. 그렇기에 설령 내가 변기 청소를 늦게 하거나 머리카락을 얼른 치우지 않아 바닥에 머리카락이 뒤엉켜 있어 샤워실 물이 잘 빠지지 않아도 남편은 내가 바닥에 쪼그리고 앉아 그 일을 하려 했다는 마음만큼은 알아주었다. 우리는 일을 어떻게 분담할지는 정했지만 반드시 그 계획을 지킬 필요는 없었다. 먼저 대화를 함으로써 한바탕 싸울 기회도 생겼다.

육아는 아침부터 밤까지 단 하루도 쉬지 않는 일이다. 이 일은 절대 멈추지 않는다. 게다가 그 일에 따르는 수많은 병참 회의가 지겹게 이어져도 멈추지 않는다. 누군가는 빨래가 되어 있는지, 집에 먹을 것이 있는지, 기저귀가 남아 있는지 확인해야 한다. 잡일도 일이지만, 계속 변화하는 아기의 욕구에 맞게, 그러니까 아이의 낮잠 시간, 신발 크기, 영양적 요구사항, 아이가 필요로 하는 놀이와 자극에 따라 계속 주의를 기울여야 하는 감정노동도 있다. 이런 일은 대개 커플 중 어느 한쪽이 전담하는 경향이 있으며, 특히 이성 부부일 경우 대체로 엄마가 도맡는다. 미취학 아동을 키우는 엄마 중 64퍼센트가 일을 한다. 18세 미만의 아이를 키우는 가정 중 40퍼센트는 엄마가 가장이다. (이 수치는 흑인 엄마의 경우 훨씬 더 올라가는데, 싱글맘 비율이 더 높아 흑인 엄마가 가장인 비율은 74퍼센트에 달한다.)[4]

수많은 여성이 자신의 일터에서 굳건히 발을 딛고 일을 함에도 불구하고 이 사회는 몸과 마음의 희생을 한 단계 더 보여주기를 여성에게 기대한다.

• • •

어느 날 동네 도서관의 잡지 코너를 지나가다가 질리언 마이클스가 표지를 장식한 ("행복은 여기에서 시작된다"라는 표제가 붙은) 『헬스』가 눈에 들어왔다. 푸른색 바지와 줄무늬 스웨터 차림의 질리언 마이클스는 납작한 배가 보이도록 스웨터를 들어올리고 있었다. "당신의 몸매를 되찾으세요!" 줄리언과 그녀가 제안하는 '날씬해지기 계획'이 나를 향해 소리쳤다. 두 번 생각할 것도 없이 잠자코 가운뎃손가락을 들어올리며 그곳을 지나쳐 요리책 코너로 발길을 옮겼다.

왜 아이를 낳은 엄마는 아기를 낳기 전 모습으로 보여야 하는 걸까. 왜 우리는 '예전 몸매를 되찾기' 위해 스스로를 몰아붙이는가. 내 몸은 결코 예전으로 돌아가지 않을 것이다. 이 몸은 사람을 만들었고, 다른 차원으로 이동했고, 또다른 세상을 탄생시켰다. 그 여정은 여러 개의 흉터 이상의 뭔가를 내 몸에 남겼다. 나는 그 흔적들을 껴안고 싶다.

하지만 내 몸을, 그리고 내 몸이 무엇을 성취했는지를 공표하고 싶은 만큼, 예전 몸과 비교하는 것도 사실이다. 여전히 예전에 입던 옷을 입고 싶고, 익숙한 장소에서 자신감을 느끼고, 거울에 비친 내 몸을 기꺼이 응시하고 싶다. 나의 나머지 부분, 그러니까 나의 안쪽 세상이 내게는 여전히 낯설고 새롭게 느껴지기 때문이다. 나와 다르게 두툼한 뱃살이 없거나 가슴이 중력의 영향을 전혀 받지 않은 것 같은 엄마를 보면 가끔 샘도 난다. (그리고 가끔 분노가 차오르기도 한다.) 나는 그 엄마도 대부분 나와 똑같은 감정과 싸우는 중이라는 사실을 떠올리려고 한다.

아들이 모유를 먹자 자기 몸에 더 딱 붙어 있게 되었다며 이브는 여전히 예전 몸매를 찾지 못했다며 애석해한다.

"원피스를 입으면 원래 내 자리로, 평소로 되돌아온 것 같아. 하지만 원피스를 입고서는 공공장소에서 젖을 물릴 수가 없잖아. 축 처진 뱃살 때문에 끝내주는 셔츠를 못 입고 청바지나 바지로 가득한 세상에서 살다보니 패배자가 된 것 같아. 내 새 몸은 힐을 신을 기회도 훔쳐갔어. 내 새로운 발로는 못생기고 투박한 작업화나 스니커즈 말고 다른 신발을 신을 수가 없어. 이게 다 일시적인 현상일 뿐이라고 자꾸 떠올리려고 해." 이브는 이렇게 털어놓았다.

우리는 불가피한 것, 정상적인 것을 겉으로 통제하려고 한다. 혹은 우리 내면의 혼란에 질서를 세우기 위해 외면을 돌본다. 어느 쪽이건 육체적 변화는 자연스러운 일이고 그 변화는 자신의 시간표를 따를 뿐이다. 나는 고치 속에서 중요한 순간을 기다리던 갈색의 통통한 애벌레를 떠올린다. 느린 변화로 가득한 세상. 해수 온도의 상승으로 제 색깔을 잃어도 산호는 자연의 영향과 무관한 척하지 않는다. 오랜 세월에 걸쳐 물결치는 파도에 서서히 깎여나가도 바위는 자신에게 벌어진 일을 부정하지 않는다.

뒤돌아보면, 매일 아침 식탁에서 마주앉은 남편과 나는 한 켤레의 낡은 신발처럼 닳고 지친 한 쌍의 부채새우 같았다. 우리의 예전 껍데기는 떨어져나가고 새로운 껍데기가 만들어지는 중이었다. 그 어느 때보다도 부드러운 우리 몸은 우리가 무엇을 할 수 있는지를 직접 보여줬다.

서로를 향한 우리의 애정은 날이 갈수록 강해졌다. 그 애정에 또 한 겹의 애정이 더해졌다. 힘들게 손에 넣은, 동물적이고도 근본적인 애정이었다. 퀴퀴하게 입냄새가 나고 눈에는 눈곱이 끼었다는 이유만으로도 점점 더 남편을 사랑하게 되었다. 매일 아침 나를 위해 일어났다는 이유만으로도. 피곤으로 몽롱한 우리가 하루를 시작할 수 있도록 뜨끈한 곤죽 한 그릇을 소박하게 만들어주었다는 이유만으로도.

아기를 향한 애정은 다른 성인의 몸에 대한 대체재가 아니다. 그런 것을 기대하는 것은 온당하지 않다. 몇 달에 걸쳐서 서서히 소방호스 사건의 충격에서 회복되자 마침내 우리는 다시 정기적으로 나누는 섹스에 진심으로 흥미가 생겼다. 우리는 예전과 같은 상태로 되돌아갔다. 가끔은 형식적인 섹스를 했다. 가끔은 다급하고 뜨거울 때도 있었다. 가끔은 섹스가 너무나 부드럽고 깜짝 놀랄 정도로 농밀하기도 했다. 아기가 태어나기 전처럼 말이다. 하지만 한편으로는 우리의 유대가 더 깊게 느껴지기도 했다. 우리가 더이상 되돌아갈 수 없는 곳에서 부모 되기라는 선을 넘었을 때 진흙과 흙에서 빚어진 태고의 무언가가 된 것처럼 말이다.

또다른 어느 날 아침, 여전히 남편이 거의 빠지지 않고 만들어주는 아침밥을 먹으며 남편에게 부채새우 이야기를 들려주었다. 남편은 웃음을 터트렸고 우리는 일본의 어느 수족관 유튜브에 올라온 수조 속에서 허물을 벗는 부채새우의 영상을 함께 보았다.[5] 경쾌한 춤곡 같은 배경음악이 깔린 그 영상 속에서 새우는 오랫동안 느릿느릿 몸을 흔들다가 마침내 껍데기에서 빠져나온다. 새우는 놀라운 기세로 퐁 하고 튀어오른 후 꼬리 쪽으로 뒤로 넘어간다. 새우는 섹스를 마친 우리처럼 다른 몸에서 빠져나온다. 그리고 만족스럽지만 지친 기색으로 잠시 앉아 있다가 구석으로 가서는 몸을 둥글게 만다.

"맞아. 지금 너는 너무 취약해." 남편이 컴퓨터 모니터 속 새우에게 그가 친구라도 되는 듯 고개를 끄덕이며 격려하듯 말했다. "지금 네가 어디로 가고 있는지, 이 모든 일이 끝나면 어떤 모습이 될지는 전혀 모를 거야. 하지만 적어도 너는 지금 새로운 방향으로 나아가고 있어."

9장

우리 몸의 힘이 솟는 곳

부모님의 침실에는 녹색 새틴 쿠션이 깔려 있는 붙박이 수납용 장의자가 있었는데, 나는 거기서 책을 읽고 몽상을 즐기며 뒹굴기 좋아했다. 여덟 살 무렵, 그 장의자에서 부모님이 숨겨두신 앨릭스 컴퍼트의 『조이 오브 섹스』를 발견했다. 유행을 타지 않는 심플하며 흰색으로 된 표지이지만 일단 펼쳐보면 본문은 마치 1970년대에서 곧장 튀어나온 것 같았다. 여자와 남자, 짙은 체모로 덥수룩한 겨드랑이와 사타구니, 턱수염을 지저분하게 기르고 단추를 잠근 듯 만 듯한 셔츠 밖으로 튀어나온 가슴털 등이 연필화로 그려져 있었다. 남자와 여자는 그전까지만 해도 내가 본 적 없는 인체의 여러 부위를 애무하고 탐험하고, 상상조차 못한 일을 하며 서로의 몸을 부드럽게 어루만졌다.

부모님은 내게 섹스나 질이나 음경에 대해 한 번도 말해주지 않았다. 그때까지만 해도 사타구니 부위를 열심히 씻으라는 말 외에는 '피카두디'저자의 가족이 여아의 성기를 지칭하는 표현인 듯하다는 만지지 말라는 말만 들었다. 그때 나는 그 책은 아직 내가 볼만한 게 아니라는 사실을 잘 알았다. 그 책을 페이지마다 공부하듯 읽게 되리라는 사실만큼이나 말이다.

약 30년 후, 해부학 수업을 들으려고 마음먹고 우연히 교재를 펼쳤다가 여성과 남성의 골반바닥을 담은 그림을 본 순간 그때처럼 봐서는 안 될 것을 본 듯한 죄책감이 슬며시 들었다. 나는 헉했다. 보자마자 그 무시무시한 모습에 놀랐다. 그 그림의 시점 덕분에 천장을 바라보고 드러누운 내 얼굴 바로 위로, 체모를 말끔하게 밀고 조명을 잘 비춘 채 쪼그리고 앉은 사타구니가 보이는 것 같았다. 살을 잘라내어 그 아래의 근육과 지방이 보였다. 활짝 벌려진 채 곧장 나를 향해 있는 그곳에는 질의 입구, 항문, 음낭이 제거되어 적나라하게 드러난 고환 한 쌍이 아래쪽에서 바라본 모습으로 그려져 있었다.

처음에는 충격적이었지만 이내 그 그림에 매료되었다. 아름다웠다. 겹겹이 쌓인 근육, 복잡하게 뒤얽힌 섬유질 조직, 선홍색과 분홍색, 회색의 대각선과 수평선. 그리고 그 중앙에는 한 번도 본 적 없었던 근육의 형태가 있었다. 길지 않는 근육질의 선들의 양쪽으로 작은 원이 모여 있었다. 여체의 경우 그 근육은 숫자 8처럼 생겼다.

고개를 돌려서 보자 영원의 상징처럼 느껴졌다. 내 사타구니에 또렷하게 자리한 영원이었다.

그전까지는 이 부위가 어떻게 생겼는지 생각해본 적이 전혀 없었다. 우리 모두가 어떻게 생겼는지 말이다.

그로부터 몇 주 동안 나는 『조이 오브 섹스』를 발견했을 때와 마찬가지로 걸핏하면 그 그림을 찾아보았다. 그림을 요모조모 뜯어보고 거기 적힌 글을 읽었다. "구해면체근, 항문거근, 깊은샅가로근." 이 근육을 우리는 배설물을 모아뒀다가 배출하기 위해, 우리의 장기를 지탱하기 위해, 재생산을 하기 위해 사용한다. 여기서 바로 우리 몸의 힘이 솟는다고 할 수 있다. 여기서 우리는 희열과 취약을 경험하고, 수태를 하고, 아이를 키우고, 그 아이를 바깥세상으로 내보낸다.

그곳은 우리 몸에서도 거의 이야기되지 않는 부위이기도 하다. 심지어 임신중에도 말이다. 내가 걸신들린 듯 책을 읽어대고 출산 강의에 성실하게 관심을 기울였던 그 40주를 되돌아보자 이 부위에서 실제로 무슨 일이 벌어지는지, 분만중에 그리고 분만 후에 무슨 일이 일어났는지를 전혀 몰랐다는 걸 깨달았다.

출산 후 2년 동안 지긋지긋하게 나를 따라다닌 엉덩이 통증을 없애기 위해 골반바닥 근육 강화 강좌를 들었다. 우연히 댄스 강좌를 함께 들은 여자가 이웃의 요가 스튜디오에서 자신이 이런 강의를 진행한다고 알려주길래 가봤다. 소규모 수업으로 수강생은 여자 다섯 명이라 친밀한 분위기로 진행됐다. 강의 첫날 어색한 분위기를 깨기 위해 자기소개와 함께 어쩌다 그 강좌를 듣게 되었는지 각자 이야기했다.

"저는 제 몸의 이 부위에 대해 배우고 싶어요. 매일 찾아오는 통증을 다스리는 데 도움이 될 만한 게 있을까 싶어서요." 내가 말했다.

"저는 달릴 때 오줌이 새지 않으면 좋겠어요. 요즘 매일 자신을 위해 하는 유일한 일이 달리기거든요." 한 수강생이 말했다.

"저는 웃을 때 오줌이 나오지 않으면 좋겠어요. 그래야만 계속 행복하게 지낼 것 같아요." 또다른 수강생이 말했다.

알고 보니 우리는 모두 엄마로 완전히 이해하지 못한 문제를 풀어보려고 애쓰는 동시에 자기 자신에 대해 알고 싶어하는 상황이었다.

우리는 방광을 닫고 통제하기 위해서, 그러니까 소변과 대변을 보기 위해 그리고 더 중요하게는 아무때 아무 장소에서 소변과 대변을 보지 않게끔 하기 위해 골반바닥 근육에 의지한다. 긴장을 풀 때도 이 부위가 필요한데, 그래야 우리가 자극을 갈망하고 섹스를 할 때 이런 행위를 위해서 스스로를 활짝 열 수 있기 때문이다. 골반바닥은 몹시 중요한 수호자이며 관문이지만 우리는 이곳의 구조나 기능에 대해 실질적으로 아무것도 배우지 않는다.

골반, 즉 당신의 복부와 허벅지 사이의 부위를 '하부 코어'라 할 수 있는데 이 골반의 근육과 장기는 신체의 위생관리요원과 같다.

그들은 우리의 지저분한 삶의 증거인 노폐물과 분비물을 배출한다. 이 위생관리요원 덕에 물질은 재활용되고 퇴비가 되어 흙에 영양분을 주고 되살아나게 하며 우리가 여기에 조금 더 머물 수 있게 한다. 그들은 어두운 뒷골목에서 활약하기 때문에 그들의 일은 눈에 보이지 않는 당연한 일로 취급된다. 평생 동안 알고 지낸 로드 씨가 매주 수요일 커다란 녹색 트럭을 몰고 우리 골목으로 들어올 때마다 기쁘게 손을 흔드는 내 딸아이를 비롯해 수많은 아이가 이미 알고 있듯이, 이 위생관리요원은 없어서는 안 되는 존재다.

여성의 골반은 두 개의 엉덩이뼈로 구성되는데, 이 뼈가 하나로 모여서 자궁과 난소, 방광, 요도, 질, 결장이 들어가는 속이 깊고 커다란 그릇 형태가 된다. 이 뼈는 등 아랫부분에 있는 엉치뼈와 연결되고 앞쪽으로는 치골결합이라고 부르는 강력하지만 유연한 연결 부위를 형성한다. 이 치골결합에는 임신과 출산 기간 동안 자궁을 벗어나서 움직이는 태아에게 더 많은 공간을 만들어주기 위해서 부드러워지는 연골이 연결되어 있다.

당신의 골반은 세 겹의 근육도 품고 있다. 구해면체근 같은 가장 바깥쪽의 근육은 외부생식기를 통제해 흥분을 하고 오르가슴을 느끼게 한다. 몸안으로 조금 더 들어가면 비뇨생식삼각근이라는 요도와 질을 감싼 근육이, 가장 깊은 곳에는 골반격막 혹은 골반가로막이라고 부르는 마지막 근육층을 강화하는 근육이 자리한다. 총괄해 항문거근이라고 부르는 여러 근육이 한데 모여 만들어진 골반바닥은 그 명칭에서 짐작할 수 있듯이 골반에 위치한 방광과 결장, 자궁 같은 모든 기관을 지탱하며 아래에서 떠받친다.

당신의 골반바닥은 본질적으로 튼튼하고 자신의 기능에 충실한 데다가 무의식적으로 신경계의 통제를 받는다. 이 근육들이 활발하게 작동하지 않으면 장기가 다리 사이로 내려앉을 것이다. 실금 증상도 나타날 것이다. 출산중에 이 근육들은 몸밖으로 나가는 아기의 머리를 지탱하는 아주 중요한 역할을 한다. (그렇기 때문에 분만 중에 아기를 밀어내려고 힘을 주다가 대변을 보는 사람도 생긴다. 항문거근이 두 기능을 모두 통제하기 때문이다.)

이 모든 뼈와 근육, 장기는 연결 조직층인 근막뿐 아니라 뼈에 근육을 부착시키는 인대에 둘러싸여 있다. 장기가 최적의 상태로 기능할 수 있는 위치로 고정되도록 근막이 든든하게 잡아준다. 그 덕분에 혈관과 림프관, 신경으로 만들어진 방대한 연결망이 들어설 공간이 형성되고, 이로 인해 이 부위에 생명력과 감각이 생긴다.

장시간 소변과 대변 범벅이 된 지저분한 과정을 거쳐 아이를 낳는 동안 골반바닥 근육은 만신창이가 될 수도 있다. 산모 세 명 중 한 명꼴로 출산중에 골반바닥 근육에 상처를 입는다고 한다.[1] 분만 중에 질 주변 피부와 질과 항문 사이의 조그마한 피부인 회음부는 늘어나야 한다. 아니, 좀더 정확히 말하자면 늘어나아아아아아아아아아야 한다. 이 과정에서 찢어지기도 하는데, 끔찍하게 들리겠지만 이런 일은 흔하게 벌어지고 봉합으로 쉽게 치료할 수 있다. 피부 아래에서는 근육도 평소 길이보다 세 배까지 함께 늘어나는데 그로 인해 근육이 파열되고 다칠 수 있다. (인간의 다른 근육은 원래 길이보다 두 배만 늘어나도 찢어진다. 그러니 마지막으로 한번 더 인정하고 넘어가자. 여성의 몸은 영웅이 될 자격을 충분히 갖췄다.)

제왕절개를 할 때는 복부 아래쪽을 여는데, 몸의 여러 층을 절개하거나 제거한다. 먼저 피부와 지방, 근막, 복근(이것들은 절개해 양쪽으로 밀어놓는다). 다음으로 복막(복강 안쪽에 붙어 있는 얇은 근육층). 다음이 방광으로, 이 장기는 자궁 하단 맨 위에 자리잡고 있으며 '방광의 칼날'이라는 무시무시한 이름으로 불리는 금속제 외과견인기로 대개는 자궁에서 분리된다. 그러고 나면 마지막으로 자궁 차례다.

분만을 마치면 위에서 말한 것을 모두 당신 몸에 집어넣고 제자리로 되돌려놓아야 한다. 자궁은 봉합한 후 방광과 함께 원래 자리로 되돌린다. 복막은 스스로 치유되도록 내버려둔다. 근육과 지방은 장갑을 낀 살균된 손으로 원래 자리로 잡아당겨 되돌린다. 두꺼운 근막은 복부에서 가장 중요한 지지막이라서 좀더 튼튼한 봉합법으로 치료를 한다. 물론 피부는 시간이 흐르면 부드러운 흉터로 녹아버리도록 만들어진 봉합사로 봉합된다.

제왕절개는 과다출혈을 비롯해서 마취 부작용, 혈전, 다양한 외과적 상처가 발생할 수 있다는 점에서 여느 대형 수술과 위험도가 비슷하다. 의료진은 법에 따라서 제왕절개를 하면 산모의 몸에 어떤 일이 일어날 수 있는지 미리 고지해야 한다. 물론 정확히 무엇을 절개하는지 세부적인 내용은 종종 함구하지만 말이다. 자연분만의 경우도 사전에 경고를 해야 하지만 그러지 않는다. 제왕절개에 못지않게 부상과 손상의 위험이 따르니 산모가 이에 미리 대비하거나 적어도 그런 가능성이 있다는 사실 정도는 인지해야 하는데도 말이다.

어떤 식으로 출산을 하건 그 과정에서 온갖 종류의 늘이기와 밀어내기, 쥐어짜기, 봉합하기, 재배치하기, 다시 맞추기, 회복하기가 수반된다. 살면서 겪는 일이 대개 그렇듯이 이 과정도 언제나 순조롭게 진행되지는 않는다.

탄생은 종종 마라톤에 빗대는 인내심 시험으로 체력을 소진시키는 과정이다. (게다가 대개 마라톤보다 훨씬 오래 걸린다.) 당연하게도 이 과정은 언제나 육체적으로 여파를 남기고 부상이 발생할 수도 있다. 하지만 몇 달 동안 훈련을 계속하고 힘든 레이스에서 회복하는 법은 물론이고 어떻게 하면 최상의 준비를 할 수 있는지까지 잡지와 웹사이트를 통해 충분한 최신 정보를 접하는 마라토너와 달리, 여성은 출산 후 어떻게 몸을 회복하면 되는지에 대해 거의 교육받지 못한다. 그렇기는 하나 우리는 종아리 스트레칭이나 폼롤러로 몸풀기처럼 일반적으로 할 수 있는, 힘을 되찾기 위한 간단한 일을 한다. 항문거근과 음부신경에 대해 아무런 이야기도 듣지 못한 채 출산을 준비하는 일은 햄스트링이나 장경인대에 대해 아무것도 듣지 못한 채 마라톤 훈련을 하는 경우와 다름없다.

출산 직후 회복기 동안 초보 엄마는 질과 음문, 회음부, 아랫배, 허리, 엉덩이에 상당한 불편은 물론 통증까지 경험하게 된다. 게다가 치질이 악화될 수도 있다. 이렇게 겉으로 드러나는 손상은 모두 일반적인 증상으로 어느 정도 치료를 받거나 휴식을 취하거나 시간이 지나면 해결되는 경우가 많다.

갓 출산한 산모는 임신중에 늘어나며 제왕절개를 하는 경우 손으로 재배치되는 복직근(일반적으로 복근으로 알려져 있다)이 정중선을 따라 양옆으로 분리되는 복직근분리를 겪을 수도 있다. 간단히 말해 식스팩이 양쪽으로 분리되어 쓰리팩이 두 개 생기는 이러한 복직근분리를 30퍼센트에서 70퍼센트가량의 임신 말기 여성과 최대 60퍼센트의 산모가 겪는다.[2] 복직근분리는 (몇 인치까지 벌어지기도 하므로) 근육이 분리된 크기에 따라서 육체적으로 불편하고 당혹스럽기도 하나 복근 아래쪽 장기의 안정성을 위협하기도 한다.

신경 손상과 흉터만 아니라 근육과 근막이 깊이 파열되는 증상 때문에 회복에 훨씬 많은 시간이 걸리고, 의학적 치료를 요하는 장기적인 결과를 초래할 수도 있다.

골반바닥이 최적의 상태일 때는 집의 토대처럼 곧고 평평하다. 하지만 출산 후 비스듬해지기도 한다. 만약 당신이 사는 집의 바닥이 비뚤어졌다면 당장 사는 데는 지장이 없더라도 가구가 조금씩 한쪽으로 쏠릴 것이다. 같은 현상이 당신의 몸과 장기에도 일어난다.

근육이 약하고 느슨해지면 긴장감과 지지력도 떨어진다. 근막은 장기를 감싸고 벽에 붙어 있는데, 자연분만을 하든 제왕절개를 하든 출산과정에서 이 근막이 늘어나고 찢기고 손상될 수 있다. 이 말인즉 장기가 이리저리 이동해서는 있어서 안 될 곳으로 미끄러져 들어갈 수도 있다. 이런 증상을 '탈출'이라고 부르는데 출산을 하고 몇 주나 몇 달, 심지어 수십 년 후에 나타날 수도 있다. 가끔은 이 증상을 치료하기 위해 수술해야 할 때도 있다.

제왕절개를 한 흉터는 피부 표면에 남은 것만 눈에 보이지만 실제로는 여러 단계에 걸쳐서 생긴다. 몸을 움직이고, 물건을 들어올리고, 스트레칭을 하고, 자세를 바꿀 때면(모두 신생아를 돌볼 때 요구되는 행동이다) 절개 부위에 즉시 미묘하게 통증이 느껴지지만, 표면적인 불편은 결국 사라진다. 그러나 몸안 근막과 자궁에는 주변 조직과는 질감이나 구성이 다른 반흔 조직이 만들어진다. 안쪽과 바깥쪽의 흉터 모두 긴장과 압박, 당김을 유발해 주변 조직과 장기를 밀어내거나 잡아당길 수 있다. 게다가 반흔 조직은 골반에 있는 주요 신경으로 출산중에 늘어나거나 상처를 입은 음부신경을 밀어붙여서 뒤죽박죽되게 할 수도 있고 골반 전체에 불쾌감을 유발할 수도 있다.

탈출과 골반바닥 이상은 출산하는 사람의 수만큼이나 이상증세가 다양하다. 섹스를 하는 동안 통증을 느끼거나 성감이 줄어들 수 있다. 운동시에 통증이 느껴질 수도 있고 운동을 하거나 몸을 움직일 때 소변을 지릴 수도 있다. 달리거나 점프할 때만 아니라 재채기를 하거나 웃을 때 소변이나 대변이 새어나오기도 한다.

골반바닥 근육 강화 강좌의 첫 수업을 받은 후 헬스 트레이너와 개인 트레이너를 겸하는 친구에게 곧장 전화를 걸었다. 그녀에게 요실금에 대해서 아느냐고 물었다.

"알다마다." 그 친구가 내게 말했다. "수강생 중에서 누가 출산한 적 있는지는 딱 보면 알아. 그 사람들은 늘 뒷줄에 서고 오르내리며 뛰는 걸 꺼리거든."

출산하는 여성은 대부분 어떤 식으로든 골반의 피부와 근육이 파열된다. 다시 한번 말하지만, 이는 흔하고 일반적인 현상이다. 하지만 10퍼센트 이상의 여성이 이런 파열 때문에 실금 증세를 겪는다.[3] 여성 중 삼분의 일이 골반바닥 이상으로 고생을 하는데, 탈출은 물론 대소변 실금 증세도 이에 포함된다.[4] 실금 증세로 고생하는 여성 중 80퍼센트가 우리의 엄마, 자매, 친척, 사촌, 직장 동료, 친구 같은 엄마다.

내 친구 리프카는 첫아이를 출산한 후 회음부가 살짝 찢어졌다. 봉합을 했지만 약 두 달 정도 압통과 경미한 통증을 느낀 뒤 나았다. 2년 후 둘째를 낳을 때는 그런 열상을 입지 않았지만 직장탈장, 즉 직장이 제자리를 벗어나 질의 뒤쪽 벽을 누르는 증상을 겪었다. 아이를 밀어낼 때 직장질근막이 손상됐기 때문이었다.

리프카는 이 증상이 발생했을 때 그 부위를 직접 확인하기도 했다. 손거울로 질을 살펴봤더니 (좀더 정확하게 말해서, 산후 상담 시간에 조산사가 떨떠름해하는 리프카에게 눈으로 꼭 질을 확인해봐야 한다고 강하게 말해서 봤더니) 튀어나온 직장이 분홍색 혹처럼 보였다. 그녀는 처음으로 불룩 튀어나온 그 부위를 봐야 했을 때만큼이나 직장류直腸瘤가 불안하고 아슬아슬했다고 했다. 그녀는 언제라도 뭔가가 몸에 쑥 빠져나올 것처럼 묵직한 압박감에 사로잡혔다.

"정확히 말해서 통증이 있던 건 아니었어. 계속 대변이나 소변을 봐야 하는 것도 아니고. 그렇다고 해서 괜찮은 건 아니었어. 질에서 뭔가가 쑥 빠져나오지나 않을지 계속 노심초사했어. 손가락으로 만져보기도 했지만 아무것도 없었어."

리프카는 장거리를 걷거나 하루종일 서 있는 날처럼 활동적으로 움직일 때 어느 때보다도 불편했다. 혹은 두 어린아이를 돌보는 일상적인 활동을 할 때도 자주 그랬다.

이 증상은 성생활에도 영향을 미쳤다. 둘째를 낳은 후, 리프카는 남편과 처음으로 구강성교를 하다가 동작을 멈추고 걱정스럽게 남편에게 물었다. "그거 만져져?" 그는 알아채지 못했다. 그리고 어쨌든 신경쓰지 않았기에 계속했다. 남편은 대수롭지 않아 했지만 정작 리프카는 그걸 묻지 않을 수 없다는 사실에 너무 당황했다고 말했다.

"다행스럽게도 내 조산사는 정말 좋은 분이셨어." 리프카는 그들이 어떻게 보살펴줬는지 말해주었다. "그분들은 내게 그건 일반적인 증상이고 계속 신경을 써야 하는 거라고 말해줬어. 아직 골반이 벌어져 있는데 케겔 운동을 하면 증상이 개선될 거라고도 했고."

출산 직후부터 이런 격려와 보살핌을 받았음에도, 리프카의 질이 정상적인 상태로 되돌아오기까지는 꼬박 1년이 걸렸다.

"솔직히 말해서." 리프카가 담담히 말했다. "절대로 예전처럼 돌아갈 수는 없을 거야."

내가 제왕절개를 받게 될 거라고는 예상도 못했지만 수술 이튿날 정신이 혼미해지고, 온몸이 퉁퉁 부어오르고, 고통스러운 상황에 처하자 새로운 현실에 적응해야만 했다. 병원에서는 내게 자꾸 일어나서 걸어다니라고 했다. 그래서 오후 늦게 온 힘을 끌어모아 후들거리는 다리로 욕실까지 걸어가 세수를 했다. 꼬박 하루 동안 온갖 수액을 잔뜩 맞은 내 몸을 내려다보니 봉합 부위에 붙여둔 밴드가 튀어나와 있었다. 세면대 앞에서 몸을 숙이자 붕대가 툭 벌어지며 핏빛 액체가 뿜어져나와서는 욕실 바닥에 무시무시하면서도 드라마틱하게 '철썩' 하고 떨어졌다. 거울에 비친 내 푸석푸석한 얼굴이며 눈 아래로 축 늘어진 살, 볼을 따라 흐르는 눈물을 보며 생각했다. '이제부터 이게 내 인생이구나.'

출산하고 나면 몸이 피곤할 것이라고 생각했다. 몸에 힘이 없고, 약하고, 구멍이 나 있고, 뭔가가 줄줄 새어나올 것이라고 말이다. 나는 결코 '예전의 몸으로 되돌아가겠다'며 서두르지 않았는데, 무엇보다도 지금의 몸상태를 거의 이해할 수 없었기 때문이었다. 아이를 낳고 한 달이 지난 후에야 비로소 산책다운 산책을 했는데 무엇보다도 내게는 꼭 필요한 일이었다. 아이에게 '매혹적인 시간'을 제공해야 한다는 건 생생한 현실이었다. 아이는 오후 다섯시에서 일곱시에 유아차에 앉아서 쌀쌀한 가을 거리를 거닐지 않으면 달랠 수 없을 정도로 소리를 꽥꽥 질렀다.

몇 달 동안 아랫배에 둔통이 있을 거라고는 예상을 했기에 각오를 했지만 미처 대비하지 못한 것이 있었다. 상처가 다 아물고 몇 달이 지나자 완전히 새로운 통증이 나타났다. 엉덩이 통증이었다. 넓적다리가 사타구니와 만나는 경계 부위가 계속 활활 타는 듯했고 당기는 것 같았다. 직장에서 책상 앞에 앉아 있을 때, 서 있을 때, 책상 앞에 짐볼을 갖다두고 거기서 균형을 잡을 때 통증이 나를 괴롭혔다. 젖을 먹이려고 앉을 때와 매일 밤 자려고 누울 때도 통증이 나를 괴롭혔다.

등을 대고 누워서 나비 날개처럼 양 무릎을 구부리고 발바닥을 맞붙인 '나비 자세'를 하고 골반 쪽을 몇 분 동안 두드리지 않으면 밤에 잠을 잘 수도 없었다. 아기가 소리를 지르며 우리를 깨우기 전에 쪽잠이라도 자려고, 내 옆에서 어떻게든 눈을 붙이려던 남편은 분명 이런 행동에 짜증이 났을 것이다. 하지만 고맙게도 그는 아무 말도 하지 않았다. 나는 엉덩이로 테니스공이나 보라색 땅콩마사지볼을 굴려보기도 했다. 폼롤러도 써봤다. 해부학 책을 샅샅이 뒤져서 내 통증이 단단한 요근과 관련된다는 결론을 내리고 마사지 치료사를 찾아갔다. 얼마 후 치료사는 내게 통증이 있다는 데는 의심의 여지가 없지만 근육 문제가 아니라고 했다.

• • •

골반통과 골반바닥 이상은 산후에 흔하지만 그렇다고 정상적인 상황은 아니다. 아무도 이런 통증을, 이런 통증에 수반되는 당혹감과 고독, 수치심을 안고 살아서는 안 된다. 하지만 여성은 이런 문제에 도움을 받으려고 해도 적절한 치료를 받을 수 없다. 2016년에 발표된 연구 결과를 보면, 1차 진료를 도맡는 주치의 중 대다수가 탈출 검사를 실시하지 않았고 50퍼센트는 그런 증상이 일어나는 경우가 드물다고 믿었다.[5] (한편 연구 결과를 보면 여성 중 절반 이상이 탈출을 경험하며 다소간의 탈출은 노년 여성에게 매우 흔한 일이다.)[6]

의사에게 이야기를 꺼낼 수 있을 정도로 분위기가 편안해서 여성이 신체적 심리적 불쾌감을 표현한대도 "음, 출산하신 지 얼마 안 됐잖아요"라는 반응이 돌아오기 일쑤다. 여성이 그 이상을 기대한다는 게, 감히 건강하길 기대한다는 게 그럴 자격도 없고 말이 안 된다는 투로 말이다.

아시아, 남미, 아프리카를 비롯한 전 세계의 여러 문화권에서는 전통적으로 출산한 산모를 40일 동안 집에서만 지내도록 한다. 산모는 친정어머니, 시어머니, 다른 여성 공동체 구성원의 보살핌을 받는데, 이들에게 아기를 어떻게 보살피고 젖을 물려야 하는지를 배울 뿐 아니라 요리와 집안 청소, 육아도 신세진다.

2000년 전부터 중국에서는 '쭤웨쯔坐月子'(한 달간 앉아 지내기)라고 하는 산후조리를 진행했는데 이는 출산한 여성은 피와 열, 양기를 잃었으므로 한기, 즉 음기에 예민하다는 의학적 믿음에 뿌리를 둔다. 산모는 뜨거운 음료만 마셔야 하고 구기자와 대추, 족발과 땅콩을 넣고 끓인 생선죽 같은 보양죽을 먹으며 기와 온기를 되살려야 한다. 산모는 찬물을 마셔도, 밖으로 나가도, 찬 공기를 쐬어도, 심지어 목욕을 해도 안 된다. 요즘도 많은 여성이 쭤웨쯔를 따르지만 이제는 엄격하게 규칙을 지키지 않고 샤워와 목욕을 하기도 한다. 그러나 산모의 '망가진 몸'을 쉬게 하고 기운을 보충한다는 전통의 근간은 그대로 유지되고 있다.

식민지 시대 미국에서는 여성이 출산하고 나면 3~4주 정도 '누워 지내는' 것이 일반적이었다. 하지만 이제 그런 전통은 확실히 사라졌다. 요즘은 확대가족과 거리가 먼 삶을 사는 여자가 많다보니 인생에서 가장 큰 변화가 일어나는 시기를 통과할 때 그들을 지지해줄 의식이나 전통이 거의 남아 있지 않다. 유대관계가 돈독한 이민사회는 물론이고, 다른 나라에서는 출산을 앞둔 예비 엄마에게 여성 친족과 공동체 일원이 제공하는 지원체계가 더 공고하다.

더욱이 갓 출산한 엄마는 '누워 지내지' 말고 얼른 일어나 원래의 삶으로 돌아가라는 압력을 받는다. 현대 미국 사회에서 사회생활을 하지 않는 여성은 보통 바깥세상으로부터 확실히 배제된, 일을 하지 않고, 돈을 벌지 않고, 뒤처지기까지 한 여성으로 취급된다. 우리는 삶에서 꼭 필요한 것을 골칫거리로 여긴다.

산후 첫 진료를 받을 때 산모의 걱정거리가 묵살된다면 (또는 이를 아무도 묻지 않는다면) 본인이 직접 그 문제를 다시 꺼내기 힘들 것이다. 그렇다면 그 문제를 언제 꺼내야 하는가? 미국에서는 출산을 하고 6주 후 산모에게 산후진료를 한 차례 받으면 된다고 기준 삼고 있다. 그게 전부다. 신생아는 생후 1주, 2개월, 4개월, 6개월, 9개월, 1년째에 건강검진을 받는다. 유럽 전역에서 조산사는 신생아와 엄마가 어떻게 지내고 있는지 확인하기 위해 집으로 찾아간다. 하지만 미국의 엄마는 6주가 지나면 알아서 해야 한다.

꼭 이런 식으로 해야 할 필요가 있을까.

시애틀에서 여성의 건강 문제를 전문으로 진료하는 물리치료사인 에이프릴 볼딩은 20년 이상 갓 출산한 산모를 치료했다. 산후에 발생하는 다양한 어려움을 해소하려면 뭘 해야 하느냐고 묻자 에이프릴이 이렇게 대답했다. "출산 후 6주부터 골반바닥 물리치료를 정기적으로 받게 해야 해요. 그렇게 못할 이유가 없어요."

출산 교육가 겸 둘라이기도 한 볼딩은 자신의 경험으로 비춰볼 때 갓 출산한 여성은 임신과 출산 과정에서 생긴 상처를 치료하고 재활하는 문제에 충분한 서비스를 제공받지 못한다고 했다. 그래서 볼딩은 여성의 건강 문제, 특히 골반바닥 문제에 초점을 맞췄다.

물리치료는 건강상 심각한 문제를 겪고 있지 않더라도 새로이 엄마가 된 모든 이에게 강력한 치료 효과를 발휘할 수 있다. "아기를 낳는 과정에서는 근육이 쓰여요. 그리고 물리치료는 근육 자체 그리고 근육의 정렬과 작용에 중점을 두는 행위죠."

한 번만 상담해도 치료사는 골반바닥의 강도와 근육, 긴장상태, 탄력을 측정해 환자에 맞춤한 운동법을 권해줄 수 있다. 복직근분리 증세가 있는 여성은 복횡근과 골반바닥을 어떻게 쓰는지 배울 수 있는데, 이는 회복에 매우 중요하다. 여자는 출산 전후에 케겔 운동을 하라는 말을 종종 듣지만 그 운동법은 한 가지 동작만을 반복하는 운동이다. 동작 하나만 해서는 다양한 근육이 관련된 광범위한 문제를 다 해결할 수 없다. 우리의 골반에 일어난 온갖 문제를 한방에 고치는 마법의 해결책은 존재하지 않는다.

탈출은 심한 정도가 다양해 그 정도를 1에서 3(3이 가장 심한 상태다)의 척도로 나눈다. 심각도 2인 방광탈출증을 일으키면 방광을 지지하는 근막이 손상돼 방광이 질 쪽으로 빠져나온다. 재활 운동으로 근막 자체가 회복되지는 않지만, 질 주변의 근육 긴장도를 강화할 수 있고, 그렇게 되면 방광을 심각도 1에 가깝도록 더 좋은 위치로 밀어올릴 수 있어서 일상생활에서 발생하는 지장과 불편이 훨씬 줄어들 것이다.

이러한 치료는 자연분만을 한 산모뿐 아니라 제왕절개를 한 산모에게도 좋다. 절개 부위가 다 아물면 치료사는 속과 겉의 반흔 조직을 움직이고 마사지할 수 있다. (만약 이런 치료를 받으러 갈 수 없다고 해도 유튜브에 흉터 부위를 마사지하는 동영상이 많이 올라와 있다.) 반흔 조직을 더 많이 움직일수록 이 부분이 더 부드러워지고 방광과 장, 성생활, 등 아래쪽에 미치는 악영향을 줄일 수 있다.

골반바닥과 관련된 문제 가운데 어떤 증세는 비뇨기과 의사의 관심을 요하기도 한다. 비뇨기과에서는 여성 환자에게 여러 장기를 들어올리고 지탱하는 데 유용한 일종의 맞춤형 장기용 브래지어인 체내 삽입형 기구를 맞춰줄 수 있다. 그리고 필요하다면 수술로 문제를 해결할 수 있다.

미국에서는 장기용 브래지어 사용이 낯설 수도 있지만 출산한 모든 여성이 '회음부 재교육'을 받는, 즉 갓 출산한 엄마들이 골반바닥을 강화하기 위해 개인 치료를 받아야 하는 프랑스 같은 나라에서는 아무도 이에 놀라지 않을 것이다. 이 회음부 재교육은 프랑스 정부의 보조금을 받아 진행되는데, 여기에는 근육 수축 강도를 측정하기 위해 전극을 단 작은 조이스틱/딜도를 질 내부로 삽입해 비디오게임을 하는 치료법인 바이오피드백 치료과정도 포함될 수 있다. 프랑스 엄마에게 이는 일상적인 치료로, 정부가 물리치료를 여성 건강을 위한 장기투자로 여기기 때문에 가능한 일이다.

여기에서 한 가지 의문이 떠오른다. 미국은 왜 갓 출산한 엄마에게 비슷한 지원과 혜택을 제공하지 못할까? 이미 이러한 기술이 이용 가능하고 골반바닥 치료를 전문으로 하는 공급자의 수도 증가하는데 말이다. (적극적으로 도움을 찾는 엄마가 늘면서 공급자는 점점 더 커지는 수요를 충족시킬 수 있게 된다.) 하지만 재활치료를 보장하는 보험까지 준비돼 있음에도 이런 치료나 서비스 중 그 무엇도 널리 알려지거나 논의되거나 홍보되고 있지 않다. 골반에 집중해 산후진료를 한 차례만 받아도 산모와 의사는 장기적으로 돈과 시간을 절약할 수 있다. 개인에 맞춤해 처방된 치료법 몇 가지로 무장한 여자는 제대로 치료받지 않는 경우 실금과 만성요통을 비롯해 결국 치료를 받아야 할 여러 증상을 유발할 문제의 해결에 다가갈 수 있다. 게다가 무엇보다도 갓 출산한 엄마에게 그들이 겪는 산후 상처가 상상의 산물이나 사소한 것이 아니라고, 그들과 그들의 몸은 치료와 관심을 받을 자격이 있다고 메시지를 전할 수 있다.

지인 중에 앞십자인대 파열을 겪은 사람이 있을 수도 있다. 앞십자인대 파열은 야구와 축구 같은 운동경기를 하다가 흔히 일어나는 무릎 부상이기 때문이다. 관절가동범위를 최대한으로 유지하고 싶은 대부분의 사람들은 앞십자인대를 다치면 통증과 합병증을 줄이고 회복 시간을 단축하기 위해 개발한 현대적인 최소절개술인 관절경수술을 받는다. 앞십자인대를 치료하는 과정에서 환자는 최대 반년 동안 순차적 운동이 포함된 물리치료 프로그램을 제공받는다. 매년 앞십자인대 부상을 겪는 약 20만 명이 이러한 치료를 통상적으로 받는다. 골반바닥 이상이 생긴 경우 이를 치료하기 위한 기본적인 절차 같은 것은 존재하지 않는다. 매년 출산하는 여성 중 130만

명에서 400만 명이 이러한 문제를 겪는데도 말이다.

이 나라에서 앞십자인대가 파열되는 사람은 대부분 남자이다. 양쪽에 주어지는 관심과 치료의 차이가 우연의 일치라는 사실이 도무지 믿기지 않는다.

아이를 낳는 여자가 없으면 인간이라는 우리 종은 존재할 수 없다. 그런데도 엄마에 대한 돌봄을 어떻게 최우선하지 않을 수 있다는 말인가? 우리 여자는 더 나은 대접을 받을 자격이 있다.

• • •

나와 남편과 딸 우리는 모두 같은 가정의에게 진료를 받는다. 우리집 주치의 선생님은 내가 유산을 했을 때 나를 진료했고, 남편이 집에서 먼지를 털다가 5센티미터 정도 되는 나무 가시가 손에 박혔을 때 어떻게 뽑는지 조언해주었고, 우리 딸을 받아주었다. 딸이 아기였을 때는 그분이 우리 둘을 함께 봐주었다. 딸의 생후 1주 검진을 받으러 갔을 때 선생님은 시간을 내어 내 봉합 부위를 살펴보고 작은 나비가 그려진 붕대로 바꿔주었다. 그후 이어진 딸의 검진에서도 선생님은 따로 치료가 잘되고 있는지 검사하면서 내가 잘 지내는지 물어봐주었다. 딸아이의 생후 1년 검진을 받으러 갔을 때 나는 선생님에게 엉덩이 통증에 대해 물으며 내 짐작대로 이 증상이 임신 및 출산과 관계가 있는지도 물었다.

"그럴 수도 있어요." 선생님은 그러면서 엉덩이 관절이 뻣뻣한 사람이 많다고 덧붙였다. 선생님은 스트레칭을 권했다. 무시하는 투는 아니었지만 이야기는 거기서 끝이었다. 20분 동안의 진료는 그렇게 끝났다.

그는 몰랐겠지만 나는 이미 매일 아침저녁으로 비둘기 자세를 하고 있었다. 몇 주 동안 매일 식탁에 누워서 등을 식탁 가장자리에 맞춰 정렬하고 하반신을 아래로 늘어뜨렸는데, 엉덩이에 필요한 만큼 스트레칭을 하려면 그런 식의 방법을 동원해야만 했다.

이제 평생 만성적인 엉덩이 통증을 달고 살아야 할 것이라고 확신하며 병원을 나섰다. 그러다보니 수많은 여자가 결국 떠올리게 되는 체념을 나도 하게 되었다. '뭘 기대한 거야? 너는 애엄마잖아.'

몇 달 전, 병원 거울에서 본, 병원복을 입은 창백한 안색에 몸에서 분비물이 나왔던 여자를 떠올리며 생각했다. '이게 바로 지금의 나야. 아무도 고치는 법을 모르는 고장이 난 사람.'

몇 주가 몇 달이 되는 동안, 매일 바닥에 (그리고 식탁에) 드러누워 스트레칭을 하고 몸을 좌우로 움직였다. 그것은 움직임과 정지의 의식이자 고통과 두려움, 절망을 가르기 위한 심호흡의 의식이기도 했다. 그 정지 속 어딘가에서 서서히 내 몸을 더 잘 이해하고 싶다는, 내 몸과 조화를 이루고 싶다는 깨달음이 찾아왔다. 내 몸을 치유하고 싶었다.

내가 누워 있으면 대개 남편은 그 근처에서 휴대전화로 ESPN 사이트에 올라온 글을 읽거나 TV를 봤고 아기는 요람에서 울어대곤 했다. 내가 일어나려고 하면 그는 "거기 있어. 내가 가볼게"라며 나를 만류했다. 결국 나는 그대로 있었다. 가만히 있을수록, 다른 사람의 생존과 행복을 위해서만 존재하는 것 같은 나 자신이, 내 몸을 돌보는 일이 얼마나 중요한지를 점점 더 실감했다.

스트레칭에 더해서 움직이고 춤도 추기 시작했다. 어릴 때는 발레 수업을 들었고, 고등학생 때는 뮤지컬에 출연했고, 이십대에는 힙합 수업을 몇 군데에서 들었다. 하지만 살다보니 어쩌다 거실이나 결혼식 피로연, 가끔 저녁에 외출을 했을 때 말고는 더이상 춤을 추지 않게 되었다. 그런데 내 딸도 첫돌을 앞두고 걸음마를 떼자 춤을 추기 시작했다. 아이의 몸안에는 따라야 할 리듬이 흐르고 있었다. (우리 모두 그렇다. 다만 나이가 들수록 내면의 리듬을 무시하는 데 더 능숙해질 뿐이다.) 우리는 각자의 관심사를 한밤의 거실 댄스파티와 결합시켰다. '리틀 아인슈타인' 라디오 장난감에서 흘러나온 클래식을 제외하면 내 딸이 정말 빠져들 듯 좋아한 첫 노래는 아리아나 그란데의 〈인투 유〉였다.

어느 날 저녁, 친구네 집에서 열린 디너파티에서 딸과 함께 테일러 스위프트의 〈셰이크 잇 오프〉에 맞춰 춤을 춘 적이 있는데, 그때 한 친구가 이튿날 아침에 '댄스 처치'라고 부르는 수업을 들으러 간다고 이야기를 꺼냈다. 전문 무용수가 진행하는 강좌로 누구나 들을 수 있는, 대중음악에 맞춰 지도에 따라 즉흥적으로 춤을 추는 수업이라고 했다. 다음날 아침 그 강좌에 나갔다. 에어로빅 수업이자 자유로운 형식의 율동 수업이었다. 그 스튜디오에는 거울도 규칙도 없었다.

어느 순간 드레이크의 노래가 나오자 강사가 우리에게 "여러분의 사타구니를 바닥에 비비세요"라고 시켰고, 근처에서 누군가가 민망한 듯 낄낄거렸다. 지난 1년 동안 내 질에게 해야 했던 동작 중에서 가장 쉽고 가장 해방감이 느껴지는 동작이다 싶었다. 그래서 당장 머리를 뒤로 젖히고 활짝 웃으며 바닥과 사랑을 나누었다. 그후 몇 주 동안 수업 시간에 했던 동작 중 상당수가 내 몸에서 가장 문제가 많은 부분인 엉덩이에 초점이 맞춰졌다는 사실을 깨달았다.

"팬티 라인 쪽을 활짝 열어요." 나는 강사의 지시를 고분고분 따랐다. 넓적다리가 사타구니로 모이는 지점을 움직이자 오래된 놋쇠 경첩이 달린 나무문을 여는 것처럼 삐걱거렸다.

"육감적으로 해봐요." 엉덩이로 원을 그리면서 어깨 너머로 바라보니 문득 내 엉덩이가 잘 익은 둥그런 복숭아 이모지처럼 보였다.

"사타구니를 활짝 벌려요." 그 동작을 어떻게 할지 감도 잡히지 않아서 눈을 질끈 감고 복숭아 이모지 같은 엉덩이 두 쪽을 스튜디오의 맞은편 벽에 닿을 정도로 빙빙 돌렸다.

섹스나 출산을 할 때가 아니면 언제 이 부위를 활짝 벌리라는 말을 들어보겠는가? 일상생활에서는 그런 동작을 하면 민망하지만 래퍼 미시 엘리엇이 된 듯해진 상황에서라면 그런 동작이 필요하다.

움직이면 움직일수록 통증은 희미해졌다. 매주 수업을 받으러 나갔고 때로는 두 번씩 갔다. 내가 더이상 통증으로 불편해하지 않자 남편이 매주 따로 시간을 내어 집에서 딸을 돌보면서 내가 강좌에 나가게 해줬다. 내 통증을 진단해준 의사는 아무도 없었지만 내 몸은 내가 알아야만 하는 것을 모두 말해주었다. 나는 내 몸에서 밀어내졌고 잡아당겨졌으며 뭉치고 긴장한 부분을 움직이기 시작했다. 하지만 여기에는 치료 이상의 의미가 있었다. 나는 자유로워질 수 있었다. 수업 시간 동안 주위에서 내 몸을 뭐라고 생각하든 신경쓰지 않았다. 즐기느라 바빠서 알아차릴 틈이 없었다.

엉덩이 통증은 끈질기게 남아 있었다. 출산 후 2년이 지나서야 완전히 사라졌다. 그렇지만 지금도 규칙적으로 몸을 움직이지 않으면 슬그머니 다시 불편해진다. 내 친구의 질은 꼬박 1년이 지나서야 '뉴노멀'에 도달했다고 한다. 엄마들은 걸핏하면 자신의 욕구를 밀쳐놓고 작고 연약한 아기에게 관심을 집중한다. 아이의 이런 청춘은 한 번뿐이니 말이다.

하지만 마찬가지로 우리 엄마들에게도 청춘은 다시 없을 것이다.

우리가 여자에게 그들의 몸에 대해서, 그리고 출산중 몸에 일어나는 일에 대해서 알려준다면, 치유나 변화하는 몸을 받아들이는 일이 더 빨리 이루어지거나 적어도 정신적 고통을 덜 수 있을 것이다. 출산은 여자의 몸을 망가뜨리는 일이라고 말해야 한다. 그리고 만신창이가 된 그 몸으로 견디고 살아내야 한다고 말해야 한다.

어쩌면 겁을 먹을까봐 의료진이 진실을 알려주지 않는지도 모른다. 우리는 해산물을 먹거나, 와인 한잔을 마시거나, 집을 청소하거나, 뜨거운 물을 채운 욕조에서 반신욕을 하는 바람에 배 속의 아이에게 해를 끼칠지도 모른다는 가능성에 아홉 달 동안 짓눌린다. 그런데 막상 아기를 낳고 나면 의료진은 우리에게 모든 것을 알아서 하라고 말한다.

출산 후 여성의 몸이 어떻게 변하는지 의료진도 모르기 때문에 미리 알려주지 않을 수도 있다. 그들은 갓 출산한 엄마가 아니라 갓 태어난 아기의 건강을 우선하도록 훈련을 받았다.

어쩌면 그보다 더 나쁜 이유에서 우리의 우선순위를 왜곡할 수도 있다. 여자들이 서로 연대하고, 서로에게서 힘을 얻고, 질문을 던지고, 행동하라고 격려하는 걸 원치 않는 게 아닐까. 우리가 골반과 긴밀히 이어져 있으면 가장 강력한 것 그리고 즐거운 것과 이어지기 때문이다.

지구에 사는 사람이라면 누구나 엄마의 몸속에 있는 동안 가장 가깝게 지냈던 여성의 성적 기관인 클리토리스의 완전한 구조는 헬렌 오코넬이라는 호주의 비뇨기과 전문의가 1998년에 연구 결과를 발표하면서야 밝혀졌다. 고작 20년 전만 해도 우리는 클리토리스가 뭔지 아무것도 모르고 있었다. 오코넬이 연구하기 전까지만 해도 현대 해부학 교재는 클리토리스를 두고 "역할이 미미하거나 없다"라고 설명했다.[7] 오코넬은 방대한 규모로 해부를 진행하고 훗날 자기공

명영상법MRI을 통해 클리토리스의 실제 크기와 형태를 규명했는데, 클리토리스는 여느 해부학 교재나 진료실 속 그림에 나와 있는 것보다 열 배나 더 많은 조직을 품고 있다.

유일하게 외부로 드러난 부분인 음핵귀두와 함께 클리토리스에는 길이가 10센티미터인 두 다리 음순이 있다. 이 두 다리는 질을 양쪽에서 감싸며 아래로 뻗어내려간다. 질어귀망울 또한 질의 양옆에 있다. 이 질어귀망울은 성적으로 흥분하면 부풀어올라 그 부위를 자극하는 발기 조직 덩어리다. 클리토리스는 질 위에 걸려 있는 미미한 부위가 아니다. 실제로는 질을 헌신적으로 감싸안고 있는 역동적인 독립기관이다. 이 기관에는 팔천 개에 달하는 신경말단이 있는데 이는 남성 성기보다 두 배 많은 수치다. 또한 이는 인체에서 유일하게 쾌락을 위해서만 만들어진 기관이다.

여성의 몸에는 이렇듯 우리가 아는 것보다 훨씬 많은 사실이 있다.

당연한 일이지만 출산중에 몸에 어떤 일이 일어날까봐 불안해진다면, 자신의 몸이 변화하고 전환된다는 사실을 명심하고 이에 최선을 다해 대비해야 한다. 만약 임신 기간 동안 질과 자궁경관이 만져진다면, 출산이 임박해졌을 때 그 부위가 전혀 다르게 느껴진다는 사실을 알게 될 것이다.

"임신중에는 조직이 훨씬 더 버터처럼 느껴지고 더 잘 늘어날 거예요." 에이프릴 볼딩이 말했다.

이런 식으로 자신의 몸을 느끼고, 자신의 몸에 대해 알아가는 일은 좋은 것이다. 사실 이를 통해 출산 그리고 그에 뒤따르는 모든 일에 더 용감하고 더 강인하게 다가갈 수 있을 것이다.

• • •

딸은 어린 시절부터 본능적으로 자기 몸에 호기심을 보였다. 기저귀를 갈 때면 아이는 손을 아래로 뻗어 고사리 같은 손가락으로 자기 사타구니를 탐험했다. 아이는 자그마한 음순이 만나는 두툼한 살 아래에 감춰진 클리토리스를 발견하고는 그곳을 문지르고, 쿡쿡 찌르고, 간질였다. 그러면서 까르르댔다.

우리는 자기 몸을 만져보게끔 아기를 격려했고 여러 부위를 뭐라고 부르는지 가르쳐주었다. '클리토리스, 음문, 질.' 우리는 아이에게 무엇을 하고 있느냐고 물었다.

"내 질을 만져" 하고 아이가 대답했다.

그러면 그건 어떤 느낌이냐고 물었다.

"옥수수 같아." 아이는 눈을 반짝이면서 그 기분이 얼마나 달콤한지 알려주고 싶은지 미소를 지었다. 옥수수라니!

아이는 제 팔을 자기 팔이라고, 제 목을 자기 목이라고, 제 머리카락을 자기 머리카락이라고 부른다. 그러니 아이는 제 질도 자기 질이라고 부를 것이다. 질은 질이고 결국 모두 아이의 것이다. 아이에게 신체 부위의 명칭을 알려주면 아이가 나중에 이 부위 때문에 기분이 좋아질 때나 그 부위가 아플 때 우리에게 알려줄 수 있다. 또한 아이에게 그 부위를 어떻게 건강하고 깨끗하게 보살필 수 있는지 가르쳐줄 수 있다.

내 딸이 자신의 몸은 온전히 자신의 것이라는 사실을 늘 명심하면 좋겠다. 지금 당장은 아이의 기쁨을 위해 우리가 돕겠지만, 궁극적으로 그 몸은 스스로 즐거움을 느끼기 위해 존재하는 것이다. 그리고 언젠가 아이가 스스로 원할 때 자신에게 즐거움을 주는 곳에 다른 사람의 손길을 허락할 수 있으리라.

아이가 커서 어떤 사람이 될지는 전혀 모른다. 하지만 언젠가 아이의 몸은 월경을 할 준비를 갖출 것이다. 언젠가는 자신의 아이를 가질 것이다. 아이가 자신의 몸을 미스터리처럼 여기는 상황은 바라지 않는다. 아이가 도저히 이해할 수 없거나 완전을 느끼기 위해 다른 사람에게 의지하는 일이 없기를 바란다. 아이가 어른이 되기 전에 자신의 몸을 어떻게 만져야 즐거운지, 그리고 그런 즐거움을 위해 다른 사람에게 어떻게 요청해야 하는지 잘 알아뒀으면 한다. 엄마가 되는 일은 문화적으로 가장 전통적인 행위일 수도 있지만, 동시에 우리를 가장 구속하고 억압하는 전통을 거부하는 일일 수도 있다.

우리는 거의 매일 저녁 거실에서 춤을 춘다. 아이는 제일 좋아하는 드레이크의 노래에 〈핫도그 블링〉이라는 새 제목을 붙였다. 춤을 출 때면 늘 내 몸은 행복해진다. 춤을 추면 아이의 몸은 행복해지는

데, 아이는 제 몸에 대해 막 알아가는 중이다. 천장이 높은 우리집에는 우리가 '꺄아' 하고 지르는 소리가 울려퍼진다.

아이는 바닥에 엎드려서 머리를 흔들고 '다운독' 자세를 하고 오른다리를 높이 든다. 아이가 에어 기타를 연주하는 모습은 흡사 공수도의 손동작이나 누군가가 정신없이 바이올린 활을 하늘로 휘두르는 모습과 같다.

"나는 다리를 들어요, 엄마. 이건 내 엉덩이, 나는 엉덩이를 흔들어요."

나도 함께 엉덩이를 흔든다. 아이를 지켜보며 자신의 몸을 발견해나가는 과정이 얼마나 용감하고 얼마나 보람된 행동인지 떠올리며 그 행동을 평생 이어가리라 다짐한다.

10장

새로이 펼쳐지다

어느 날 아침, 일어나보니 밤사이 내 아이폰이 자동으로 업데이트되어, 휴대전화 사진첩에서 얼굴을 인식해 여러 개의 앨범으로 분류하는 기능이 생겼다. 내 휴대전화에는 딸 사진이 400장 넘게 저장되어 있었다. 살펴보니 아이의 사진은 모두 일곱 개의 앨범으로 분류되었고 사진첩마다 아이의 다른 얼굴이 대표사진으로 지정되어 있었다. 아이와 매일 붙어 지내다보니 아이의 통통하던 두 볼이 홀쭉해졌다거나 갈색인 머리색이 더 연해졌다거나 하는 식으로 아이의 인상이 변해도 좀처럼 알아채지 못한다. 그러다가 어느 날 문득 아이가 얼마 전의 아기나 어린 여자아이의 모습이 더는 아니라는 사실을 깨닫곤 한다.

안면 인식 기술에 대해 뭐라도 알았다면 그 사실에 마음이 불안해졌을지도 모른다. 하지만 나는 휴대전화의 이 인식 기술에 대체로 만족하는데, 지구에서 짧은 생을 살아오면서 수많은 단계를 거친 내 딸의 모습을 제대로 살펴보게 해주기 때문이다.

그런데 도무지 이해가 안 되는 부분이 있었다. 휴대전화에서 나는 완전히 다른 두 사람으로 인식돼 내 사진이 두 개의 앨범으로 나뉘어 있었다. 양쪽 앨범을 넘겨보며 두 개로 나눈 이유를 알아내보려고 했다. 우선 사진을 시간순으로 나눈 건지 확인해보았다. 아니었다. 스크롤을 몇 번이나 올리고 내려봤지만 도무지 이유가 짐작되지 않았다. 살이 빠졌을 때랑 쪘을 때인가, 아니면 하고 나서 후회했던 그 헤어스타일 차이인가? 며칠 후, 마침내 차이점을 알아챘다. 황당할 정도로 빤한 기준이었다. 한쪽 사진은 안경을 쓴 모습이었고 다른 사진은 콘택트렌즈를 끼고 있었다.

그 사실을 알아차린 순간, 그동안 사진들을 샅샅이 살피면서 내가 정말로 찾았던 것은 안심이었음을, 내가 이미 알고 있는 뭔가에 대한 증거였음을 깨달았다. 엄마가 되면서 내가 변했다는 증거 말이다.

물론 아랫배에 볼록 올라온 부드러운 감촉의 흉터나, 불에 올린 수프를 저을 때 13킬로그램이 넘는 아이를 들어올려서 안아도 끄떡없는 튼튼한 왼팔이나, 한때는 퉁퉁 불어나 있었지만 이제는 젖이 말라 매일 땅 쪽으로 3센티미터 정도씩 처져가는 내 가슴처럼 외형적인 변화를 이야기하는 것이 아니다. 그게 아니라, 아기를 낳으면서 마치 어딘지 콕 집어낼 수 없는 내 몸속 어딘가 깊숙한 곳에서, 내 혈액과 뼈, 세포에서 변화가 느껴졌다.

나는 예전의 내가 아니다.

• • •

그리스 신화 속 키메라는 몸의 일부는 사자이고 일부는 뱀, 일부는 염소로 이뤄진 불을 뿜는 야수다. 자연계에서는 두 개의 생물로 구성된 산호와 점균류 같은 유기체를 키메라에 빗대어 표현한다. 의학계에서는 유전적으로 완전히 다른 세포나 DNA, 그러니까 다른 사람의 몸에서 만들어진 유전물질이 인체에 잠복해 있는 것을 마이크로키메니즘이라 한다. 이질적인 세포가 극소량 들어 있기 때문에 '마이크로'라는 접두사를 붙이는 것이다.

타인의 세포가 당신의 몸에 산다고 하니 으스스하고 생경한 SF 소설 속 이야기처럼 느껴지겠지만, 한때는 드물고 진기한 존재라고 여겨졌던 마이크로키메리즘은 사실 엄마에게, 그리고 어쩌면 모든 인간에게 보편적 현실이다.

최신 과학에 따르면 우리는 거의 모두 엄마뿐 아니라 놀랍게도 외할머니나 더 나이 많은 형제를 포함한 다른 사람에게서 나온 세포를 최소 몇 개는 가지고 있다.[1] 임신 기간 동안 우리의 세포는 과거에는 통과할 수 없다고 여겨졌던 태반, 혈액뇌장벽 같은 경계를 넘어서 뒤섞인다. 엄마의 세포가 그들의 몸안에서 자라는 태아에게 자리를 잡기에 이 태아가 제 엄마의 세포를 몸에 지니고 세상에 나오는 경우는 드물지 않다. 이러한 마이크로키메리즘 세포는 수동적인 여행자가 아니다. 어떤 세포는 성장하고 번성해 우리 몸에서 수십 년, 평생, 심지어 대를 이어 살아간다.

1996년 보스턴에 위치한 터프츠대의 유전학자인 다이애나 비앙키 박사는 출산한 지 몇십 년 된, 어느 경우에는 27년이 지난 여성들의 혈액에서 남성의 DNA를 찾아냈다.[2] 그 여성들의 건강상태는 좋은 편이라 제 어머니의 몸과 별개인 이 태아세포가 정확히 무슨 목적으로 존재하는지 알 수 없었다. 연구를 더 진행한 결과 마이크로키메리즘 세포는 맥동하는 심장 근육이나 재빨리 발화하는 뉴런 세포를 비롯해 다양한 종류의 특정 세포로 발전하고 무한정 분화할 수 있는 줄기세포나 줄기세포와 관련된 세포이기 때문에, 그렇게 오랫동안 생존할 수 있다는 사실이 밝혀졌다.

15년 후 앨버타대 연구진은 사망한 여성 59명의 뇌에서 태아 마이크로키메리즘을 찾았다. 이 여성들은 모두 아들을 둔 엄마였다. 연구진은 전체 여성의 뇌 중 63퍼센트에서 남성의 DNA를 찾아냈는데 이들 세포는 뇌의 다양한 부위에서 발견되었다. 가장 나이가 많은 피실험자는 94세로, 그녀는 인생의 대부분을 아들의 세포를 지닌 채 살았다.[3] 우리의 아이는 말 그대로 우리의 뇌에 자주 그리고 폭넓게 존재한다.

수십 년에 걸쳐 연구가 진행된 결과, 우리는 이제야 마이크로키메리즘 세포가 우리의 건강과 신체는 물론 자아에 어떤 영향을 미치는지 이해하기 시작했다.

"임신의 제3분기 동안 모체의 혈액 속 DNA에서 태아의 DNA는 무려 6퍼센트가 넘습니다." 시애틀의 프레드 허친슨 암연구센터에서 류머티즘 전문의로 일하는 J. 리 넬슨 박사가 말했다. "놀라운 일이죠. 게다가 실제로는 절대 '마이크로'하지도 않아요."

"그러니까 임신 후기에 이상한 기분이 들었다면 그건 그럴 만한 이유가 충분해서 그랬던 거예요." 박사가 웃으며 덧붙였다.

출산을 몇 주 앞두자 단순한 불편 이상의 불편을 경험했다. 내 몸이 내 피부를 뚫고 자라는 것만 같았고 가끔은 피부 밖으로 완전히 기어나가려는 충동을 느꼈다. 넬슨 박사의 이야기를 듣자, 내 딸의 일부가 내 혈관을 얻어 타고 출구를 찾으러 정찰을 나와서 그런 기분이 들었던 거구나 싶었다.

넬슨 박사는 태아와 모체간의 세포 교환은 물론이고 이런 세포가 우리 몸에서 무슨 역할을 할 수 있는가에 대해 30년 이상 연구해왔다. 그는 원래 자가면역질환을 연구했으나 외래교수로 일하던 1980년대 한 임신부를 만나면서 진로가 완전히 바뀌었다.

"류머티즘성 관절염이 몹시 심했던 환자였는데 임신하자 증세가 완전히 사라졌어요. 그런데 출산을 하고 나서는 펑 하고 증세가 다시 돌아오더라고요. '이건 주목할 가치가 있어. 연구해볼 만하겠어.' 그런 생각이 들더군요."

잠시 쉬었다가 그는 이렇게 덧붙였다. "그 주제에 대해서 연구가 거의 이뤄지지 않았더라고요. 얼마나 놀랐는지 몰라요." 이 책을 집필하면서 내가 인터뷰했던 다른 과학자와 의료진이 모두 공유하는, 익숙한 반응이었다. 그들은 여성의 건강에 대해 연구거리가 넘친다는 사실을 깨달았지만 이내 그 주제에 대한 연구에 할애된 기금이나 기존에 진행된 연구가 턱없이 부족하다는 현실과 조우했다.

자가면역질환은 류머티즘성 관절염과 다발성 경화증, 루푸스 같은 질병을 포함하며 인체의 면역체계가 자신의 건강한 세포를 공격해서 발생하기도 한다. 이런 질병은 유난히 여성에게 발병하는데, 미국의 경우 알려진 자가면역질환자 중 80퍼센트가 여성 환자다. 넬슨 박사가 이 분야에 대한 연구를 시작했을 때만 해도 이런 성별에 따른 격차에 대해 만연한 그리고 한정된 인식은 그녀의 표현을 빌리자면 "호르몬, 호르몬, 호르몬"이었다. (공정을 기하자면, 인지기능과 심혈관계, 다른 다양한 계통에 영향을 끼치는 화학 메신저로 호르몬이 작용해 인체에서 복합적인 역할을 수행하기는 한다. 호르몬은 단순히 우리의 재생산 건강보다 더 많은 일에 관여한다.)

하지만 넬슨 박사는 그런 설명만으로는 부족하다고 확신했다. 여성이 사십대와 오십대, 육십대에 접어들었을 때보다 호르몬 수치가 더 높고 매달 월경 주기의 일부로 호르몬이 주기적으로 변동하는,

전통적인 출산 연령대인 이삼십대일 때 이런 질환에 덜 걸린다는 사실을 넬슨 박사는 인지하고 있었다. 또한 임신중 모체와 상호작용하는 태아의 세포가 몇십 년 후 자가면역질환의 발병에 모종의 역할을 맡는 게 아닐까 하고 의심하게 되었다.

"사람들이 자가면역질환에 걸리면 면역에 대해서 알아볼 거라고 꽤 확신했어요. 그런데 임신을 하면, 여자는 반쯤은 자신과 이질적인 존재를 어떻게든 품게, 견디게 되죠."

소규모의 지원금을 받은 넬슨 박사는 태아세포가 엄마의 건강에 장기적으로 영향을 미친다는 가설을 시험해봤다. 그녀는 출산 후 건강한 모체에 남아 있는 마이크로키메리즘 세포를 발견한 유전학자인 다이애나 비앙키 박사와 공동연구를 진행했다. 두 과학자는 자가면역질환의 하나로 피부와 결합 조직이 단단하게 굳어가 심신을 허약하게 만드는 만성질환인 피부경화증을 앓는 여성의 경우 건강한 여성보다 태아 마이크로키메리즘 수치가 더 높다는 사실을 알아냈다. 그후로 태아세포는 다발성경화증과 자간전증을 포함해 여러 모성질환과 관련돼 거론된다.

"초기에는 마이크로키메리즘이라고 하면 반사적으로 '웩, 이것들은 내 세포가 아니야. 분명히 내게 해로운 짓을 할 거야'라는 분위기였어요. 하지만 저는 그렇게 가정하지 않았어요. 이 세포가 평범하고 건강한 사람의 몸에도 존재한다는 걸 알았거든요."

그리고 실제로 이런 세포가 항상 부정적인 영향만 일으키는 것은 아니다. 가령 엄마가 제왕절개로 아기를 낳았다면, 이 세포가 회복을 도울 수도 있다. 태아세포는 제왕절개 흉터 외에 다른 회복된 상처에서도 발견되는데 이로써 이 세포가 산모의 상처 회복에 어떤 역할을 한다고 미루어 짐작해볼 수 있다. 마이크로키메리즘 세포는 여성의 신체 중 유방과 심장, 갑상선, 폐, 간, 그리고 앞서 말했듯 뇌처럼 건강한 장기에서도 발견되었다. 어떤 연구 결과를 보면 이 세포는 질병을 예방하는 역할까지 한다.

그렇다면 왜 이런 이질적인 세포는 숙주의 건강을 지키려 하는 걸까? 이는 건강한 엄마가 아기에게 필요한 것을 더 잘 제공할 수 있다는 관점으로 접근하면 쉽게 이해된다. 마이크로키메리즘 세포는 생물학적 당위성에 의거해 기능한다. 태아세포는 유방 조직과 모유에서 발견되는데 이로써 이 세포가 태아의 음식 생산을 증가시키는 데 관여한다고 추측할 수 있다.

부모와 자식이 엄마 몸 바깥의 '진짜 세상'에서 맺는 복잡다단한 관계, 그러니까 수면 부족과 눈물, 온갖 감정으로 점철된 장면을 배경으로 전개되는 기진맥진과 희열, 상심, 생명 긍정 같은 고비를 거치며 맺어지는 관계는 실은 아무도 모르게 세포와 유전물질이 몸속 깊은 곳 자궁 안에서 뒤섞이면서 조용하게 시작된다. 이를 통해 마이크로키메리즘에 대한 초기의 모순되는 과학적 발견을 살필 수 있다. 부모와 자녀의 일상적인 관계는 본질적으로 모순된다. 부모 자식 간은 밀고 당기는 과정이자 서로의 감정에 상처를 줬다가 화해를 하는, 한마디로 독립과 자유를 놓고 끊임없이 협상하는 관계이다. 우리는 서로로부터 자유로워지고 싶은 만큼 서로가 필요하다. 아이는 제 부모에게 긍정적이자 부정적인 영향을 미친다. 우리는 애리조나주립대 연구진이 "진화적 협력과 충돌"이라고 부르는 관계에 얽혀 있다.

지난 몇 년 동안 넬슨 박사는 상당한 시간을 투자해 마이크로키메리즘이 암에 어떤 영향을 미치는지 연구해왔다. 임신이 장기적으로 보면 유방암의 발병 위험을 낮춰준다는 사실은 이미 알려져 있다.[4] 마이크로키메리즘과 유방암이 어떻게 직접적으로 관련되는지는 아직 모르지만, 유방암에 걸리지 않은 엄마의 경우 체내에 마이크로키메리즘 세포가 더 많이 있다. 그리고 넬슨 박사는 지난 몇 년 동안 '항암제로서의 어머니'라고 부르는 주제에 대해서도 연구했다. 그녀의 초기 연구 결과를 보면 태아의 탯줄 혈액에 들어 있는 엄마의 세포인 엄마의 마이크로키메니즘이 급성백혈병의 발병을 막는 데 효과적임을 짐작할 수 있다.[5]

어쩌면 넬슨 박사와 동료들이 지난 30년 동안의 연구를 통해 마이크로키메리즘에 대해 알아낸 획기적인 발견이 그 이름의 근원인 생명체처럼 신화이자 환상이라는 것을 증명했다는 점이 무엇보다 유의미할지도 모른다. 이런 경우는 사실 흔하다.

인체가 다른 사람의 세포를 지니고 있으려는 성향이 우리의 근본적인 특성이라면, 다시 말해 우리의 재생산과정에 내재되어 있다면 왜 그에 대해 이렇게나 아는 바가 없는 걸까?

1990년대 후반, 넬슨 박사는 마이크로키메리즘과 피부경화증 연구를 마친 후 그 결과를 저명한 의학 저널에 보냈다.

"정중한 답신이 돌아왔는데 거기 이렇게 적혀 있더군요. '쥐를 대상으로 이 연구를 진행해보면 어떨까요?'" 넬슨 박사의 연구는 결국 다른 저널에 실렸지만 넬슨 박사가 아직도 가지고 있다는 그 답신은 여성의 재생산 건강 연구의 정당성을 증명하기 위해 여전히 투쟁중이라는 사실을 상징적으로 보여준다.

몇 년 동안 넬슨 박사는 장기이식 연구의 데이터를 활용했다. 가끔 장기이식 때문에 키메라증이 일어나기도 하는데 이 현상은 임신에서 더 흔하고 일반적으로 일어난다. 임신은 장기이식 수술보다 훨씬 일반적인 상황이지만 넬슨 박사가 연구를 시작할 때만 해도 임신 때문에 발생한 키메라증에 대한 실질적인 정보를 구할 수 없었다.

"제가 아는 지식 중 상당 부분을 장기이식자에게서 얻어야만 한다는 상황이 약간 말이 안 되는 것 같아요. 임신과정 속에는 우리가 이해하고 배워야만 하는 정보가 훨씬 더 많이 있어요. 임신이야말로 중심에 놓여야 해요."

터프츠대의 유전학자로 넬슨 박사의 초기 공동연구자였던 다이애나 비앙키 박사는 현재 생식과 임신, 성장, 발달에 관한 연구를 지원하는 연방정부기관인 유니스 케네디 슈라이버 국립아동보건·인간

발달연구소NICHD의 소장이다. 이 연구소는 인간 생명의 시작부터 죽음에 이르는 생생하고 복잡한 발달과정을 연구하고자 세워졌다.

2016년, 의회는 NICHD가 제 역할을 할 수 있도록 총 13억 달러를 지원했다. 비슷한 기관인 국립암연구소는 네 배에 달하는 52억 달러를 지원받았다. 국립알레르기·전염병연구소는 46억 달러를, 국립심장·폐·혈액연구소는 31억 달러를 받았다.[6]

떠오르는 과학 연구 분야인 마이크로키메리즘이 인간의 건강에 어떤 영향을 미치는지 완전히 이해하려면 더 많은 연구가 진행되어야 한다. 태아세포와 모체세포는 얼마 전에야 과학연구의 주류로 진입했지만 사실 이는 몇천만 년 동안 어머니의 몸속에 존재해왔다. 애리조나주립대의 생물학자이자 연구자인 멀리사 윌슨 세이어스 박사의 표현을 빌리자면, 이 세포는 "우리가 인간이기 전부터 인간과 함께 진화해온 것"이다.[7]

우리는 어머니와 자녀의 장기적인 건강이 임신이라는 물리적 과정에 영향을 받는다는 사실을 이미 알고 있다. 어머니와 자녀의 장기적인 건강이 임신 후에 일어나는 물리적 과정에 영향을 받는다는 사실도 지금은 알고 있다. 우리는 역사는 짧아도 삶을 변화시킬 만한 잠재력을 품은 이 과학에 대해 더 잘 이해하기 위해서 꼭 필요한 자원을 헌신한 여자 그리고 우리의 아이에게 성과를 빚지고 있다.

• • •

딸이 태어나고 몇 주 후, 남편이 직장에 복귀했다. 나보다 몇 달 앞서 출산한 내 친구 애비가 어느 날 아기와 함께 우리가 먹을 점심을 가지고 집으로 놀러왔다. 나는 초보 엄마로서 알아야 할 정보를 주로 애비에게 얻었다. 밤 열한시든 새벽 다섯시든 유두와 기저귀 발진에 대해 궁금한 점이 생기면 애비에게 문자를 보냈고 그러면 그녀는 거의 언제나 곧장 답신을 보내왔다. 애비의 아들이 첫돌이 되고 며칠 후에 애플사이더와 양파를 넣고 푹 찐 돼지어깨고기 요리를 들고 그녀의 집에 놀러갔던 날이 지금도 생생히 기억난다. 당시 임신 5개월이기도 했지만 친구의 여정이 궁금했기에 소파에 함께 앉아 어떻게 지내느냐고 물었다.

눈물이 그렁그렁한 눈으로 쳐다보면서 애비는 나를 충격으로 몰아넣을, 영원히 잊히지 않을 말을 똑똑히 해주었다. "대개는 괜찮아. 행복해. 하지만 매일 다섯시 무렵이면 어떻게 해야 할지 모르겠어. 힘들어. 사랑에 빠지고 동시에 심장이 찢기는 것만 같아."

애비가 우리집에 놀러온 날, 몇 주 동안 내 뱃속에 담아두었던 무거운 비밀을 털어놓았다. 내가 (어느 정도는) 완전히 다른 사람이 되었다는 사실을 믿어 의심치 않는다고 말이다. 애비는 나를 보며 고개를 끄덕였다. "맞아." 애비가 선선하게 답했다. "나는 예전의 그 사람이 아니야. 내 안의 뭔가가 그때와 달라."

나는 안도했다. 나만 그런 게 아니었으니까. 그 순간에는 그 사실만으로 충분했다.

애리조나주립대 연구진은 마이크로키메리즘의 연구에 대해 "수유과학과 갑상선질환, 자가면역질환, 암을 비롯해 심지어 산후 산모의 감정과 정신건강에 이르기까지 인간의 건강과 병리학에 대한 이해를 도울 잠재적으로 중요한 정보를 품고 있다"라고 썼다.

이 논문을 읽다가 여성의 감정과 정신건강이 포함될 당위성을 제시하면서 '심지어'라는 단어를 썼다는 사실에 충격을 받았다. 태아의 마이크로키메리즘이 여성의 정신건강에 어떤 영향을 미치는지 우리가 잘 모르기 때문에 그렇게 표현했으리라는 점은 이해하지만, 이런 대목이 여전히 여성의 정서적 행복감과 정신건강을 뒤늦게 생각난 덤처럼 여긴다는 사실을 보여준다고밖에 읽히지 않았다.

모성에 대해 이야기할 때 우리는 까다롭고 복잡한 감정을 숨기거나 무시하거나 비판하거나, 더 심각하게는 병으로 치부해버린다. 의도적이든 아니든 우리는 우리의 문화가 기대하는 대로 임신 기간 동안에 그리고 산후에 행복해하지 않는 여자를 돕거나 진심으로 이해하려고 노력하기보다는 그들을 비난하고 고립시킨다. 모성 보건은 생물학적, 심리적, 사회적으로 복합적으로 뒷받침된다. 그리고 각종 문제는 몹시 개별적으로 표출된다. 하지만 갓 출산한 엄마 가운데 80퍼센트가 광범위한 감정의 기복을 겪는다는 사실을 알고 있으며 일곱 명에 한 명꼴로 산후우울증이나 불안증을 혹은 그 둘을 모두 경험한다는 사실도 알고 있다.[8] 이는 곧 생명을 지탱하는 중요한 과정에서 기인한 자연스럽고도 통제 불가한 질환 때문에 미국에서만 60만 명 이상이 고생한다는 뜻이다. 우리는 지금보다 더 많은 정보를 알아야 한다.

엄마가 되려면 매일의 (크고 작은 모든) 트라우마를 견디고, 지루함을 이겨내는 법을 익히고, 인내심을 키워야 한다. 엄마가 되려면 갈등과 슬픔, 기쁨, 분노를 친밀하고 일상적으로 받아들여야 한다. 이 모든 감정은 어느 무엇 하나 사소하지 않고, 모두 당장이라도 피부 아래서 튀어나올 준비를 하고 있다. 당신은 아기의 울음소리와 걸음마를 뗀 아이의 좌절, 꺅꺅대는 아이의 고함을 바로 곁에서 보고 듣고도 무심하게 그냥 지나칠 수는 없을 것이다.

아이는 혼자서는 아무것도 할 수 없다. 아이는 우리의 애정을 증명하게끔 이끈다. 태아세포는 가끔은 우리의 상처를 치유하는 데 유용하지만 가끔은 상상도 할 수 없는 고통을 일으킨다. 아이를 키우고 먹이면서 엄마는 온몸이 찢기고 너덜너덜해지지만 동시에 새로운 차원을 경험하게 된다.

내 딸은 두 돌이 되자마자 젖을 뗐다. 두 돌에 가까워지면서 몇 달 동안은 하루에 한두 번가량 젖을 먹었고 하루종일 함께 지내는 주말에는 그보다 조금 더 먹었다. 이미 이유식을 시작한 무렵이라 아이의 영양 공급 때문에 젖을 먹였다기보다는 아이를 달래기 위해서 그랬다. 기분이 좋지 않을 때나 떼를 쓰거나 한바탕 울고 나면 아이는 잠시 감정을 추스러야 했다.

젖을 떼는 과정은 예상보다 더 오래 걸렸다. 아이가 이끄는 대로 따르고 있다고 되뇌었지만 사실 나부터 선뜻 젖을 끊으려 하지 않았다. 아이는 갈수록 활동량이 많아지고, 한시도 가만히 있지 않고, 적극적인 아이로 커나갔다. 젖을 먹일 때만 중간에 방해받지 않고 온전하게 5분에서 10분 정도 아이를 가만히 안고 있을 수 있었다. 아이가 내 몸을 자기 탁자나 정글짐처럼 취급하는 상황에서 자유로워지고 싶은 만큼이나 아이의 정수리 냄새를 맡으며 영원히 놓아주고 싶지 않기도 했다.

어느 오후, 어른에게는 별일 아니지만 아기에게는 엄청나게 대단한 수많은 일 가운데 하나를 둘러싸고 우리는 눈물을 흩뿌리며 유난히 고통스럽고, 요란한 냉전을 벌인 후 잠깐 수유를 하며 화해를 했다. 아이에게도, 나를 필요로 하는 아이의 욕구에도 진저리를 치며 젖을 먹이는 동안, 허공을 떠돌던 시선이 창밖으로 향했다. 아이와 함께 여기 갇혀 있지 않았다면 있었을지도 모를 어딘가로 생각이 향했다. 갑자기 아이가 작은 손을 뻗어 내 얼굴을 만지더니 제 얼굴 쪽으로 향하게 했다. 우리는 서로를 바라보며 서로를 관찰했다. 그리고 그것만으로 아이는 내 세상에 질서를 회복시켜주었다. 방금 전까지만 해도 단독으로 격렬하게 뒤흔들었던 바로 그 세상을 말이다. 오랜 세월 동안 엄마와의 관계에 흉터를 남긴 모든 오해를 풀어줄, 상처를 치유해줄 간단한 손짓이 있으면 얼마나 좋을까 싶었다.

마이크로키메리즘이라는 현실은 우리에게 '자신'이라는 개념을 완전히 다시 생각해보게 한다. 우리는 결코 혼자가 아니고 혼자였던 적도 없다. 모든 상호관계를 통해 우리는 자신만이 아니라 우리를 키운 사람, 그들의 가치관, 덕목과 단점 같은 우리의 양육과정도 지니고 살아간다. 그리고 이는 우리 모두 몸에 타인에게서 받은 세포가 있기 때문일 것이다.

마이크로키메리즘은 유산이나 낙태로 임신이 끝나도 발생한다. 설령 조기 유산되었대도 태아세포는 계속 살아갈 수 있다. 설령 사산이 되어도 그 아이의 삶은 제 어머니의 몸속에서 계속된다. 마이크로키메리즘은 생명이 시작하는 과정의 일부이자 생명이 계속되는 과정의 일부이기도 하다.

다른 사람에 의해 만들어지는 존재라는 개념은 미국에 단단히 뿌리 내린 개인주의라는 신화에 반한다. 미국에서는 개인의 성취와 성과를 귀하게 여기지만, 타인의 욕구에 관심을 기울이고 이를 배려하는 데는 큰 가치를 두지 않는다. 아이를 키우려면 자신보다 타인의 욕구를 우선해야 한다. 우리는 다른 사람을 통해 만들어지고, 우리는 다른 사람에 의해 변화되고, 그렇기에 다른 사람이 필요하다. 옛 자아가 소멸돼 방향을 잃고 실의에 빠질 수도 있지만 동시에 이는 엄청난 힘과 변화의 근원이 될 수도 있다.

어머니는 이 사실을 이해한다.

• • •

여성의 몸은 다른 몸을 수용할 수 있게 만들어졌다. 출산 후에도 엄마의 몸은 계속 뭔가를 내어주고 변화하고 발전한다. 출산은 당신의 몸을 찢어발긴다. 때로 그 과정이 격렬할 수도 있다. 게다가 모든 것을 간단하게 제자리로 되돌려서 이전의 삶으로 돌아갈 수도 없다. 장기의 위치가 바뀌고, 근육이 찢기고, 피부와 영혼에 전에 없던 주름과 층이 생긴다.

미처 알아채지 못하는 경우가 잦지만 이러한 근본적인 변화를 다른 사람이 이해할 수 있도록 적당한 비유를 만들어보려고 수없이 노력했다. 이 변화를 뭐라 빗댈 수 있을까?

결국 무엇에도 이를 빗댈 수 없다는 사실만 몇 번이고 확인했다. 이 일이 일어나기 전에는 이런 종류의 일은 한 번도 경험하지 못했다. 그리고 만약 내 삶이 다르게 전개되었더라면 나는 그런 변화를 알아채거나 수많은 시간을 들여 이에 대해 고민하지 않았을 것이다. 이러한 변화를 찬찬히 고민하려면 일과 가족, 육아, 인생에 치이면서 수많은 어머니가 귀중한 시간을 내어야 한다. 하지만 이 변화는 우리가 이해할 수 있건 아니건 간에 진짜다.

우리에게는 아직도 임신과 어머니 되기에 관한 다양한 이야기가 부족하다. 우리가 이에 대해 이야기를 하고 귀를 기울일 때에만 우리의 경험을 이해할 기회가 생긴다. 우리가 이런 이야기를 본질적으로 가치 있게 여길 때에만, 여성을 응당 그래야 하는 대로 귀하게 대접할 것이다. 그때 비로소 우리는 지금 이대로도 놀라울 정도로 강인하고 귀중한 존재인 우리의 이야기에 귀를 기울이고, 우리를 옹호하고 지지해주는 사회를 만들 수 있다.

내 딸이 될 운명의 난자가 수정된 순간부터 시작된 임신과 출산, 사회로의 복귀, 이유식, 기기, 걷기, 달리기, 배변 연습, 기어오르기 같은 모든 일은 단순히 어떤 출발점처럼 느껴졌다. 내가 일상이나 어떤 패턴에 익숙해지면 이내 다시 변화가 찾아온다. 내 인생에서 시작이 일어나고 또다른 시작이 열린다. 거울의 방에서 거울에 비친 모습이 계속 반사되듯, 로마네스크 양식의 아치에서 둥근 지붕이 반복되듯이 말이다.[9] 이는 내 상상 이상의 일이다.

가끔은 두렵기도 하지만 또 아이를 가지면 어떤 일이 벌어질지, 그 임신은 내게 어떤 영향을 미칠지 궁금하다. 최근 들어서야 나는 내 사진들이 두 개의 앨범으로 딱 잘라 나뉜 것처럼 스스로를 별개의 두 사람, 즉 이전의 나와 엄마로 구분 짓지 않게 되었다.

얼마 전, 한 페이스북 친구가 아들을 출산한 후 직장에 곧 복귀할 것이라는 소식을 올렸다. 치료사인 그 친구는 얼른 일을 다시 시작하고 싶다고 했지만 한편으로는 "인생에서 가장 큰 변화"를 겪은 후 일을 잘해낼 수 있을지 걱정이라고 했다. 많은 여자들이 친구의 결정을 지지하며 자기 이야기를 댓글로 남겨놓았다. 마지막으로 이 친구를 본 건 10년도 전이었는데, 그녀가 다른 도시로 이사를 가기 전으로 우리 둘 다 결혼을 하기 한참 전이었다. 그때만 해도 새벽 두 시는 아이의 울음소리로 채워지는 시간이 아니라 우리 자신과 밤, 술집에서 마지막 주문을 하는 시간이었다. 왕래가 잦지 않았지만 격려를 보내는 합창단에 내 목소리를 더하고 싶어졌다. 그 친구에게, 딸을 낳은 지 3년이 다 되어가는 지금도 나는 아기를 낳기 전의 나와 완전히 화해하지 못했다고 말했다.

"그건 접혔던 종이를 다시 펴는 일과 같은 거야!" 그 친구의 답글을 본 순간 내게 일어난 일을, 아직도 일어나고 있는 일을 설명하기 위해 그토록 찾아다녔던 단어를 마침내 찾았다.

처음에는 조직과 내장이 펼쳐지고 다음으로 태반이 펼쳐져 몇 킬로미터에 걸친 공간을 차지하는 모습이 보인다. 어느새 그 이미지는 중학교 구내식당이나 자율학습 시간에 친구들과 종이를 요리조리 접어서 만들어 가지고 놀았던 동서남북 종이접기로 이어진다.

일단 종이의 모서리를 모두 접고 다시 펼친다. 그리고 다시 모서리를 접어 미래의 가능성을 적고서 빈 공간을 만든다. 손가락을 빈 공간에 끼워서 안으로 밖으로 움직이며 열었다 닫았다를 반복하면 종이가 당신의 미래를 알려준다. 놀이가 끝난 후 종이를 다시 펼쳐서 테이블에 평평하게 내려둘 수는 있지만, 그 종이는 동서남북으로 접기 전과는 완전히 다르다. 그 종이에는 이제 미래에 대한 희망과 불안, 호기심으로 가득한 뭔가가 담겨 있다.

여기 내 몸안에는 시간을 가로지르며 끊임없이 교감하는, 즉 미래의 나 자신, 과거의 나 자신에게 보내는 메시지가 있다. 임신으로 하나가 아니라 두 개의 새로운 존재가 탄생한다. 엄마라는 정체성은 고정되지 않는다. 우리는 역동적이며 아이와 함께 자란다. 임신과 모성의 과학은 이제 막 우리의 돌봄의 깊이를, 우리가 지속적으로 발전시켜나갈 범위를 밝혀내기 시작했을 뿐이다.

우리는 다시 펼쳐지고 있다. 그것은 평생에 걸쳐, 아니 어쩌면 더 오랫동안 우리의 장기와 조직, 체액 사이에서 이루어질 대화나 다름없다. 이러한 대화는 우리 두개골에 있는 회색물질을 통해 사방으로 퍼져나가므로, 혹시 주파수를 잘 맞추면 심박 소리처럼 끊임없이 그 소리를 들을 수 있고 부비강을 통해 그 미묘한 떨림을 감지할 수 있을 것이다.

우리의 몸은 우리가 보내고 있는 바로 그 메시지다. 이제 그 메시지에 귀를 기울일 차례다.

감사의 말

귀한 시간과 전문 지식, 다양한 이야기를 나눠주셔서 이 책의 토대를 쌓도록 도와주신, 여성의 재생산 건강에 헌신적으로 기여하시는 과학자, 의료진 여러분에게 감사드린다. 특히 내 머릿속에 있는 줄도 몰랐던 불꽃을, 절대 꺼뜨릴 수 없는 불꽃을 피워주신 케이티 하인드에게 감사한다. 믿음과 격려를 아끼지 않은 모니카 우즈에게도. 기회를 주신 줄리 윌에게도.

이 책을 슬며시 시작할 공간을 제공해주신 스트레인저 신문사의 모든 분에게 감사를 드린다. 특히 꼼꼼한 편집과 지원으로 내 작업을 헤아릴 수 없게 다듬으며 내가 숨돌리게 해준 캐슬린 리처즈와 내가 새로운 영역을 살펴볼 수 있도록 믿음을 보내준 크리스토퍼

프리젤레에게 감사드린다.

언어와 저널리즘의 산파가 되어주었고 연대와 변치 않는 사랑을 보내준 젠 그레이브스에게 감사드린다. 내가 어디로 가는지 미리 살펴봐주고, 그곳에 닿을 도구를 주었으며 몇십 년 동안 우정을 맺어준 리건 켈리에게 고마움을 전한다. 처음부터 원고를 읽고 나를 믿어준 하이디 그루버와 시드니 브라운스톤에게 감사한다. 이 책의 틀과 정보를 제공해준 수많은 책을 공짜로 볼 수 있게 해 준 시애틀 공립도서관에 감사드린다. 제도화된 지식에 접근하게 도와준 헤더 맥로플린 가브스에게 감사드린다. 오크 헤드에서 넓고 가장 아름다운 공간에서 글을 쓰게 해주신 린디 웨스트, 잉그리드 웨스트, 아하메풀 올루오에게 고마움을 전한다.

저멀리 흐릿하게 보이는 별자리 같은 '엄마 친구들'을 포함해 그들이 알건 모르건 수많은 분들 덕분에 이 책을 쓸 수 있었다. 특히 '엄마 친구들'의 눈에 띄지 않는 일상적인 인내와 정직, 끈기, 용기가 깃든 행동이 내게 영감을 주었다. 클레어 몰스워스, 애비 지브, 패티 워트햄, 앤지 볼즈 화이트, 셸리 페이엣, 앨릭스 페몰리, 젠 팸코벳, 대니엘 서티 자라고사, 레이철 케슬러, 윌로우 르텔리어, 젠 송, 어밀리아 아브레우, 캐런 네스트, 베서니 밀러, 에리카 블레이크, 돈 포니어, 다니샤 크리스천, 아이네이 에바이, 에이미 가브스, 에밀리 자라고사, 질 기디, 칼리 스타, 메리 모너핸, 코리 레디, 니나 메타, 클레어 탈슨, 키라 클레멘트, 젠 마고프나, 카라 호프, 엘리 샌

더스, 콜린 필즈, 딕 도빈스, 섀넌 행크스 매키, 달리아 페레즈, 그리고 내게 이메일로 유산 경험과 두려움, 유두에 대한 이야기를 들려주신 모든 분에게 이 자리를 빌려 감사드린다.

평생 흔들림 없이 나를 지지해준 가브스 가족, 특히 내 부모님인 조시와 아르키메데스에게 감사드린다. 제 인생에서 일어난 좋은 일은 모두 두 분의 사랑과 보살핌 덕분이에요. 비컨힐에 위치한 엘 첸트로 드 라 라자스 호세 마티 아동개발센터의 직원 여러분에게도 깊은 감사의 마음을 전한다. 그리고 내 딸에게 지식을 배우고 자랄 수 있는 안전한 공간을 주시고 내게도 똑같은 기회를 베풀어주신 기아 길리스와 페르난도 레데스마, 마리아 올리비아에게도 감사드린다.

나를 엄마로 만들어주고 모든 것을 바꿔주고 불가능이 없다는 것을 보여준 놀리 조에게 고마움을 전한다. 늘 함께 있어준 사람은 너였단다. 이 책과 함께 자라면서 신뢰의 과정에 대해 내게 가르쳐주고 우리 가족을 완전하게 만들어준 우리 아가 TK에게 감사한다.

윌 피츠에게 말로는 다할 수 없는 고마움을 전한다. 아이버슨과 멜로의 경기를 보려고 어느 밤 불쑥 바에 나타난 후로 매일 불쑥 나타나줘서 고마워요. 나와 함께 이번 삶을 만들어가고, 이 프로젝트가 들어설 기회를 만들고, 우리가 항상 나아가는 사람이 되는 것을 두려워하지 않아줘서 고마워요. 망설임 없이.

주

서문_어느 날 갑자기 엄마가 되었다

1 "Foods to Avoid During Pregnancy," whattoexpect.com. https://www.whattoexpect.com/pregnancy/photo-gallery/foods-to-avoid-during-pregnancy.aspx

2 William Sears and Martha Sears, *The Healthy Pregnancy Book*, Little, Brown, 2013, 98–99.

3 Jordan Smith, "Oklahoma Lawmakers Want Men to Approve All Abortions," *The Intercept*, February 13, 2017. www.theintercept.com/2017/02/13/oklahomalawmakers-want-men-to-approve-all-abortions/.

4 Urusla K. Le Guin, "Bryn Mawr Commencement Address(1986)," *Dancing at the Edge of the World: Thoughts on Words, Women, Places*, Grove Press, 1988, 160.

1장_이제 어떻게 하지?

1 Randi Hutter Epstein. *Get Me Out: A History of Childbirth from the Garden of Eden to the Sperm Bank*, Norton, 2010, xi.

2 Barbara Ehrenreich and Deirdre English, *For Her Own Good: Two Centuries of the Experts' Advice to Women*, Anchor Books, 2005, 220.

3 ——— *Witches, Midwives, & Nurses: A History of Women Healers*, The Feminist Press, 2010.

4 Ibid.

5 Tina Cassidy, *Birth: The Surprising History of How We Are Born*, Grove Press, 2006.

6 Shankar Vedantam and Vanessa Northington Gamble, "Remembering Anarcha, Lucy, and Betsey: The Mothers of Modern Gynecology," National Public Radio, February 16, 2016. www.npr.org/2016/02/16/466942135/remembering-anarcha-lucy-and-betsey-the-mothers-of-modern-gynecology.

7 Ibid., xii.

8 Lynn M. Paltrow and Jeanne Flavin, "Pregnant, and No Civil Rights," *New York Times*, November 7, 2014. https://www.nytimes.com/2014/11/08/opinion/pregnant-and-no-civil-rights.html.

9 Nina Martin, "Take a Valium, Lose Your Kid, Go to Jail," *ProPublica*, September 23, 2015. www.propublica.org/article/when-the-womb-is-a-crime-scene.

10 Stephanie Clifford and Jessica Silver-Greenberg, "Foster Care as Punishment: The New Reality of 'Jane Crow,'" *New York Times*, July 21, 2017. www.nytimes.com/2017/07/21/nyregion/foster-care-nyc-jane-crow.html.

11 A. K. Summers, *Pregnant Butch: Nine Long Months Spent in Drag*, Soft Skull Press, 2014, 81.

12 Pew Research Center, "The American Family Today," December 14, 2015. www.pewsocialtrends.org/2015/12/17/1-the-american-family-today/.

13 Heidi Murkoff and Sharon Mazel, *What to Expect When You're*

Expecting, 5th ed., Workman, 2016, 19.

2장_완벽하지 않은 선택

1 Mark Sloan, *Birth Day: A Pediatrician Explores the Science, the History, and the Wonder of Childbirth*, Ballantine Books, 2009, 20.
2 Ellen Gruenbaum, *The Female Circumcision Controversy: An Anthropological Perspective*, University of Pennsylvania Press, 2001, 153–54. Transactions of the Texas State Medical Association 17(April 1885).
3 Pliny the Elder, *Natural History*. Loeb Classical Library, doi: 10.4159/DLCL.pliny_elder-natural_history.1938, 548–49.
4 J. A. Bryant, D. G. Heathcote, and V. R. Pickles, "The Search for 'Menotoxin,'" *Lancet* 309, no. 8014(April 1977), 753.
5 Renée Ann Cramer, *Pregnant with the Stars: Watching and Wanting the Celebrity Baby Bump*, Stanford University Press, 2015, 25.
6 Ernest L. Abel, "A Critical Evaluation of the Obstetric Use of Alcohol in Preterm Labor," *Drug and Alcohol Dependence* 7, no. 4(July 1981).
7 Janet Lynne Golden, *Message in a Bottle: The Making of Fetal Alcohol Syndrome*, Harvard University Press, 2005, 55.
8 Ibid, 55.
9 Michelle Taylor, "CDC's Infographic on Women and Alcohol Goes Too Far," *Laboratory Equipment*, February 8, 2016. https://preventionconversation.org/2016/02/08/thoughts-cdcs-infographic-on-women-and-alcohol-goes-too-far/
10 Ann P. Streissguth and Philippe Dehaene, "Fetal Alcohol Syndrome in Twins of Alcoholic Mothers: Concordance of Diagnosis and IQ," *American Journal of Medical Genetics* 47, no. 6(November 1993).
11 Emily Oster, *Expecting Better: How to Fight the Pregnancy Establishment with Facts.*, Penguin Press, 2013, 39.
12 Jennifer L. Payne and Samantha Meltzer-Brody, "Antidepressant Use During Pregnancy: Current Controversies and Treatment Strategies," *Clinical Obstetrics and Gynecology* 52, no. 3 (September 2009), 469–

82.
13 Food and Drug Administration, "Content and Format of Labeling for Human Prescription Drug and Biological Products; Requirements for Pregnancy and Lactation Labeling," December 4, 2014. www.federalregister.gov/documents/2014/12/04/2014-28241/content-and-format-of-labeling-for-human-prescription-drug-and-biological-products-requirements-for.
14 Andrew Solomon, "The Secret Sadness of Pregnancy with Depression," *New York Times Sunday Magazine*, May 28, 2015.
15 American Psychology Association, "Postpartum Depression." www.apa.org/pi/women/resources/reports/postpartum-depression.aspx.
16 Korin Miller, "Postpartum Anxiety May Be More Common Than Postpartum Depression—What You Need to Know," *Self*, April 12, 2017. www.self.com/story/postpartum-anxiety.
17 Sally Curtin and T. J. Mathews, "Smoking Prevalence and Cessation Before and During Pregnancy: Data from the Birth Certificate, 2014," *National Vital Statistics Reports* 65, no. 1(February 10, 2016). www.cdc.gov/nchs/data/nvsr/nvsr65/nvsr65_01.pdf.
18 Marie Tae McDermott, "'It Made Me into a Person with a Mission': Readers React to Motherhood," *New York Times*, May 19, 2017. www.nytimes.com/2017/05/19/well/it-made-me-into-a-person-with-a-mission-readers-react-tomotherhood.html.

3장_우리 몸의 야누스

1 Linda, Murray, ed. *Babycenter Pregnancy: From Preconception to Birth*, DK Publishing, 2010.
2 Denise Grady, "The Push to Understand the Placenta," *New York Times*, July 15, 2014.
3 D. J. Barker, "The Fetal and Infant Origins of Adult Disease," *British Medical Journal* 301, no. 6761(November 1990), 1111.
4 J. Selander, A. Cantor, S. M. Young, and D. C. Benyshek, "Human Maternal Placentophagy: A Survey of Self-Reported Motivations and

Experiences Associated with Placenta Consumption," *Ecology of Food and Nutrition* 52, no. 2(February 2013), 93–115.

5 C. W. Coyle, K. E. Hulse, Wisner, et al., "Placentophagy: Therapeutic Miracle or Myth?" *Archives of Women's Mental Health* 18, no. 5(October 2015), 673–80. www.ncbi.nlm.nih.gov/pmc/articles/PMC4580132/.

6 Genevieve L. Buser, Sayonara Mató, Alexia Y. Zhang, et al., "Notes from the Field: Late-Onset Infant Group B Streptococcus Infection Associated with Maternal Consumption of Capsules Containing Dehydrated Placenta—Oregon, 2016," *Morbidity and Mortality Weekly Report* 66, no. 25(June 2017).

7 Kathryn Schulz, "The Really Big One," *New Yorker*, July 20, 2015. Coll Thrush with Ruth Ludwin, "Finding Fault: Indigenous Seismology, Colonial Science, and the Rediscovery of Earthquakes and Tsunamis in Cascadia," *American Indian Culture and Research Journal* 31, no. 4(2007), 1–24.

8 Robert B. Shaw, "Janus," *Poetry,* January 1971.

4장_아기를 낳기 전, 유산을 했다

1 J. Bardos, D. Hercz, J. Friedenthal, et al., "A National Survey on Public Perceptions of Miscarriage," *Obstetrics and Gynecology* 125, no. 6 (June 2015), 1313–20.

2 Holly B. Ford and Danny J. Schust, "Recurrent Pregnancy Loss: Etiology, Diagnosis, and Therapy," *Reviews in Obstetrics and Gynecology* 2, no. 2(Spring 2009), 76–83.

3 H. J. Janssen, M. C. Cuisinier, K. P. de Graauw, and K. A. Hoogduin, "A Prospective Study of Risk Factors Predicting Grief Intensity Following Pregnancy Loss," *Archives of General Psychiatry* 54, no. 1(January 1997), 56–61.

5장_가장 잘 짠 계획도 무용지물

1 P. Douglas, "Female Sociality During the Daytime Birth of a Wild

Bonobo at Luikotale, Democratic Republic of the Congo," *Primates* 55, no. 4 (October 2014): 533–42.
2 Pat Shipman, "Why Is Human Childbirth So Painful?" *American Scientist* 101, no. 6(November–December 2013), 426.
3 American Pregnancy Association, "Calculating Conception." www.americanpregnancy.org/while-pregnant/calculating-conception-due-date/.
4 Stanford Children's Health, "Calculating a Due Date." www.stanfordchildrens.org/en/topic/default?id=calculating-a-due-date-85-P01209.
5 Holly M. Dunsworth, Anna G. Warrener, Terrence Deacon, et al., "Metabolic Hypothesis for Human Altriciality," *Proceedings of the National Academy of Sciences of the United States of America* 109, no. 38(September 2012): 15212–16.
6 Carole R. Mendelson, "Minireview: Fetal-Maternal Hormonal Signaling in Pregnancy and Labor," *Molecular Endocrinology* 23, no. 7(July 2009): 947–54.
7 American Congress of Obstetricians and Gynecologists, "Obstetric Consensus Number One: Safe Prevention of the Primary Cesarean Delivery," March 2014, https://www.acog.org/clinical/clinical-guidance/obstetric-care-consensus/articles/2014/03/safe-prevention-of-the-primary-cesarean-delivery
8 Nina Martin and Renee Montagne, "The Last Person You'd Expect to Die in Childbirth," *ProPublica*, May 12, 2017. www.propublica.org/article/die-in-childbirth-maternal-death-rate-health-care-system.
9 Ibid.
10 Centers for Disease Control and Prevention, "Advancing the Health of Mothers in the 21st Century: At a Glance 2016." www.cdc.gov/chronicdisease/resources/publications/aag/maternal.htm.
11 Allison S. Bryant, Ayaba Worjoloh, Aaron B. Caughey, and A. Eugene Washington, "Racial/Ethnic Disparities in Obstetrical Outcomes and Care: Prevalence and Determinants," *American Journal of Obstetrics*

Gynecology 202, no. 4(April 2010): 335–43. www.ncbi.nlm.nih.gov/pmc/articles/PMC2847630/pdf/nihms-169280.pdf.

12 Reynir Tómas Geirsson, "Intrauterine Volume in Pregnancy: Thesis for the Degree of Doctor Medicinae, University of Iceland 1986," *Acta Obstetricia et Gynecologica Scandinavica* 65, no. S136(January 1986): 1–74.

13 Mark Sloan, MD, *Birth Day: A Pediatrician Explores the Science, the History, and the Wonder of Childbirth*, Ballantine Books, 2009, 39–40.

14 Martin J. Blaser, *Missing Microbes*, Henry Holt and Company, 2014, 93–94.

15 Josef Neu and Jona Rushing, "Cesarean versus Vaginal Delivery: Long Term Infant Outcomes and the Hygiene Hypothesis," *Clinics in Perinatology* 38, no. 2(June 2011): 321–31. www.ncbi.nlm.nih.gov/pmc/articles/PMC3110651/.

6장_돌봄

1 Jan Hoffman, "Estimate of U.S. Transgender Population Doubles to 1.4 Million Adults," *New York Times*, June 30, 2016. www.nytimes.com/2016/07/01/health/transgender-population.html.

2 Jessi Hempel, "My Brother's Pregnancy and the Making of a New American Family," *Time*, September 12, 2016. www.time.com/4475634/trans-man-pregnancy-evan/.

3 J. E. Soet, G. A. Brack, and C. DiIorio, "Prevalence and Predictors of Women's Experience of Psychological Trauma During Childbirth," *Birth* 30, no. 1(March 2003): 36–46.

4 Ellen D. Hodnett, Simon Gates, G. Justus Hofmeyr, and Carol Sakala, "Continuous Support for Women During Childbirth," *Cochrane Database of Systematic Reviews* no. 7(February 2013).

5 American Congress of Obstetricians and Gynecologists, "Obstetric Consensus Number One: Safe Prevention of the Primary Cesarean Delivery," March 2014. https://www.acog.org/clinical/clinical-

guidance/obstetric-care-consensus/articles/2014/03/safe-prevention-of-the-primary-cesarean-delivery

6 Violet Beets, "The Emergence of U.S. Hospital-Based Doula Programs" (doctoral dissertation, University of South Carolina–Columbia, 2014). ProQuest Dissertations and Theses.

7 Hodnett et al., "Continuous Support for Women During Childbirth."

8 Eugene Declerq, Carol Sakala, Maureen P. Corry, et al., "Listening to Mothers III: Pregnancy and Birth, Report of the Third National U.S. Survey of Women's Childbearing Experiences," May 2013. https://www.nationalpartnership.org/our-work/resources/health-care/maternity/listening-to-mothers-iii-pregnancy-and-birth-2013.pdf

9 United States Department of Agriculture, "2012 Census of Agriculture Highlights: Farmers Marketing." https://www.nass.usda.gov/Publications/Highlights/2014/Highlights_Farmers_Marketing.pdf

10 D. A. Campbell, M. F. Lake, M. Falk, and J. R. Backstrand, "A Randomized Control Trial of Continuous Support in Labor by a Lay Doula," *Journal of Obstetric, Gynecologic & Neonatal Nursing* 35, no. 4(July–August 2006): 456–64.

11 Louise Norris, "How Obamacare Changed Maternity Coverage," healthinsurance.org, August 16, 2016. www.healthinsurance.org/affordable-care-act/how-obamacare-changed-maternity-coverage/.

12 Anne Rossier Markus, Ellie Andrews, Kristina D. West, et al., "Medicaid Covered Births, 2008 Through 2010, in the Context of the Implementation of Health Reform," *Women's Health Issues* 23, no. 5 (September–October 2013): e273-80. https://www.whijournal.com/article/S1049-3867(13)00055-8/abstract

13 United States Department of Labor, Bureau of Labor Statistics, "Occupational Outlook Handbook: Home Health Aides and Personal Care Aides," updated October 24, 2017. https://www.bls.gov/ooh/healthcare/home-health-aides-and-personal-care-aides.htm

14 Sharon Lerner, "The Real War on Families: Why the U.S. Needs Paid Leave Now," *In These Times*, August 18, 2015. inthesetimes.com/

article/18151/the-realwar-on-families.

15 Bryant et al., "Racial/Ethnic Disparities in Obstetrical Outcomes and Care."

16 Rape, Abuse & Incest National Network, "Scope of the Problem: Statistics." www.rainn.org/statistics/scope-problem.

7장_모유

1 Susan Love, *Dr. Susan Love's Breast Book*, Da Capo Lifelong, 2015, 3.

2 Cesar G. Victora, Rajiv Bahl, Aluisio J. D. Barros, et al., "Breastfeeding in the 21st Century: Epidemiology, Mechanisms, and Lifelong Effect," *Lancet* 387, no.10017(January 2016): 475–90.

3 A. Lucas, R. Morley, T. J. Cole, et al., "Breast Milk and Subsequent Intelligence Quotient in Children Born Preterm," *Lancet* 339, no. 8788(February 1992): 261–64. Jing Yan, Lin Liu, Yun Zhu, et al., "The Association Between Breastfeeding and Childhood Obesity: A Meta-Analysis," *BMC Public Health* 14(December 2014): 1267.

4 Olivia Ballard and Ardythe L. Morrow, "Human Milk Composition: Nutrients and Bioactive Factors," *Pediatric Clinics of North America* 60, no. 1(February 2013): 49–74.

5 Corinne Purtill and Dan Kopf, "The Class Dynamics of Breastfeeding in the United States of America," Quartz Media LLC, July 23, 2017. qz.com/1034016/the-class-dynamics-of-breastfeeding-in-the-united-states-of-america/.

6 Lars Bode, "Human Milk Oligosaccharides: Every Baby Needs a Sugar Mama," *Glycobiology* 22, no. 9 (September 2012): 1147–62.

7 Caroline J. Chantry, Cynthia R. Howard, and Peggy Auinger, "Full Breastfeeding Duration and Associated Decrease in Respiratory Tract Infection in US Children," *Pediatrics* 117, no. 2(February 2006): 425–32.

8 D. T. Geddes, J. C. Kent, L. R. Mitoulas, and P. E. Hartmann, "Tongue Movement and Intra-Oral Vacuum in Breastfeeding Infants," *Early Human Development* 84, no. 7(July 2008): 471–77.

9 Foteini Hassiotou, Anna R. Hepworth, Philipp Metzger, et al. "Maternal and Infant Infections Stimulate a Rapid Leukocyte Response in Breastmilk," *Clinical & Translational Immunology* 2, no. 4 (April 2013): e3.

10 US Department of Health and Human Services, "Diabetes Disparities Among Racial and Ethnic Minorities: Fact Sheet," (Rockville: Agency for Healthcare Research and Quality, November 2001).

11 K. M. Jones, M. L. Power, J. T. Queenan, et al. "Racial and Ethnic Disparities in Breastfeeding," *Breastfeeding Medicine* 10, no. 4, 186–196.

12 F. Hassiotou, A. Beltran, E. Chetwynd, et al., "Breastmilk Is a Novel Source of Stem Cells with Multilineage Differentiation Potential," *Stem Cells* 30, no. 10(October 2012): 2164–74.

13 US Department of Health and Human Services, *Executive Summary: The Surgeon General's Call to Action to Support Breastfeeding*, US Department of Health and Human Services, Office of the Surgeon General; January 20, 2011.

14 Institute of Medicine, Food and Nutrition Board, and Committee on the Evaluation of the Addition of Ingredients New to Infant Formula, *Infant Formula: Evaluating the Safety of New Ingredients*, The National Academies Press, 2004.

8장_내 몸의 생각

1 Viola Polomeno, "Sex and Breastfeeding: An Educational Perspective," *Journal of Perinatal Education* 8, no. 1(Winter 1999): 30–40.

2 Wiebke Bleidorn, Asuman Buyukcan-Tetik, Ted Schwabs, et al., "Stability and Change in Self-Esteem During the Transition to Parenthood," *Social Psychological and Personality Science* 7, no. 6(August 2016): 560–69.

3 Kari Adamsons, "Predictors of Relationship Quality During the Transition to Parenthood," *Journal of Reproductive and Infant*

Psychology 31, no. 2(May 2013): 160–71.
4 Pew Research Center, "Parenting in America," December 17, 2015. www.pewsocialtrends.org/2015/12/17/1-the-american-family-today/.
5 "Ridgeback Slipper Lobster Molting." https://www.youtube.com/watch?v=vqT8Dn-4L1I.

9장_우리 몸의 힘이 솟는 곳

1 Kiera Butler, "The Scary Truth About Childbirth," *Mother Jones*, January/February 2017. www.motherjones.com/politics/2017/01/childbirth-injuries-pro-lapse-cesarean-section-natural-childbirth.
2 P. G. Fernandes da Mota, A. G. Pascoal, Al Carita, and K. Bø, "Prevalence and Risk Factors of Diastasis Recti Abdominis from Late Pregnancy to 6 Months Postpartum, and Relationship with Lumbo-Pelvic Pain," *Manual Therapy* 20, no.1(February 2015): 200–205.
3 Butler, "The Scary Truth About Childbirth."
4 Jean M. Lawrence, E. S. Llukacz, C. W. Nager, et al., "Prevalence and Co-occurrence of Pelvic Floor Disorders in Community-Dwelling Women," *Obstetrics and Gynecology* 111, no. 3(March 2008): 678–85.
5 D. Mazloomdoost, L. B. Westermann, C. C. Crisp, et al., "Primary Care Providers' Attitudes, Knowledge, and Practice Patterns Regarding Pelvic Floor Disorders," *International Urogynecology Journal* 28, no. 3(March 2017): 447–53.
6 C. Glazener, A. Elders, C. Macarthur, et al., "Childbirth and Prolapse: Long-Term Associations with the Symptoms and Objective Measurement of Pelvic Organ Prolapse," *BJOG: An International Journal of Obstetrics and Gynaecology* 120, no. 2(January 2013): 161–68.
7 H. E. O'Connell, J. M. Hutson, C. R. Anderson, and R. J. Plenter, "Anatomical Relationship Between Urethra and Clitoris," *Journal of Urology* 159, no.6(June 1998): 1892–97.

10장_새로이 펼쳐지다

1 Hilary S. Gammill, Kristina M. Adams Waldorf, Tessa M. Aydelotte, et al., "Pregnancy, Microchimerism, and the Maternal Grandmother," *PLoS ONE* 6, no. 8(August 2011): e24101.

2 D. W. Bianchi, G. K. Zickwolf, G. J. Weil, et al. "Male Fetal Progenitor Cells Persist in Maternal Blood for as Long as 27 Years Postpartum," *Proceedings of the National Academy of Sciences of the United States of America* 93, no. 2 (January 1996): 705–8.

3 William F. N. Chan, Cécile Gumot, Thomas J. Montine, et al., "Male Microchimerism in the Human Female Brain," *PLoS ONE* 7, no. 9(September 2012): e45592.

4 Mats Lambe, Chung-cheng Hsieh, Dimitrios Trichopoulos, et al., "Transient Increase in the Risk of Breast Cancer After Giving Birth," *New England Journal of Medicine* 331, no. 1 (July 1994): 5–9.

5 William J. Burlingham and J. Lee Nelson, "Microchimerism in Cord Blood: Mother as Anticancer Drug," *Proceedings of the National Academy of Sciences of the United States of America* 109, no. 7(February 2012): 2190–91.

6 National Institutes of Health, "History of Congressional Appropriations, Fiscal Years 2000–2016." www.officeofbudget.od.nih.gov/pdfs/FY16/Approp%20History%20by%20IC%20FY%202000%20-%20FY%202016.pdf. Under the current administration's proposed 2018 budget, funding for all National Institutes of Health would be cut by 22 percent. "What's in Trump's 2018 Budget Request for Science?" *Science*, May 23, 2017.

7 Carl Zimmer, "A Pregnancy Souvenir: Cells That Are Not Your Own," *New York Times*, September 10, 2015.

8 American Psychology Association, "Postpartum Depression."

9 Tomas Tranströmer, "Romanesque Arches." In *The Half-Finished Heaven: The Best Poems of Tomas Tranströmer*, trans. Robert Bly, Graywolf Press, 2017, 102.

옮긴이 **이경아**
한국외국어대학교 러시아어과와 같은 대학 통역번역대학원 한노과를 졸업했다. 현재 한국외국어대학교 통역번역대학원에서 강의하면서 전문 번역가로 활동중이다. 옮긴 책으로 『더 걸 비포』 『모두를 위한 페미니즘』 『비밀의 화원』 『버드 박스』 『위대한 중서부의 부엌들』 『모든 일이 드래건플라이 헌책방에서 시작되었다』 『소설이 필요할 때』 『여행하지 않을 자유』 『오시리스의 눈』 『구석의 노인 사건집』 외 다수가 있다.

페미니스트, 엄마가 되다

초판 인쇄 2020년 9월 22일
초판 발행 2020년 9월 29일

지은이 앤절라 가브스 | 옮긴이 이경아 | 펴낸이 염현숙
기획·책임편집 임혜지 | 편집 이경민 이희연
디자인 강혜림 최미영 | 마케팅 정민호 이숙재 양서연 박지영
홍보 김희숙 김상만 지문희 김현지 | 저작권 한문숙 김지영 이영은
제작 강신은 김동욱 임현식 | 제작처 더블비(인쇄) 중앙제책(제본)

펴낸곳 (주)문학동네
출판등록 1993년 10월 22일 제406-2003-000045호
주소 10881 경기도 파주시 회동길 210
전자우편 editor@munhak.com
대표전화 031) 955-8888 | 팩스 031) 955-8855
문의전화 031) 955-3578(마케팅) 031) 955-2672(편집)
문학동네카페 http://cafe.naver.com/mhdn | 트위터 @munhakdongne
북클럽문학동네 http://bookclubmunhak.com

ISBN 978-89-546-7498-0 03330

www.munhak.com